LA FONCTION CONSULTATIVE DES JURIDICTIONS CONSTITUTIONNELLES EN AFRIQUE NOIRE FRANCOPHONE

Collection « Études africaines »

dirigée par Denis Pryen et son équipe

Forte de plus de mille titres publiés à ce jour, la collection « Études africaines » fait peau neuve. Elle présentera toujours les essais généraux qui ont fait son succès, mais se déclinera désormais également par séries thématiques : droit, économie, politique, sociologie, etc.

Dernières parutions

Benoît Kouakou Oi KOUAKOU, *Le métier d'Homme*, 2021.
Safiatou DIALLO, *Politiques de santé en Guinée, de la colonisation au début du XXIe siècle*, 2021.
Gaptia LAWAN KATIELLOU, Vieri TARCHIANI et Maurizio TIEPOLO (dir.), *Risque et adaptation climatique dans la région de Dosso au Niger*, 2021.
Joël IPARA MOTEMA, *Maladie et quête de sante en République démocratique du Congo,* 2021.
Julien IRUMU AGOZIA-KARIO, *Spiritualité logo au contact de la colonisation*, 2021.
NIAMKEY-KOFFI, *La notion de système philosophique. Spinoza et Nietzsche*, 2021.
Mylène DANGLADES, Babou DIÈNE et Denis Assane DIOUF (dir.), *L'esclavage en mots/maux et en images,* 2021.
Benjamin KAGINA SENGA, *Quelle protection pour les enfants déplacés et refugies non accompagnés en République démocratique du Congo ?,* 2021.
Christian ROCHE, *Les pionniers des indépendances africaines face à leur destin. Colonies françaises d'Afrique noire et territoires de l'océan Indien,* 2021.
Emmanuel KABONGO MALU, *La critique de la raison scientifique égypto-africaine chez Cheikh Anta Diop*, 2021.
NIAMKEY-KOFFI, *Philosophie, culture et développement. De l'esthétique nègre à l'impensé philosophique des langues*, 2021.
Amadou Lamine NDIAYE, *Julius Nyerere et l'édification d'une nation africaine. Ujamaa : panafricanisme et socialisme*, 2021

Jean Mermoz BIKORO

LA FONCTION CONSULTATIVE DES JURIDICTIONS CONSTITUTIONNELLES EN AFRIQUE NOIRE FRANCOPHONE

Préface d'Alain Franklin Ondoua

L'Harmattan

***

5-7, rue de l'École-Polytechnique – 75005 Paris
www.editions-harmattan.fr
ISBN : 978-2-343-24527-0
EAN : 9782343245270

PRÉFACE

L'état de la littérature juridique ne dévoile pas une richesse voire une diversité d'études consacrées à l'office consultatif des juridictions. En effet, la fonction consultative a pu être explorée dans certains domaines de la science du droit[1], voire envisagée en regard de l'office des juridictions internationales en général[2] et certaines d'entre elles en particulier[3]. Mais, jusqu'ici, aucune étude d'ensemble n'a abordé la fonction de rendre des avis de la juridiction constitutionnelle. Cette considération, sous forme de constat d'un angle mort de la doctrine, suffit à elle seule à saluer et à accueillir avec intérêt l'opuscule du docteur **Bikoro Jean Mermoz**, portant sur *La fonction consultative des juridictions constitutionnelles en Afrique noire francophone*.

En effet, cet essai est publié au moment où la juridiction constitutionnelle est présentée par la doctrine comme l'une des attractions du renouveau constitutionnel africain. Cette juridiction constitue, de façon indéniable, l'un des objets les plus prisés de la science du droit constitutionnel sur le continent[4]. Ainsi, et en dépit d'un paysage contrasté, il est permis de soutenir que l'office de ces juridictions contribue progressivement à ce que la « politique soit saisie par le droit »[5]. De ce point de vue, parce que les constitutions qui symbolisent le nouveau constitutionnalisme africain ont

---

[1] HELLER (Charles), *la fonction consultative dans le droit administratif français*, Thèse de doctorat en droit, Université de Strasbourg, 1961, 328 p ; GOSSEREZ (Christian), *la fonction consultative en droit constitutionnel français*, Thèse de doctorat en droit public, Université de Nancy 2, 908 p.

[2] ONDOUA Alain et SZYMCZAK David (dir.), *la fonction consultative des juridictions internationales*, Paris, Pedone, coll. Contentieux international, 2009, 164 p ; RUNAVOT (Marie-Clotilde), *la compétence consultative des juridictions internationales : reflet des vicissitudes de la fonction judiciaire internationale*, Paris, LGDJ:Lextenso, coll. Bibliothèque de droit international et communautaire, tome 125, 2010, 465 p.

[3] BEUVE-MERY (Madeleine), *la compétence consultative de la Cour permanente de justice internationale*, Paris, A. Pedone, 1926, 160 p ; KHEITMI (Rachid), « La fonction consultative de la Cour de justice des Communautés européennes », *RTD EUR.* 1967, pp. 553-594.

[4] Pour quelques témoins : OULD BOUBOUTT (Ahmed Salem), « Les juridictions constitutionnelles en Afrique — Évolutions et enjeux », *AIJC*, 1997, pp. 31-45 : ROUVILLOIS (Frédéric), « Le printemps des juridictions constitutionnelles », *Maghreb-Machrek*, 2015/1, n° 223, pp. 99-111.

[5] FAVOREU (Louis), *la politique saisie par le droit : alternances, cohabitation et Constitution*, Paris, Economica, 1988, 153 p.

étendu leurs attributions, il faut reconnaitre qu'elles disposent désormais d'une pluralité de fonctions, au rang desquelles la fonction consultative.

Dans cette perspective, l'essai sous revue intervient dans un contexte où la sollicitation des avis des juridictions constitutionnelles est sans cesse croissante. De manière récurrente et sur initiative des gouvernants, l'on enregistre des saisines pour avis dont le traitement ou du moins, la destinée est variable. Ce flot de mobilisation de cette fonction non contentieuse est, à certains égards, problématique. L'un des intérêts de l'ouvrage est donc de mettre en exergue cette fonction longtemps négligée, voire sous-estimée.

Ainsi, la fonction consultative des juridictions constitutionnelles témoigne du fait que ces dernières ne se bornent pas à trancher les litiges constitutionnels. Lorsqu'elles sont saisies et en fonction des prétentions de l'auteur de la requête, elles peuvent soit rendre des décisions soit alors émettre des avis. Toutefois, autant les lois fondamentales sont péremptoires sur l'autorité des décisions, autant on note un mutisme autour de l'autorité des avis. Dès lors, en sus de placer le curseur sur la procédure en matière consultative et à la politique jurisprudentielle du juge constitutionnel, l'essai de l'auteur est riche de données et de développements inédits.

C'est dire que le docteur **Bikoro** propose un ouvrage d'une rigueur scientifique certaine à un public pluriel. Les membres des juridictions constitutionnelles, les chercheurs, les praticiens du droit et tous ceux qui s'intéressent à la juridiction constitutionnelle seront édifiés par les développements que l'essai contient.

En définitive, l'enseignement principal résultant du présent opuscule est à la fois l'exaltation d'une fonction longtemps minorée et l'interpellation ou du moins, le plaidoyer pour un renforcement de l'autorité des avis émis par les juridictions constitutionnelles. Le préfacier ne peut par conséquent qu'inviter le public intéressé à découvrir les idées stimulantes ici déclinées.

Yaoundé, le 21 septembre 2021

Alain Franklin Ondoua

Agrégé des Facultés de droit
Professeur titulaire des Universités en droit public

DÉDICACE

À mon frère cadet **Franck Etoughe** qui nous a quittés précocement. Reçois à travers cet ouvrage, l'hommage d'un aîné à l'amour infini !

À mon grand frère le professeur **Monembou Cyrille**
parti tel un météore !

REMERCIEMENTS

À tous ceux qui m'ont mis le pied à l'étrier. Je pense particulièrement à :

Alain Franklin Ondoua, professeur titulaire de droit public, doyen de la Faculté des Sciences juridiques et politiques de l'Université de Yaoundé 2 ;

Marcelin Nguele Abada, professeur titulaire de droit public, chef de département de droit public comparé à la Faculté des Sciences juridiques et politiques de l'Université de Yaoundé 2 ;

Jean Calvin Aba'a Oyono, maître de conférences à l'Université de Yaoundé 2 ;

Cyrille Monembou de regrettée mémoire, agrégé des Facultés de droit, maître de conférences à l'Université de Yaoundé 2.

SOMMAIRE

INTRODUCTION GÉNÉRALE

« *On peut regretter les insuffisances des justices constitutionnelles africaines, mais on ne saurait sérieusement en récuser l'institutionnalisation ; on peut certes critiquer leurs jurisprudences, mais on ne saurait valablement contester leur effectivité* »[6]. Cette affirmation du professeur **Luc Sindjoun** est suffisamment révélatrice de l'évolution et des mutations du droit constitutionnel africain depuis le début des années 1990. Une évolution qui a pour principal trait caractéristique, l'émergence et la montée en puissance d'un juge constitutionnel dont les offensives tendent à se multiplier dans le temps[7]. L'appréhension du droit constitutionnel sous l'angle de l'instrumentalisation et du désordre perd progressivement du terrain [8] pour faire place à la juridictionnalisation de la vie politique. Passée l'époque où l'exercice du pouvoir s'opérait en marge du droit[9], le nouveau constitutionnalisme est symbolisé par la construction de la démocratie, par la Constitution avec l'intervention décisive du juge constitutionnel[10].

Les juridictions constitutionnelles sont donc devenues, à l'époque contemporaine, d'importants objets d'étude surtout lorsqu'on veut rendre compte des développements constitutionnels dans un État ou dans une région

---

[6] Sindjoun (L.), *les grandes décisions de la justice constitutionnelle africaine. Droit constitutionnel jurisprudentiel et politiques constitutionnelles au prisme des systèmes politiques africains*, Bruxelles, Bruylant, 2009, p. 1.

[7] L'analyse du droit constitutionnel jurisprudentiel dans les États d'Afrique noire francophone est suffisamment révélatrice du changement d'attitude de la part du juge constitutionnel. En effet, que ce soit du point de vue quantitatif ou du point de vue qualitatif, les décisions et avis des juridictions constitutionnelles font d'elles de véritables contre-pouvoirs juridictionnels. Dans certains cas, le juge donne des injonctions aux pouvoirs publics ; tandis que dans d'autres hypothèses, il neutralise leurs initiatives, à défaut de les sanctionner. Sur les offensives du juge constitutionnel en Afrique noire francophone, lire utilement : Bikoro (J-M), *le temps en droit constitutionnel africain. Le cas des États africains d'expression française*, Thèse de doctorat Ph. D en droit public, Université de Yaoundé 2, 2018, p. 192.

[8] Sindjoun (L.), « Les dynamiques de la justice constitutionnelle en Afrique : histoires du chêne et du roseau », in, *De l'esprit du droit africain, Mélanges offerts à Paul Gérard Pougoué*, Édit, CRDDIJ, 2015, p. 683.

[9] Durant les trois premières décennies postindépendance, le constitutionnalisme africain avait comme principal trait caractéristique, la faible institutionnalisation du pouvoir. À cette époque, les détenteurs du pouvoir faisaient prévaloir les considérations politiques sur la lettre et l'esprit de la Constitution si bien que la loi fondamentale était réduite à une portion congrue. Tout au plus, l'essor des régimes militaires entraînait un anéantissement de la loi fondamentale du fait de son abrogation par les autorités militaires. À ces deux éléments, on peut ajouter le bâillonnement des chambres constitutionnelles qui ne pouvaient évidemment pas faire face à l'autoritarisme. On comprend dès lors pourquoi l'exercice du pouvoir s'opérait en marge du droit. Lire dans ce sens : Faure (Y-A), « Les constitutions et l'exercice du pouvoir en Afrique noire », *politique Africaine*, n° 1, 1981, p. 41 ; Kombila (J-P), *la problématique constitutionnelle dans les régimes politiques des États d'Afrique francophone,* Thèse de doctorat en droit public, Université de droit, d'économie et des Sciences sociales de Paris, Paris 2, panthéon, 1982, p. 111.

[10] Rousseau (D.), Gahdoun (P-Y) et Bonnet (J.), *droit du contentieux constitutionnel*, 11e éd., Paris, LGDJ, 2016, p. 820.

spécifique. On peut dire sans extrapoler qu'il y a un changement du cadre de la pensée constitutionnelle[11]. Plusieurs raisons permettent de justifier cette affirmation : *primo*, dans les États d'Afrique noire francophone, la juridiction constitutionnelle rend des décisions et émet des avis qui suscitent l'approbation de la doctrine[12] et de l'ensemble de la société. Les prouesses de la Cour constitutionnelle du Bénin[13] sont là pour nous le démontrer. Les offensives de la juridiction constitutionnelle gabonaise en sont aussi la preuve[14]. On ne saurait manquer de mettre en exergue l'audace des juges

[11] Ce changement est consécutif à l'émergence des juridictions constitutionnelles et du développement dans le temps de la jurisprudence constitutionnelle. La dimension qualitative des avis et décision des juridictions constitutionnelles africaines bouleverse fondamentalement le cadre de la pensée constitutionnelle. Quand elles ne créent pas des normes constitutionnelles, elles procèdent à la révision jurisprudentielle de la Constitution de sorte qu'au-delà du texte et des pratiques constitutionnels, la science du droit constitutionnel doit désormais s'intéresser et prendre en compte l'activité et le déploiement du juge constitutionnel. Sur le changement de cadre de la pensée en général, lire : Rousseau (D.), « De quoi le Conseil constitutionnel est-il le nom ? », *Jus Politicum*, n° 7, 2012, p. 2. Dans le contexte africain, on peut se référer à : Monembou (C), « Les normes non écrites dans le constitutionnalisme des États d'Afrique noire francophone », *RADSP*, n° 5, Vol. III, jan.-juin 2015, p. 85-119.

[12] Cette approbation est la conséquence des offensives du juge constitutionnel ci-dessus évoquées. Depuis le début des années 1990, le juge constitutionnel africain a neutralisé certaines dérives des gouvernants notamment en matière de révision constitutionnelle. En l'espèce, le contrôle de constitutionnalité des lois constitutionnelles a permis au juge africain de contribuer à la rigidification des Constitutions dans un contexte fortement marqué par l'instabilité constitutionnelle. Il faut néanmoins souligner que l'approbation de la doctrine n'est pas spécifique à l'Afrique. Dans le constitutionnalisme français en particulier, les décisions du Conseil constitutionnel ont largement été approuvées par la doctrine constitutionnelle. On peut ainsi se référer à : Denquin (J-M), « La jurisprudence du Conseil constitutionnel : grandeur ou décadence du droit constitutionnel ? Un regard surplombant sur les libertés publiques », *Jus Politicum*, n° 7, 2012, p. 1. En Afrique, on peut se référer à : Coulibaley (B.), « La neutralisation du parlement constituant (à propos de la *décision n° DCC 066074* DU 8 juillet 2006 de la Cour constitutionnelle du Bénin) », *RDP*, n° 5, 2009, pp.1493-2008 ; Ondo (T.), « Le contrôle de constitutionnalité des lois constitutionnelles en Afrique », *Revue de droit international de droit comparé*, n° 1, 2009, p. 105.

[13] On peut se référer aux deux décisions du juge constitutionnel béninois en matière de contrôle de constitutionnalité des lois constitutionnelles à savoir, la *décision n°* 06-074 du 5 juillet 2006 baptisée « *Consensus* national » et la *Décision DCC 11-067 du 20 octobre 2011 « options fondamentales de la conférence nationale »*.

[14] Au Gabon, le juge constitutionnel gabonais s'est beaucoup démarqué en 2018 à travers des décisions inédites. Au mois d'avril, il a poussé le gouvernement à la démission et a procédé à la dissolution de l'Assemblée nationale. Dans la *décision n° 022/CC du 30 avril 2018*, la Cour constitutionnelle indique que : « *les fonctions du gouvernement cessent à l'issue de la prestation de serment du président de la République, de la proclamation des résultats des élections législatives par la Cour, en cas de non-renouvellement du mandat des députés à l'Assemblée nationale dans les délais constitutionnels ou dans les délais fixés par la Cour constitutionnelle (...)* ». Elle ajoute pour mettre fin au mandat des députés que : « *les pouvoirs de la douzième législature de l'Assemblée nationale prennent fin dès la notification de la présente décision aux autorités publiques, dont le président de l'Assemblée nationale* ». En novembre, elle a procédé à la révision de la Constitution et a pallié l'empêchement temporaire

constitutionnels du Niger[15] ou encore du Mali[16] qui, sur de nombreux points, ont fait preuve de beaucoup d'audace. La richesse qualitative et quantitative de la jurisprudence constitutionnelle justifie le fait que de plus en plus, des études soient consacrées à la juridiction constitutionnelle.

Secundo, dans les États d'Afrique noire francophone, du fait de la « *montée en puissance* » du juge constitutionnel, la politique est progressivement saisie par le droit[17]. Il n'est pas excessif de parler de révolution[18] surtout si l'on prend en compte le fait que durant les trois premières décennies après les indépendances, le principal trait caractéristique du constitutionnalisme africain était la faible institutionnalisation du pouvoir. Aujourd'hui, au-delà du contrôle de constitutionnalité qu'il mobilise, le juge constitutionnel assume sa casquette de régulateur du pouvoir. Il joue de plus en plus un rôle majeur dans l'encadrement du pouvoir qui consiste à adresser des injonctions aux différents pouvoirs publics [19]. D'ailleurs, certaines lois fondamentales attribuent expressément au juge constitutionnel l'exercice de la fonction pénale qui consiste à connaître des infractions des gouvernants[20]. La récente actualité au Gabon est révélatrice de la place croissante du juge constitutionnel dans

---

du président de la République. Dans sa décision, la Cour constitutionnelle affirme dans le but de combler la lacune dénichée dans la Constitution que : « *en cas d'indisponibilité temporaire du président de la République pour quelque cause que ce soit, certaines fonctions (...) peuvent être exercées, selon le cas, soit par le vice-président, soit par le Premier ministre, sur autorisation spéciale de la Cour constitutionnelle* ». Lire la *décision n° 219 du 14 novembre 2018.*

[15] Au Niger, le juge constitutionnel a fait preuve d'audace en déclarant contraire à la Constitution, l'initiative du président de la République visant la suppression de la clause limitative du nombre de mandats présidentiels. Lire utilement : *l'Avis n° 2/CC du 25 mai 2009 et l'arrêt n° 04/CC/ME du 12 juin 2009.*

[16] Au Mali, dans un avis le juge a étendu le bloc de constitutionnalité aux normes internationales de protections des droits de l'homme. Lire utilement : *l'Avis n° 01-001 du 4 octobre 2001.*

[17] Favoreu (L.), *la politique saisie par le droit.* Paris, Economica, 1988, 157 p.

[18] On peut définir la révolution ici à partir de son objet et de son effet à savoir, la mutation des institutions et leur dynamisation. Pour un approfondissement, lire utilement : Dérosier (J-P), « Qu'est-ce qu'une révolution juridique ? Le point de vue de la théorie générale du droit », *RFDC*, n° 102, 2015, p. 396.

[19] Au Gabon, la Cour constitutionnelle a contraint les médias d'État à aménager le temps d'antenne en prenant en compte le cas des candidats empêchés. Elle affirme dans sa décision qu'« *en cas de force majeure empêchant un candidat de respecter le calendrier initialement établi, les médias d'État sont tenus d'aménager, pour le candidat ainsi empêché, un temps d'antenne ou un espace d'insertion particulier ; qu'il s'ensuit que le Conseil national de la communication ne devait pas autoriser la représentation du candidat par son directeur de campagne à l'émission d'expression directe prévue le 13 novembre 1993* ». Lire la *décision n° 021/CC du 12 novembre 1993.* Lire aussi : Aïvo (G.), « Le pouvoir d'injonction du juge constitutionnel », *Afrilex*, 2021, pp. 1-34.

[20] L'article 163 de la Constitution de RDC du 18 février 2006 dispose que « *La Cour constitutionnelle est la juridiction pénale du Chef de l'État et du Premier ministre dans les cas et conditions prévus par la Constitution* ».

l'exercice du pouvoir[21]. On peut en dire autant de la récente décision de la Cour constitutionnelle burundaise, suite au décès du président sortant **Pierre Nkurunziza**[22].

Tertio, l'activité des juridictions constitutionnelles a une incidence sur le droit en vigueur. Il s'agit ici des conséquences de la jurisprudence constitutionnelle sur le droit[23]. On peut ainsi affirmer que le droit lui-même a été saisi par la Constitution du fait de la constitutionnalisation de ses différentes branches par le juge constitutionnel[24]. À l'analyse de la jurisprudence constitutionnelle des États d'Afrique noire francophone, il n'est pas excessif de le considérer comme l'auteur principal de la diversification des sources du droit constitutionnel[25]. Il se démarque par un pouvoir créateur dont l'une des conséquences est l'extension du bloc de constitutionnalité[26] et l'irruption des principes à valeur constitutionnelle[27]. On peut donc le constater,

---

[21] *Décision n° 219 du 14 novembre 2018.*

[22] En l'espèce, le président sortant est décédé avant que ne se tienne la prestation de serment en vue de l'entrée en fonction du président nouvellement élu. Pour éviter une situation de crise et de paralysie des institutions, le juge constitutionnel, dans une décision, ordonne la prestation de serment, en lieu et place de l'organisation d'une nouvelle élection.

[23] Favoreu (L.), « L'apport du Conseil constitutionnel au droit public », *Pouvoirs,* n° 13, 1991, P. 17.

[24] Jouanjan (O.), « Modèles et représentations de la justice constitutionnelle en France : un bilan critique », Jus *Politicum*, n° 2, 2009, p. 5.

[25] Il convient de préciser qu'avec l'émergence du juge constitutionnel et son déploiement, le domaine constitutionnel a connu une évolution. Au-delà du texte, l'intervention du juge en question a développé le hors-texte à travers l'extension du bloc de constitutionnalité et la création des normes de valeur constitutionnelle. C'est dire que son pouvoir créateur a largement contribué à la diversification des sources du droit constitutionnel. Lire utilement : Roblot-Troizier (A.), « Le Conseil constitutionnel et les sources du droit constitutionnel », *Jus politicum*, n° 20-21, 2018, p. 1.

[26] On parle du bloc de constitutionnalité pour désigner les normes de référence en matière de contrôle de constitutionnalité. En effet, l'admission de cette expression repose sur l'idée selon laquelle le domaine constitutionnel ne se limite pas à la Constitution formelle, mais intègre d'autres textes fondamentaux à l'instar des Déclarations des droits. Dans les États d'Afrique noire francophone, le bloc de constitutionnalité a fait l'objet d'une extension de la part du juge constitutionnel. À titre d'illustration au Gabon, dans le silence de la Constitution, la Cour constitutionnelle a conféré au préambule et à la Charte des libertés, une valeur constitutionnelle. C'était dans la *décision n° 001-92 du 28 février 1992 loi organique portant organisation et fonctionnement du Conseil national de communication.* Dans la même logique, le juge nigérien a étendu le bloc de constitutionnalité en conférant une valeur constitutionnelle au préambule dans *l'arrêt n° 2002-010/CC du 18 janvier 2002.*

[27] De manière générale, il s'agit des principes auxquels le juge constitutionnel confère une valeur constitutionnelle. Cette hypothèse est envisageable lorsque le principe en question est ignoré ou minoré par la Constitution formelle, mais, par une décision ou un avis, le juge l'élève à la dignité constitutionnelle. Dans les États africains d'expression française, les principes de valeur constitutionnelle sont de plusieurs ordres. On peut citer dans ce sens : le principe du consensus national dégagé par le juge constitutionnel béninois dans la *décision 06-074 du 8 juillet 2006* et le principe de la légalité républicaine forgé par le juge gabonais dans la *décision n° 002/GCC du 28 janvier 1993.*

les juridictions constitutionnelles sont devenues des acteurs du pouvoir et par extension, des objets d'étude intéressants. Elles méritent plus d'attention de la part de la doctrine, et surtout, toutes leurs fonctions méritent d'être étudiées.

Tel que cela a été souligné, depuis le début des années 1990, le droit constitutionnel jurisprudentiel[28] se développe avec un certain dynamisme en Afrique. On dénombre dans les États africains d'expression française, une jurisprudence abondante constituée de décisions et d'avis[29]. De plus en plus, la garantie juridictionnelle de la Constitution[30] est une réalité. On peut affirmer à la suite du professeur **Frédéric Joël Aïvo** que l'« *attraction majeure de ce renouveau démocratique est non pas la prépondérance de l'exécutif (...), mais bien l'existence remarquée d'une Cour constitutionnelle, lancée comme un drone à la surveillance de la constitutionnalité du nouvel ordre juridique* »[31]. Cependant, le constat qui se dégage est que toutes les fonctions des juridictions constitutionnelles ne sont pas suffisamment valorisées par la doctrine constitutionnelle africaine. Celle-ci semble davantage s'intéresser à la fonction contentieuse dont les différentes déclinaisons sont : le contrôle de constitutionnalité[32], le contentieux électoral[33] et la fonction de régulation[34]. Tout au plus, la doctrine privilégie l'apport des juridictions constitutionnelles africaines à la démocratie[35] et à l'État de droit[36]. Pourtant, en tant que consultant juridique des pouvoirs publics, celles-ci émettent des avis dont l'importance et la pertinence méritent d'être relevées. C'est donc à juste titre que la présente étude ambitionne de se focaliser sur « *la fonction consultative*

---

[28] On peut définir le droit constitutionnel jurisprudentiel comme un droit constitutionnel centré autour de la norme jurisprudentielle. C'est donc une conception qui confine l'analyse aux décisions et avis du juge constitutionnel. Lire utilement : Favoreu (L), « Le droit constitutionnel jurisprudentiel », *RDP*, 1989, pp.399-523.

[29] Badet (G.), *les attributions originales de la Cour constitutionnelle du Bénin*, Cotonou, FFE, 2013, p. 37

[30] Kelsen (H.), « La garantie juridictionnelle de la Constitution », *RDP*, 1928, pp.197-257.

[31] Aïvo (F-J), « La Cour constitutionnelle du Bénin », *Annuaire béninois de justice constitutionnelle*, 2014, p. 25.

[32] Ondo (T.), « Le contrôle de constitutionnalité des lois constitutionnelles en Afrique noire francophone », *Revue internationale et de droit comparé*, n° 1, 2009, pp. 97-128.

[33] Meledje Djedjro (F.), « Le contentieux électoral en Afrique », *Pouvoirs*, n° 129, 2009, pp.139-155.

[34] Kanté (B.) « Les juridictions constitutionnelles et la régulation des systèmes politiques en Afrique », in *Constitutions et pouvoirs, mélanges en l'honneur de Jean Gicquel*. Paris, Montchrestien, 2008, pp. 265-276.

[35] Boubacar (I — A), *les cours constitutionnelles dans le processus de démocratisation en Afrique. Analyse comparative à partir des exemples du Bénin, de la Côte d'Ivoire et du Niger*, Thèse de doctorat en droit, Bordeaux, 2002, 399 p.

[36] Aïvo (F-J), *le juge constitutionnel et l'État de droit en Afrique. L'exemple du Bénin*. Paris, L'Harmattan, 2006, 222 p ; Salami (I-D), *la protection de l'État de droit par les Cours constitutionnelles africaines. Analyse comparée des cas béninois, ivoiriens, sénégalais et togolais*. Thèse de doctorat en droit public, Université François Rabelais de Tours, 2005, 459 p.

des juridictions constitutionnelles en Afrique : le cas des États d'Afrique noire francophone ». Dans cette perspective, il sera question d'établir un lien entre le renouveau constitutionnel et la dynamisation de la juridiction constitutionnelle en Afrique (I). Une dynamisation qui se traduit par la diversification des fonctions de la juridiction en question (II), et dont l'appréciation est facilitée par la définition des concepts (III).

I- Le renouveau constitutionnel africain et la dynamisation de la juridiction constitutionnelle

Avant le début des années 1990, le juge constitutionnel africain s'était déjà vu attribuer l'exercice de la fonction consultative[37]. Évidemment, dans un contexte où il était « *bâillonné* », l'effectivité de cette fonction était de moindre importance. Sa dynamisation est le résultat des réformes constitutionnelles post guerre froide, car c'est à cette époque qu'on a assisté à l'émergence des juridictions constitutionnelles en Afrique noire francophone. Sur la base de ce qui vient d'être dit, il est difficile d'affirmer que les juridictions constitutionnelles viennent de nulle part[38]. Certes, elles ont une histoire assez contrariée, mais leur émergence est consécutive à un contexte précis (A) et se matérialise par la valorisation de l'idée de Constitution (B).

A- Le contexte : le renouveau constitutionnel africain et la dynamisation de la fonction consultative des juridictions constitutionnelles africaines

Les Constitutions du renouveau constitutionnel *« marquent une étape nouvelle de l'évolution des régimes politiques »*[39] caractérisée par l'affirmation de la démocratie par le droit[40]. C'est à juste titre que le vocable renouveau constitutionnel est employé pour qualifier cette évolution du constitutionnalisme dont la figure centrale est le juge constitutionnel. Cette centralité est mieux affirmée par le professeur **Théodore Holo** en ces termes : « *la justice constitutionnelle est consubstantielle au constitutionnalisme triomphant à nouveau sur le continent africain* »[41]. Aussi, pour mieux analyser l'émergence de ces juridictions, il convient de s'intéresser aux facteurs ayant

---

[37] Moderne (F.), « L'évolution des juridictions constitutionnelles dans les États d'Afrique francophone et la République malgache », in Gérard Conac (dir.), *Les Institutions constitutionnelles des États d'Afrique francophone et de la République malgache*, Paris, Economica, 1979, p. 197.

[38] Gohin (O.), *droit constitutionnel*, 1re éd. Paris, Litec, 2010, p. 243.

[39] Cabanis (A.) et Martin (M-L), *Les Constitutions d'Afrique francophone. Évolutions récentes*, Paris, Karthala, 1999, p. 15.

[40] Cabanis (A.) et Martin (M-L), *le constitutionnalisme de la troisième vague en Afrique francophone*, Bruxelles, Bruylant-Academia, 2010, p. 119.

[41] Holo (T.), « Émergence de la justice constitutionnelle », *Pouvoirs*, n° 129, 2009, p. 101.

favorisé le processus de démocratisation dont les uns sont internes (1) et les autres externes (2).

1- Les facteurs internes

Les mouvements de démocratisation en Afrique noire francophone ne se sont pas produits *ex nihilo*. Ils ont été provoqués par une « *conjonction de faits et d'évènements* »[42] à caractère interne. En effet, le renouveau constitutionnel africain a pour fait générateur, l'inadaptation des lois fondamentales alors en vigueur aux nouvelles aspirations de la population[43]. À la fin des années 1980, on assiste à une prise de « *conscience citoyenne* » [44] qui se traduit par l'aspiration de la population à plus de liberté et de démocratie. Cette prise de conscience sera à l'origine des mouvements de revendication. À titre de rappel, le constitutionnalisme africain, pendant les trois premières décennies après les indépendances, a longtemps été marqué par des pouvoirs autoritaires[45]. Dès 1966, on va assister à l'essor du présidentialisme négro-africain symbolisé par la toute-puissance du président de la République. On peut même affirmer sans extrapoler que le constitutionnalisme se caractérise à cette période par un échec[46] si bien que les droits et libertés des citoyens étaient à l'abandon et la séparation des pouvoirs en hibernation. Dans certains États, le pluralisme politique était proscrit, car la pratique du pouvoir n'admettait pas d'autres formations politiques en dehors de celle de l'exécutif présidentiel.

[42] Aïvo (F-J), « Les tendances émergentes du nouvel ordre constitutionnel en Afrique », *Revue du Conseil constitutionnel d'Algérie*, n° 4, 2014, p. 292.
[43] Bikoro (J-M), le *temps en droit constitutionnel africain. Le cas des États africains d'expression française*, *op. cit.* p.166.
[44] Dossou (R.), « Flux et reflux dans le nouveau constitutionnalisme africain », *Revue du Conseil constitutionnel d'Algérie*, n° 4, 2014, p. 332.
[45] Cette banalisation n'est que la conséquence de la faible institutionnalisation du pouvoir ci-dessus évoquée. À l'époque du constitutionnalisme autoritaire, au-delà de la fréquence des cas de violation de la Constitution, la loi fondamentale faisait constamment l'objet de suspension ou d'abrogation en fonction des calculs politiques des détenteurs du pouvoir. Lire dans ce sens : Conac (G.), « Les processus de démocratisation en Afrique », in Gérard Conac (dir.), *l'Afrique en transition vers le pluralisme politique*. Paris, Economica, 1993, p.11. On peut aussi se référer à : Lavroff (D-G), *les systèmes constitutionnels en Afrique noire francophone. Les États francophones*, Paris, A. Pedone, 1976, p. 13.
[46] Milhat (C.), « Le constitutionnalisme en Afrique francophone. Variations hétérodoxes sur un requiem », *Politeia*, n° 7, 2007, p. 677.

Cette période correspond donc à celle du déclin du constitutionnalisme[47]. Ainsi que le souligne **Gérard Conac** « *des phénomènes de rejet ont été fréquemment constatés* »[48] se traduisant par l'abrogation ou la suspension des lois fondamentales en vigueur. Difficile de dire que la Constitution assurait l'encadrement du pouvoir au point où la doctrine s'était même interrogée sur l'utilité [49] et sur l'effectivité des Constitutions africaines [50]. Dans un tel contexte, la place réservée aux valeurs libérales était marginale. Surtout que le président de la République était « *l'alpha et l'oméga* » du paysage politique et institutionnel[51] en ce sens qu'il contrôlait la totalité de l'appareil de l'État[52]. Et lorsque l'armée faisait irruption dans l'exercice du pouvoir par le biais des coups d'État, la négation du constitutionnalisme et du juge constitutionnel prenait une grande envergure.

À cette époque également, la justice en général était contrôlée par l'exécutif au point de renoncer à ses responsabilités [53]. La juridiction constitutionnelle autonome était alors quasi inexistante, mais on retrouvait au sein des Cours Suprêmes, une chambre constitutionnelle[54] chargée d'exercer le contrôle de constitutionnalité des lois. Néanmoins, l'hypothèse des juridictions constitutionnelles totalement séparées de l'appareil judiciaire n'était pas à exclure[55]. En effet, la Cour constitutionnelle existait déjà à Djibouti et était régie par la loi constitutionnelle de 1977[56]. Il s'agit toutefois d'un exemple quasi singulier qui témoigne de la majoritarisation du rattachement de ce qui

---

[47] Lavroff (D-G), *les systèmes constitutionnels en Afrique. Les États francophones*, Paris, A. Pedone, 1976, p. 13.

[48] Conac (G.), « L'évolution constitutionnelle des États francophones d'Afrique noire et de la République démocratique malgache », in Gérard Conac (Dir.), *Les Institutions constitutionnelles des États d'Afrique noire francophone et de la République malgache*, Economica, 1979, p. 6.

[49] Gonidec (P-F), « À quoi servent les Constitutions africaines ? Réflexion sur le constitutionnalisme africain », *RJPIC*, n° 4, 1988, pp. 849-866.

[50] Conac (G.), « Les Constitutions des États d'Afrique et leur effectivité », in *Dynamique et finalité des droits africains.* Paris, Economica, *1979,* pp. 385-413

[51] Nguele Abada (M.), « Ruptures et continuités constitutionnelles en République du Cameroun : Réflexion à propos de la réforme constitutionnelle du 18 janvier 1996 », *RADIC*. 1998, p. 310.

[52] Gicquel (J.), « Le présidentialisme négro-africain. L'exemple camerounais », *op. cit.* p. 714.

[53] La justice était de façon générale largement soumise au président de la République et au parti unique. En effet, l'essor du présidentialisme a transformé le juge en un « valet » du pouvoir politique. Cela était en partie lié au mode de désignation des juges, à l'influence du président de la République sur la gestion de leur carrière et surtout, au système politique de l'époque qui n'admettait pas l'existence de contre-pouvoirs. Ngenge (Y.), « La justice constitutionnelle en Afrique de l'Ouest : origine historique et traditionnelle », in *les juridictions constitutionnelles en Afrique de l'Ouest : analyse comparée,* IDÉA, Strömsborg, 2016, p. 33.

[54] Meledje Djedjro (F.), *droit constitutionnel*, Abidjan, 10e éd., ABC, 2014, p.280.

[55] Moderne (F.), « Les juridictions constitutionnelles en Afrique », in Gérard CONAC (Dir.), *Les Cours suprêmes en Afrique, Tome 2*, Paris, Economica, 1989, P. 15.

[56] Lire utilement l'article 2 de la loi n° LR/77-002 du 27 juin 1972.

faisait office de juridiction constitutionnelle à la Cour suprême. À bien y regarder, la chambre constitutionnelle était une institution dormante [57], paralysée et pas vraiment en mesure de jouer pleinement son rôle.

Primo, en l'absence du pluralisme politique, le contentieux électoral était inexistant. Le scrutin était à choix unique et il était difficile d'envisager la contestation des résultats des élections. Les juridictions constitutionnelles étaient en réalité directement affectées par les vicissitudes de la vie politique[58], car en matière de contrôle de constitutionnalité, en l'absence d'une opposition parlementaire, la remise en cause des lois adoptées était quasi inenvisageable. Le monopartisme explique ainsi le tarissement du contentieux constitutionnel[59] jusqu'en 1990.

Secundo, dans la plupart des États, seul le président de la République avait la possibilité de saisir la chambre constitutionnelle. On peut illustrer le monopole présidentiel de la saisine à partir des textes constitutionnels du Zaïre[60], du Sénégal[61], de la Haute-Volta[62] et du Cameroun[63]. Les cas de saisine individuelle ou par les autres pouvoirs publics ont été écartés[64]. Or, étant entendu que le chef de l'État contrôlait le parlement qui était réduit à une chambre d'enregistrement, on pouvait difficilement envisager la contestation par le chef de l'exécutif, des lois dont il était l'initiateur. Tout ceci fait que l'impact des chambres constitutionnelles sur la juridicisation du pouvoir était mineur.

---

[57] Cette dormance traduit en réalité la situation d'hibernation dans laquelle se trouvaient les chambres constitutionnelles pendant le constitutionnalisme autoritaire. En matière de saisine, il se dégage une faiblesse quantitative des recours devant un juge constitutionnel qui ne pouvait s'autosaisir. Quand bien même il était saisi, son travail consistait à ne pas heurter les gouvernants en général et l'institution présidentielle en particulier. Lire dans ce sens : Ngenge (Y.), « La justice constitutionnelle en Afrique de l'Ouest : origine historique et traditionnelle », *op. cit.* p. 41.

[58] Moderne (F.), « L'évolution des juridictions constitutionnelles dans les États d'Afrique noire francophone et la République malgache », in Gérard Conac (Dir.), *Les Institutions constitutionnelles des États d'Afrique noire francophone et de la République malgache*, Economica, 1979, p. 186.

[59] Diallo (I.), « À la recherche d'un modèle africain de justice constitutionnelle », *AIJC*, 2004, P. 107.

[60] Article 72 de la Constitution du 24 juin 1967.

[61] Article 63 de la Constitution 7 mars 1963.

[62] Article 87 de la Constitution du 29 juin 1970.

[63] Article 10 de la Constitution du 2 juin 1972.

[64] Lire dans ce sens : l'article 3 de la Constitution de la République du Dahomey du 11 avril 1978 et l'article 69 de la loi constitutionnelle congolaise du 21 avril 1983.

Tertio, il faut ajouter que l'indépendance des chambres constitutionnelles était relative, car l'exécutif maîtrisait leur composition[65]. Le président de la République procédait à la nomination de la totalité des membres au point où ils lui étaient totalement subordonnés. La principale conséquence de cet état de choses a été la passivité du juge constitutionnel[66]. Aussi, durant les trois premières décennies du constitutionnalisme africain, « *le juge constitutionnel n'était pas en mesure d'entrer en conflit avec le pouvoir politique, sa marge de manœuvre était phagocytée et ne pouvait être que prudent, car il se savait vulnérable* »[67]. En effet, dans un contexte de déroutement de la séparation des pouvoirs, le contrôle des gouvernants est éprouvé et l'indépendance de la justice, illusoire. En revanche, la juridiction constitutionnelle se déploie aisément dans un système où la séparation des pouvoirs est effective, car non seulement elle a des pouvoirs étendus, mais également, sa fonction de contrôle est renforcée. Il en ressort que l'essor du présidentialisme a eu pour conséquence, la fragilisation de l'indépendance des chambres constitutionnelles.

En revanche, au début des années 1990, la volonté de changement a ébranlé même les régimes qui paraissaient les plus solides et la contagion ne pouvait être refoulée par quelques réflexes autoritaires[68]. La quête de démocratie va s'exprimer de manière inattendue et on va assister çà et là à des réformes constitutionnelles en recourant soit à la conférence nationale[69], soit à la tripartite[70]. De ces réformes, vont émerger plusieurs institutions dont l'une des plus importantes est la juridiction constitutionnelle. Le professeur **Théodore Holo** affirme à juste titre que le constituant africain «*fera du juge constitutionnel, la clé de voûte de son architecture démocratique, mais encore l'instrument privilégié de l'édification de l'État de droit*»[71]. C'est dire que la réponse du constituant aux aspirations des populations a été de créer un organe clé de l'État de droit et de la démocratie. Cependant, il faut souligner que l'émergence des juridictions constitutionnelles africaines peut aussi être rattachée à des facteurs externes.

---

[65] Ould Boubout (A-S), « Les juridictions constitutionnelles en Afrique. Évolutions et enjeux », *AIJC*, 1998, p. 36.

[66] Favoreu (L.), « Brèves réflexions sur la justice constitutionnelle en Afrique », in Gérard CONAC (Dir.), *Les Cours suprêmes en Afrique, Tome 2*, Paris, Economica, 1989, p. 42.

[67] Diallo (I.), « À la recherche d'un modèle africain de justice constitutionnelle », *op. cit.* p. 107.

[68] Conac (G.), « Les processus de démocratisation en Afrique », *op. cit.* p.11.

[69] Kamto (M.), « Les Conférences nationales souveraines ou la création révolutionnaire des Constitutions », in Dominique Darbon et Jean Du bois de Gaudusson (dir.), *la création du droit en Afrique*. Karthala, 1997, pp. 177-195.

[70] On parle de tripartie pour désigner la rencontre entre les gouvernants, les partis politiques de l'opposition et la société civile. C'est le modèle qui avait été utilisé au Cameroun au début des années 1990 l'objectif étant de réfléchir sur un nouveau contrat social.

[71] Holo (T.), « L'émergence de la Justice constitutionnelle », *op. cit.* p. 102.

2- Les facteurs externes

Les réformes constitutionnelles du début des années 1990 sont la résultante des « *interactions politiques, idéologiques et culturelles inhérentes au système international* »[72]. Le professeur **Luc Sindjoun** affirme fort à propos que « *le néoconstitutionnalisme africain survenu à partir de 1990 est nécessairement un constitutionnalisme d'adaptation au retournement du monde tout en étant un constitutionnalisme de gestion de la situation politique interne* »[73]. Trois évènements majeurs méritent d'être soulignés à savoir : l'effondrement du bloc de l'Est, la chute du mur de Berlin et surtout le discours de **François Mitterand** à la Baule.

L'effondrement du bloc de l'Est avec la dislocation de l'ex-URSS a eu un effet psychologique[74] sur les mouvements de démocratisation en Afrique noire francophone. Deux raisons permettent de justifier une telle affirmation. D'une part, il est important de faire remarquer que durant la période du constitutionnalisme autoritaire, l'État soviétique influençait au plan idéologique certains États africains d'expression française[75]. Les Constitutions soviétiques de 1936 et de 1977 donnaient aux chefs d'États africains une « *pédagogie de libération, de lutte contre le sous-développement et de la construction nationale de pays divisés par leurs clivages culturels, ethniques et religieux* »[76]. Elles leur offraient, des solutions qui paraissaient plus adaptées aux réalités nationales[77]. On peut citer dans ce sens, le modèle de formulation des droits sociaux qui répondait mieux aux besoins des pays pauvres consacrant la primauté de l'idéologie développementaliste sur l'idéal de liberté. On peut également évoquer la construction de l'État multinational[78] confirmant ainsi la prise en compte des particularismes culturels. Enfin, la constitutionnalisation du parti unique a aussi été inspirée par le

---

[72] Sindjoun (L.), « Les nouvelles Constitutions africaines et la politique internationale : contribution à une économie internationale des biens politico-constitutionnels », *Études Internationales*, vol.26, n° 2, 1995, p.331.

[73] *Idem.*

[74] Dia (D.), *les dynamiques de la démocratisation en Afrique noire francophone*. Thèse de doctorat en science politique, Université Jean Moulin Lyon 3, 2010, p. 282.

[75] Owona (J.), « L'influence du constitutionnalisme soviétique en Afrique noire », *RJPIC*, vol.67, 1983, pp.256-282.

[76] Bretton (J-M), « Portée et limites de la réception des modèles exogènes : réflexion sur la socialisation du système juridique dans l'expérience marxiste congolaise (1963-1991), in Dominique Darbon et Jean Du bois de Gaudusson (dir.), *la création du droit en Afrique*. Paris, Karthala, 1997, p. 125.

[77] Conac (G.), « L'évolution constitutionnelle des États francophones d'Afrique noire et de la République malgache », *op. cit.* p. 13.

[78] La notion de l'État multinational désigne un État disposant de plusieurs Nations c'est-à-dire plusieurs communautés ayant chacune, conscience de sa spécificité et manifestant le désir d'en assurer la conservation. Voir : Sy (S-M), « Formes et structures de l'État : l'État multinational et le pluralisme politique », *Présence africaine*, n° 127-128, 1983, pp. 298-307.

constitutionnalisme soviétique[79]. Avec cette dislocation, les États africains ont perdu un allié précieux dans le règne et la consolidation de leurs régimes.

D'autre part, l'effondrement du bloc de l'Est a entraîné une sorte de démystification des régimes autoritaires africains [80]. La destitution et l'assassinat du dictateur roumain **Caucescu** ont permis à la population africaine de se rendre compte de la vulnérabilité des régimes autoritaires. C'est la raison pour laquelle le début des années 1990 a été marqué par les contestations des régimes dictatoriaux. Du fait de l'assassinat de ce dictateur roumain, le peuple africain s'est rendu compte que les gouvernants autoritaires n'étaient pas indéboulonnables. Sur le plan psychologique, on peut considérer que cela a motivé le peuple africain à désormais tenir tête aux autorités étatiques et même à chercher à les évincer.

La chute du mur de Berlin a aussi eu un impact sur les mouvements de démocratisation du début des années 1990. En octobre 1989, en Allemagne de l'Est, éclate une manifestation dont la revendication principale était la libre circulation sur l'ensemble du territoire national. À la suite de ces manifestations, le président de la République démocratique d'Allemagne **Honecker** sera destitué le 18 octobre. Le 9 novembre de la même année, le Conseil des ministres va décider de l'ouverture, mieux de la chute du mur de Berlin. Symboliquement, on peut affirmer que c'est le vent des libertés qui a entraîné la chute du mur de Berlin. C'est ainsi qu'en Afrique noire francophone s'est développée une mentalité libérale symbolisée par l'accroissement des manifestations pour revendiquer plus de liberté et de démocratie.

Enfin, le discours du président français **François Mitterrand** lors du sommet France-Afrique a eu un impact sur les réformes constitutionnelles dans les États africains. Dans son discours, ce dernier déclare qu'il « *est évident que l'aide sera plus tiède envers les régimes qui se comporteraient de façon autoritaire, sans accepter l'évolution vers la démocratie, et sera enthousiaste envers ceux qui franchiront le pas avec courage* »[81]. Il en ressort que l'aide de l'État français est désormais conditionnée par des efforts des États africains dans le sens de la démocratie et de l'État de droit. Or, de tels efforts rendaient indispensables les réformes constitutionnelles. On peut ainsi considérer les juridictions constitutionnelles africaines comme fille des

---

[79] Les États africains n'ont pas en réalité, la paternité du système mono partisan. C'est en s'inspirant du système soviétique qu'ils se sont orientés vers l'institutionnalisation du parti unique. Dans l'ex-URSS, l'option avait été faite en faveur de l'existence d'un seul parti unique, le Parti communiste de l'Union soviétique (PCUS) en l'occurrence. C'est cette option qui sera transposée dans quasiment tous les États d'Afrique noire francophone.
[80] Dia (D.), *les dynamiques de la démocratisation en Afrique noire francophone, op. cit.* p. 41.
[81] Discours du président français cité par Daouda DIA, *op. cit.* p.41.

réformes dont les facteurs sont à la fois internes et externes et dont la concrétisation est perceptible dans les textes constitutionnels.

B-Les textes : L'émergence des juridictions constitutionnelles

Ainsi que cela a été souligné, les Constitutions adoptées au début des années 1990 constituent le symbole le plus frappant du renouveau constitutionnel africain. L'un des éléments qui autorise à parler de ce renouveau est la création des juridictions constitutionnelles dont l'une des missions est de conseiller, d'orienter et d'émettre des avis en direction d'une diversité d'organes dans le cadre de la fonction consultative. L'émergence des juridictions constitutionnelles africaines est concrétisée par les textes constitutionnels dont il convient d'analyser la lettre (1) et l'esprit (2).

1- La lettre

Au début des années 1990, le constituant africain s'est lancé dans un travail de réécriture des lois fondamentales[82]. L'un des faits majeurs de cette activité constituante est sans doute la création par celui-ci des juridictions constitutionnelles[83]. Malgré la diversité des dénominations, on peut constater que quasiment tous les États ont fait le choix du modèle kelsénien de justice constitutionnelle[84]. Trois critères permettent de justifier cette affirmation à savoir, l'institution d'une juridiction spéciale et indépendante, la spécialisation de la juridiction en question dans le contentieux constitutionnel et l'autorité attachée à ses décisions.

---

[82] Cette réécriture s'est déroulée au début des années 1990 avec en toile de fond, la volonté de rompre avec le système autoritaire. La première innovation réside dans le changement du cadre de la réécriture puisque l'option a été faite en faveur de l'écriture multilatérale qui est consensuelle. De cette innovation en découle la seconde qui repose sur l'écrit constitutionnel et se traduit par l'orientation des Constitutions africaines vers les valeurs libérales. Lire dans ce sens : Cabanis (A.) et Gueye (B.), « Dire le droit constitutionnel en Afrique francophone », *droits sénégalais*, n° 11, 2013, p.103 ; Ahadzi Nonou (K.), « Les nouvelles tendances du constitutionnalisme africain : le cas des États d'Afrique noire francophone », *Afrique Juridique et Politique revue du CERDIP*, n° 2, juillet-décembre, 2002, pp. 35-86 ; Aïvo (F-J.), « Les tendances émergentes du nouvel ordre constitutionnel en Afrique », *Revue du Conseil constitutionnel d'Algérie*, n° 4, 2014, pp. 289-309 ; Besse (M.), « L'écriture multilatérale des Constitutions, facteur de réussite des transitions constitutionnelles », *Les nouveaux Cahiers du Conseil constitutionnel*, n° 45, 2014, pp.113-126.

[83] Ahadzi Nonou (K.), « Les nouvelles tendances du constitutionnalisme africain : le cas des États d'Afrique noire francophone », *Afrique Juridique et Politique revue du CERDIP*, n° 2, juillet-décembre 2002, p.45.

[84] Ngenge (Y.), « Les modèles institutionnels de justice constitutionnelle en Afrique de l'Ouest contemporaine », *les juridictions constitutionnelles en Afrique de l'Ouest : analyse comparée,* IDÉA, Strömsborg, 2016, p.53.

Relativement au premier critère, tous les États d'Afrique noire francophone se sont dotés d'une juridiction spéciale chargée d'assurer la garantie juridictionnelle de la Constitution. En la matière, deux grandes tendances se dégagent. Certaines Constitutions ont créé la juridiction constitutionnelle en l'incluant ou en l'incorporant au sein du pouvoir judiciaire. C'est le cas de la Constitution gabonaise qui dispose que « *La justice est rendue au nom du peuple gabonais par la Cour constitutionnelle, la Cour de cassation, le Conseil d'État, la Cour des comptes, les Cours d'appel, les tribunaux, la Haute Cour de Justice et les autres juridictions d'exception* »[85]. Il faut souligner que toutes les juridictions font partie du pouvoir judiciaire. C'est la même option qui est retenue dans les Constitutions du Burundi[86] et du Sénégal[87].

Les États qui ont opté pour l'inclusion de la juridiction constitutionnelle au sein du pouvoir judiciaire ont une conception extensive de la justice en tant que pouvoir. En effet, il est communément admis que la justice n'est un pouvoir que parce qu'elle exerce la totalité de la fonction juridictionnelle[88] et englobe toutes les juridictions. La conception dite extensive du pouvoir judiciaire soulève deux observations majeures. La première a trait à la dénomination de la justice en tant que pouvoir. Est-il logique d'inclure des juridictions qui ne relèvent pas de l'ordre judiciaire dans un grand ensemble appelé pouvoir judiciaire ? On peut répondre par la négative. En optant pour une conception large de la justice et en l'érigeant au rang d'un pouvoir, le vocable approprié est celui de « *pouvoir juridictionnel* »[89] qui englobe toutes les juridictions. Tout se passe comme si la justice faisait référence à la justice judiciaire[90].

La seconde observation est relative à la fragilisation de l'autonomie de la juridiction constitutionnelle du fait de son incorporation au sein du pouvoir judiciaire. Dans les États où est créé un pouvoir judiciaire, la Justice en général est placée sous l'autorité et le contrôle du ministère de la Justice, lequel est un organe du pouvoir exécutif. Ce département ministériel peut avoir une influence sur le financement et le fonctionnement des institutions juridictionnelles au point de les abaisser dans leurs rapports avec le pouvoir

---

85 Article 67 de la Constitution du 21 mars 1991 modifiée.

86 Lire le chapitre 3 du Titre VIII de la Constitution burundaise du 18 mars 2005.

87 Article 88 de la Constitution modifiée de 2001.

88 Troper (M), *pour une théorie juridique de l'État*. Léviathan. Puf. Coll. « le Léviathan », 1994, p. 96 ; lire également : Boucobza (I), « Un concept erroné, celui de l'existence d'un pouvoir judiciaire », Pouvoirs, n° 143, 2012, p. 82.

89 Lire utilement : Troper (M.), « Fonction juridictionnelle ou pouvoir judiciaire ? », *Pouvoirs*, n° 16, 1981, p. 13 ; Boucobza (I.), « Un concept erroné, celui de l'existence d'un pouvoir judiciaire », *Pouvoirs*, n° 143, 2012, p. 82.

90 Hourquebie (F.), *le pouvoir juridictionnel en France*, Paris, LGDJ, 2010, p. 1.

exécutif. L'option aurait dû être celle de l'existence d'un pouvoir autonome dont la haute autorité est une institution juridictionnelle.

D'autres États ont positionné la juridiction constitutionnelle en la plaçant en dehors du pouvoir judiciaire. Concrètement, dans les différentes lois fondamentales, tout un titre est consacré à cette juridiction. C'est l'option retenue par les textes constitutionnels du Cameroun[91], de la Côte d'Ivoire[92], du Mali[93], et du Togo[94]. Malgré cette double tendance, on peut faire le constat selon lequel les États d'Afrique noire francophone ont fait le choix de la centralisation de la juridiction constitutionnelle. C'est dire que l'époque de l'existence d'une chambre constitutionnelle au sein de la Cour Suprême est révolue.

Par ailleurs, les nouvelles Constitutions africaines ont opté pour la spécialisation des juridictions constitutionnelles dans le contentieux constitutionnel. Il en est ainsi du texte constitutionnel camerounais qui dispose : « *Le Conseil constitutionnel est l'instance compétente en matière constitutionnelle. Il statue sur la constitutionnalité des lois. Il est l'organe régulateur du fonctionnement des institutions* »[95]. Sans retenir la même formulation, la Constitution béninoise du 11 décembre 1990 dispose que « *La Cour constitutionnelle est la plus haute juridiction de l'État en matière constitutionnelle (...)* »[96]. On retrouve une formule analogue au Burundi[97], au Congo[98], en République centrafricaine[99] et dans la Constitution ivoirienne[100]. L'évocation de la spécialisation sous-entend que le constituant a bien voulu spécifier et délimiter le champ de compétence du juge constitutionnel. Tout au plus, cela signifie que les lois fondamentales attribuent des fonctions au juge constitutionnel à titre exclusif.

Enfin, la valorisation des juridictions constitutionnelles est renforcée par l'autorité de leurs décisions. Ce critère permet aussi de parler de l'adhésion par les Constitutions africaines au modèle kelsénien de justice constitutionnelle. La Constitution gabonaise dispose dans ce sens que « *les décisions de la Cour constitutionnelle ne sont susceptibles d'aucun recours. Elles s'imposent aux pouvoirs publics, à toutes les autorités administratives et juridictionnelles et à*

---

[91] Titre VII de la Constitution modifiée du 18 janvier 1996 modifiée.
[92] Titre VIII de la Constitution du 8 novembre 2016.
[93] Titre IX de la Constitution du 27 février 1992.
[94] Titre VI de la Constitution du 14 octobre 1992 modifiée.
[95] Article 46 de la Constitution modifiée du 18 janvier 1996 modifiée.
[96] Article 114 de la Constitution du 11 décembre 1990.
[97] Article 225 de la Constitution du 18 mars 2005.
[98] Article 175 de la Constitution du 6 novembre 2015.
[99] Article 95 de la Constitution du 30 mars 2016.
[100] Article 126 de la Constitution du 8 novembre 2016.

toutes les personnes physiques et morales»[101]. C'est cette formule qui est retenue dans les autres textes constitutionnels[102]. L'autorité de la chose jugée constitue le principal critère d'identification d'une juridiction[103]. Elle permet ainsi de distinguer le juge de l'arbitre[104] et constitue le corollaire de la fonction du juge dont l'objet est de dire le droit et de trancher les litiges[105]. Dans le domaine constitutionnel, l'autorité de la chose jugée des décisions des juridictions constitutionnelles est consécutive à la désignation de cette dernière comme gardienne de la Constitution[106]. Elle renvoie à l'idée selon laquelle, les décisions du juge constitutionnel ne peuvent faire l'objet de contestation et ont de ce point de vue, un caractère définitif. Au total, l'analyse des constitutions africaines permet de confirmer la concrétisation de l'émergence des juridictions constitutionnelles. On peut considérer que les lois fondamentales, en procédant à leur création, ont bien voulu enraciner le constitutionnalisme libéral en Afrique noire francophone.

2- L'esprit

La création des juridictions constitutionnelles constitue une innovation majeure[107] pour une double raison. D'un point de vue historique, la juridiction constitutionnelle était inexistante en Afrique avant 1990 et la garantie de la Constitution était déficiente et lacunaire. La mise en place d'une juridiction chargée de protéger la loi fondamentale est donc loin d'être anodine, elle témoigne la volonté du constituant d'instaurer une nouvelle ère symbolisée par le primat de la Constitution.

Il faut souligner que la juridiction constitutionnelle est constamment présentée comme une pièce clé de l'État de droit et comme un «*pouvoir modérateur essentiel dans un État démocratique*»[108]. Dans le premier cas, il

[101] Article 92 de la Constitution du 21 mars 1991 modifiée.
[102] Lire dans ce sens, l'article 50 de la Constitution camerounaise du 18 janvier 1996 ou encore, l'article 159 de la Constitution burkinabé.
[103] Rasson (R-A), « La valeur de la distinction entre autorité absolue et autorité relative de la chose jugée », *AIJC*, 2011, p. 593.
[104] L'autorité des sentences arbitrales est conditionnée et non automatique comme celle des décisions du juge. Elle est en effet conditionnée par l'homologation du juge chargé du contentieux de l'exécution dans les conditions fixées par les conventions internationales en la matière.
[105] D'Ambra (D.), *l'objet de la fonction juridictionnelle : dire le droit et trancher les litiges*, Paris, LGDJ, 1994, 339 p.
[106] Adouki (D-E), « Contribution à l'étude de l'autorité des décisions du juge constitutionnel en Afrique », *RFDC*, n° 95, 2013, p. 616.
[107] Bikoro (J-M), *les paradoxes constitutionnels en droit positif du Cameroun.* Mémoire de DEA en droit public, Université de Yaoundé II, 2014, p. 105.
[108] Jan (P.), « Le Conseil constitutionnel », *Pouvoirs*, n° 99, 2001, p.72.

revient à cette juridiction de contribuer à la « *rigidification* »[109] et à la garantie de la suprématie juridique de la Constitution. On comprend dès lors pourquoi tous les textes constitutionnels lui attribuent la fonction de contrôle de constitutionnalité. À titre illustratif, la Constitution congolaise dispose que « *La Cour constitutionnelle est la plus haute juridiction de l'État en matière constitutionnelle. Elle est juge de la constitutionnalité des lois, des traités et accords internationaux* »[110]. La Constitution congolaise fait ainsi de la Cour constitutionnelle, le garant de l'État de droit formel dont le principal critère est la suprématie juridique de la Constitution. En effet, l'État de droit n'a de sens que lorsque la Constitution qui est la norme suprême est valablement protégée. Aussi, la création des juridictions constitutionnelles et l'attribution à celles-ci, de la compétence de contrôler la constitutionnalité des normes infra constitutionnelles sont suffisamment révélatrices de la volonté de construire et de consolider l'État de droit.

La volonté de consolider l'État de droit se traduit aussi par l'érection de la juridiction constitutionnelle en instance protectrice des droits fondamentaux. On peut ainsi lire dans la Constitution béninoise du 11 décembre 1990 que la Cour constitutionnelle « *garantit les droits fondamentaux de la personne humaine et les libertés publiques* »[111]. C'est aussi ce qui est prévu dans la Constitution gabonaise[112]. Pour mieux cerner le lien entre l'activité du juge constitutionnel et la garantie des droits fondamentaux, il faut partir du postulat selon lequel violer les droits et libertés consacrés par la loi fondamentale, c'est violer la Constitution. Ainsi, en tant que garant juridictionnel de la Constitution, le juge constitutionnel assure la protection des droits fondamentaux. Dans le nouveau constitutionnalisme des États d'Afrique noire francophone, il contrôle à la fois les lois, les engagements internationaux et même les actes règlementaires qui portent atteinte aux droits en question.

La création des juridictions constitutionnelles laisse aussi transparaître le souci du constituant des États d'Afrique noire francophone de construire et de consolider la démocratie. En effet, dans les États étudiés, cette juridiction connaît de l'ensemble du contentieux des élections nationales et des consultations référendaires. Ainsi, la Constitution centrafricaine du 30 mars 2016 après avoir indiqué que la Cour constitutionnelle est chargée de « *connaître du contentieux électoral* »[113] ajoute que celle-ci est tenue de

---

[109] Ondoa (M.), « La distinction entre la Constitution souple et la Constitution rigide en droit français », *AFSJP/UD*, n° 1, janvier-juin 2002, p. 94.

[110] Article 175 de la Constitution du 6 novembre 2015. On peut aussi se référer à l'article 126 de la Constitution ivoirienne du 8 novembre 2016 modifiée, l'article 99 de la Constitution togolaise du 27 septembre 1992, ou encore, l'article 99 de la Constitution malienne du 27 février 1992.

[111] Article114 de la Constitution du 11 décembre 1990.

[112] Article 84 de la Constitution du 21 mars 1991 modifiée.

[113] Article 95 de la Constitution du 30 mars 2016.

« *veiller à la régularité des consultations électorales, examiner les contestations avant de proclamer les résultats définitifs* »[114]. Il n'est pas inutile de rappeler que la démocratie repose avant tout sur l'idée de souveraineté du peuple[115]. Elle suppose que le peuple exerce le pouvoir soit de manière directe par le biais du référendum, soit de manière indirecte par l'intermédiaire des représentants élus. Dans les deux cas, une consultation électorale ou référendaire tronquée biaise la participation populaire. Le juge constitutionnel compte tenu du rôle qu'il joue, se présente à ce titre comme le garant de la régularité des opérations électorales et des consultations référendaires et par extension de la volonté populaire.

Il est aussi désigné dans le constitutionnalisme contemporain comme le garant de la séparation des pouvoirs. Grâce à sa fonction d'arbitrage, il veille au respect de la séparation horizontale et verticale du pouvoir[116] de sorte qu'on peut valablement le considérer comme un rempart important contre l'arbitraire. Il en résulte que l'émergence des juridictions constitutionnelles dans le nouveau constitutionnalisme africain répond au souci du constituant de consolider l'État de droit et la démocratie. C'est ce qui explique la pluralité des fonctions des juridictions constitutionnelles.

II- La fonction consultative comme reflet de la diversification des fonctions des juridictions constitutionnelles en Afrique

Les constituants africains du début des années 1990 ne se sont pas contentés de créer les juridictions constitutionnelles. Ils leur ont attribué des fonctions plurielles susceptibles d'être classées en deux catégories à savoir, les fonctions habituelles (A) et celle que l'on peut qualifier d'inhabituelle (B).

---

[114] *Idem.* On peut aussi se référer à l'article 99 de la Constitution togolaise du 27 septembre 1992 ou encore, l'article 120 de la Constitution nigérienne.

[115] En droit constitutionnel, la souveraineté désigne un pouvoir originaire et suprême. Originaire, parce le souverain est la source du pouvoir. En revanche, ainsi que le souligne Benjamin Constant, l'idée de suprématie renvoie à la « *suprématie de la volonté générale sur toute volonté particulière* ». À l'époque contemporaine, la conception démocratique de la souveraineté fait du peuple, le seul souverain dans l'État. Lire dans ce sens : Constant (B.), *cours de politique constitutionnelle*, Tome 1, Genève, Slatkin, 1982, p. 7.
Coté (L.), *L'État démocratique. Fondements et défis*, Québec, Presses de l'Université du Québec, 2008, p. 92.

[116] Le vocable « *séparation verticale des pouvoirs* » touche à l'organisation et à la forme de l'État. Il permet d'analyser les rapports entre l'État et les collectivités étatiques. Pour un approfondissement, voir : Favoreu (L.) et al. *Droit constitutionnel*, 17e éd. Paris, Dalloz, 2015, p. 449.

A- Les fonctions habituelles

Il s'agit des fonctions classiques exercées par le juge constitutionnel. On peut citer dans cette catégorie, les fonctions contentieuses (1) et les fonctions non contentieuses (2).

1- Les fonctions contentieuses

Dans la formalisation de la fonction contentieuse, la démarche des constituants est allée dans un sens dual. Elle a consisté dans un premier temps à dynamiser certaines fonctions jadis attribuées aux chambres constitutionnelles à l'instar du contrôle de constitutionnalité des normes (a) et la fonction de régulation (b). Dans un second temps, du fait de la consécration du pluralisme politique, les constituants ont confié aux juridictions constitutionnelles la compétence de connaître du contentieux des élections nationales et des consultations référendaires (c).

a- Le contrôle de constitutionnalité des normes

On peut définir le contrôle de constitutionnalité comme le procédé qui vise à contrôler la conformité des normes à la Constitution[117]. De cette définition, deux remarques méritent d'être faites. La première est que la juridiction constitutionnelle constitue un rempart contre la violation de la Constitution. C'est le lieu de rappeler qu'en droit constitutionnel, la violation de la loi fondamentale peut avoir une double dimension : formelle et matérielle [118]. Pour reprendre la terminologie de **Hans Kelsen,** « *la Constitution n'est pas alors uniquement une règle de procédure, mais aussi une règle de fond ; et par suite, une loi peut alors être inconstitutionnelle soit en raison d'une irrégularité de procédure dans sa confection, soit en raison de la contrariété de son contenu aux principes ou directions formulées dans la Constitution* » [119]. La raison d'être du contrôle de constitutionnalité est d'assurer la suprématie juridique de la Constitution. Comme le souligne **Michel Troper**, soit « *la suprématie de la Constitution implique le contrôle (...) soit la Constitution n'est pas toujours suprême, mais que si l'on veut qu'elle le soit, le seul moyen d'y parvenir est le contrôle* »[120]. On peut ainsi affirmer que sans le contrôle, la Constitution n'est plus forcément la norme suprême. La seconde justification s'appuie sur le lien entre le contrôle et la démocratie. La principale incidence du recours à un tel contrôle est la modification de la démocratie. En effet, face à la

---

[117] Verpeaux (M.), *contentieux constitutionnel*, 1re éd., Paris, Dalloz, 2016, p.4.
[118] Kelsen (H), « La garantie juridictionnelle de la Constitution », *RDP*, 1928, p.206.
[119] *Idem.*
[120] Troper (M.), *le droit et la nécessité*, Paris, PUF, Coll. « Léviathan », 2011, P. 117.

faiblesse du pouvoir législatif, le contrôle de constitutionnalité permet de préserver l'intérêt général incarné par la Constitution.

On assiste à la généralisation de cette fonction dans le nouveau constitutionnalisme des États d'Afrique noire francophone. À titre illustratif, la Constitution togolaise dispose que « *la Cour constitutionnelle est la plus haute juridiction de l'État en matière constitutionnelle. Elle est juge de la constitutionnalité de la loi (...)* »[121]. Plus incisif est le texte camerounais qui, au-delà de la loi, prévoit un contrôle de constitutionnalité des textes internationaux [122]. C'est également ce qui est prévu dans les lois fondamentales des autres États[123].

La seconde remarque qui découle de la définition est celle de la diversité[124] du contrôle de constitutionnalité. Cette diversité est tributaire de la pluralité des normes visées par le contrôle. Dans les États africains, le contrôle vise la loi et les engagements internationaux. Mais, il s'agit là d'une lecture restrictive du champ matériel du contrôle, car on peut étendre celui-ci aux actes règlementaires. La Constitution gabonaise dispose en effet que « *la Cour statue obligatoirement sur (...) les actes règlementaires censés porter atteinte aux droits fondamentaux de la personne humaine et aux libertés publiques* »[125]. C'est la même formule qui est retenue dans la Constitution du Bénin[126].

Tout au plus, l'une des trouvailles du nouveau constitutionnalisme africain réside sans doute dans la consécration du contrôle de constitutionnalité des lois constitutionnelles. Ce contrôle permet au juge constitutionnel de barrer la voie aux révisions abusives, frauduleuses et irrégulières. Ce contrôle est prévu par les États tels que : le Gabon[127] et la République centrafricaine [128]. C'est dire que le champ de contrôle de constitutionnalité des lois est assez diversifié et va au-delà de la simple loi.

Au-delà de la diversité des normes contrôlées, les cas d'ouverture du contrôle de constitutionnalité sont susceptibles d'être classés en deux catégories selon qu'on distingue l'inconstitutionnalité externe et

---

[121] Article 99 de la Constitution togolaise du 14 octobre 1992 modifiée.
[122] Article 47 de la Constitution du 18 janvier 1996 modifiée.
[123] Sans être exhaustif, on peut citer : l'article 152 de la Constitution du Burkina Faso ; l'article 175 de la Constitution congolaise ou encore l'article 92 de la Constitution sénégalaise.
[124] Verpeaux (M.), *contentieux constitutionnel, op. cit.* p. 29.
[125] Article 84 de la Constitution du 21 mars 1992.
[126] Article 117 de la Constitution du 11 décembre 1990.
[127] Article 116 de la Constitution du 21 mars 1992.
[128] Article 95 de la Constitution du 30 mars 2016.

l'inconstitutionnalité interne[129]. Dans le premier cas, le juge constitutionnel africain sanctionne à la fois l'incompétence d'une autorité[130] qui a édicté un acte soumis au contrôle et le vice de procédure[131]. Dans la seconde hypothèse, le juge constitutionnel sanctionne essentiellement la violation du contenu de la Constitution. Sur la base de ces cas d'ouverture, on peut affirmer que le juge constitutionnel africain peut recourir au contrôle dans de nombreuses hypothèses au même titre qu'il exerce la fonction d'arbitrage.

b- La fonction d'arbitrage

Lorsqu'on parle de la fonction d'arbitrage, on fait allusion aux pouvoirs reconnus aux juridictions constitutionnelles de trancher les litiges entre pouvoirs publics constitutionnels et d'encadrer leur fonctionnement et l'exercice du pouvoir. C'est ce que le professeur **Olivier Gohin** appelle le « *contentieux de la répartition des compétences* »[132]. Il est question pour le juge constitutionnel à travers cette fonction de veiller au respect des compétences étroitement limitées par les textes constitutionnels. C'est la raison pour laquelle on considère ce dernier comme un garant de la séparation des pouvoirs.

Toutes les Constitutions africaines attribuent aux juridictions constitutionnelles le pouvoir de connaître du contentieux de la répartition des compétences. Elles procèdent dans une double démarche qui consiste à identifier les conflits entre pouvoirs publics nationaux d'une part, et entre l'État et les collectivités territoriales décentralisées d'autre part. Dans le premier cas, les lois fondamentales désignent les juridictions constitutionnelles pour gérer à la fois, des conflits internes à chaque pouvoir et les conflits entre les pouvoirs. La Constitution centrafricaine du 30 mars 2016 dispose dans ce sens que la Cour constitutionnelle est chargée de « *trancher les conflits de compétences au sein du pouvoir exécutif, entre les pouvoirs législatif et exécutif* »[133]. Sans retenir la même formulation, la Constitution camerounaise énonce que « *le Conseil constitutionnel statue*

---

[129] Rousseau (D.) Gahdoun (P-Y) et Bonnet (J.), *droit du contentieux constitutionnel*, 11e éd., Paris, LGDJ, 2016, p. 285.

[130] Il y a incompétence négative lorsque le juge constitutionnel sanctionne le fait pour le législateur de rester en deçà de sa compétence. Ce fut le cas dans le constitutionnalisme français à travers la *Décision CC83-165 DC, du 20 janvier 1984*, R. P. 38.

[131] Le vice de procédure est une expression qui est généralement employée pour évoquer le non-respect ou la non-observation de la procédure prévue par la législation et susceptible d'entacher la validité de l'acte ainsi édicté. Dans le cadre du contentieux constitutionnel, le juge vérifie si le texte soumis à son contrôle a été édicté en conformité de la procédure prescrite par la Constitution. Lire dans ce sens : Rousseau (D.) Gahdoun (P-Y) et Bonnet (J.), *Droit du contentieux constitutionnel, op. cit.* p. 290.

[132] Gohin (O.), *Droit constitutionnel, op. cit.* p.1271.

[133] Article 95 de la Constitution du 30 mars 2016.

souverainement sur (...) les conflits d'attribution : entre les institutions de l'État »[134]. D'autres lois fondamentales par contre optent pour une formule laconique en prévoyant que la juridiction constitutionnelle est « *l'organe régulateur du fonctionnement des institutions et des activités des pouvoirs publics* »[135]. C'est le cas des Constitutions du Bénin[136], du Burundi[137] ou encore du Gabon[138].

La fonction de régulation vise aussi les conflits de compétences entre l'État et les collectivités territoriales décentralisées. La Constitution camerounaise est assez expressive à ce sujet. Elle prévoit que le Conseil Constitutionnel est compétent pour trancher « *les conflits d'attribution (...) entre l'État et les régions ; entre les régions* »[139]. En d'autres termes, le juge constitutionnel est l'organe chargé d'assurer une cohabitation pacifique entre l'État et les collectivités territoriales décentralisées. On le sait, les textes qui régissent la décentralisation posent le principe du partage de compétences entre l'État et les collectivités en question[140]. Aussi, le rôle du juge sera de s'assurer qu'aucun organe n'empiète sur le champ de compétence de l'autre. On peut dire à travers cette fonction qu'il est le garant de la séparation verticale des pouvoirs[141].

La fonction de régulation des juridictions constitutionnelles peut aussi prendre la forme d'un contrôle que le juge constitutionnel exerce sur un autre pouvoir afin de lui garantir un fonctionnement harmonieux[142]. Depuis le début des années 1990, le juge africain n'hésite pas à intervenir dans le fonctionnement interne des différents pouvoirs afin d'éviter des situations de paralysie et de blocage. Dans une décision récente, la Cour constitutionnelle du Gabon a, dans le souci d'assurer la continuité de l'État et par extension, de la fonction présidentielle, autorisé le vice-président à convoquer et à présider le Conseil des ministres [143]. Cette décision fait du juge

---

[134] Article 47 de la Constitution du 18 janvier 1996 modifiée.

[135] Article 175 de la Constitution du 6 novembre 2015.

[136] Article 114 de la Constitution du 11 décembre 1990.

[137] Article 228 de la Constitution du 18 mars 2005.

[138] Article 83 de la Constitution du 21 mars 1991 modifiée.

[139] Article 47 de la Constitution du 18 janvier 1996.

[140] Lire dans ce sens : Cabanis (A) et Martin (M. L), « Décentralisation et pouvoirs locaux dans les Constitutions d'Afrique francophone », *Politeia*, n° 6, 2004, p. 77

[141] La séparation verticale du pouvoir fait référence à la forme de l'État. Généralement, on fait recourt à cette expression pour analyser les relations entre le pouvoir central et les collectivités infra étatiques. Lire utilement : Favoreu (L.) et al. *Droit constitutionnel*, 17e éd. Paris, Dalloz, 2015, p. 449.

[142] Narey (O.), « La régulation du fonctionnement des institutions par le juge constitutionnel », in Magloire Ondoa et Patrick Edgard Abane Engolo (Dir.), *les transformations contemporaines du droit public en Afrique*, Paris, L'Harmattan, 2017, p. 36.

[143] *Décision n° 219/CC du 14 novembre 2018 relative à la requête du Premier ministre tendant à l'interprétation des dispositions des articles 13 et 16 de la Constitution.*

constitutionnel un acteur essentiel de la régulation du pouvoir en ce sens que c'est ce dernier qui autorise désormais, en cas d'empêchement temporaire du président de la République, à un membre de l'exécutif d'exercer les attributions présidentielles. Loin d'être singulier, cet exemple gabonais atteste de l'importance du juge constitutionnel dans la régulation du pouvoir, car ce dernier sanctionne selon les cas, les membres de l'exécutif et ceux du parlement. À travers cette fonction, le juge constitutionnel devient dans les régimes politiques africains, un lubrifiant institutionnel[144] et un garant de la régularité des consultations électorales et référendaires.

c- La garantie de la régularité des consultations électorales et référendaires

Dans le nouveau constitutionnalisme des États d'Afrique noire francophone, les juridictions constitutionnelles connaissent de l'ensemble du contentieux des élections nationales. Il s'agit là d'un pan important de la fonction contentieuse qui leur est attribuée[145]. La Constitution béninoise du 11 décembre 1990 dispose en effet que « *la Cour constitutionnelle statue obligatoirement sur (...) la régularité de l'élection du président de la République, examine les réclamations, statue sur les irrégularités qu'elle aurait pu par elle-même relever et proclame les résultats du scrutin (...)* »[146]. Le même texte lui attribue la compétence en matière d'élections législatives [147] et l'on retrouve cette orientation dans toutes les lois fondamentales[148].

Le juge constitutionnel connaît en premier lieu du contentieux de l'élection présidentielle. Sa fonction de contrôle s'étend de la phase préélectorale aux opérations du scrutin. En la matière, le juge ne statue que lorsqu'il a été régulièrement saisi et dans les limites de la requête. Seul ce dernier peut authentifier les résultats de l'élection puisqu'il en est le garant de la régularité.

---

144 Mede (N.), « La fonction de régulation des juridictions constitutionnelles en Afrique francophone », *AIJC*, 2008, p. 49.

145 Mélin Soucramanien (F.), « Le Conseil constitutionnel, juge électoral », *Pouvoirs*, n° 105, 2003, pp.117-131.

146 Article 117 de la Constitution du 11 décembre 1990.

147 Article 117 de la Constitution du 11 décembre 1990.

148 On peut citer dans ce sens : l'article 48 de la Constitution camerounaise du 18 janvier 1996 ; l'article 95 de la Constitution centrafricaine du 30 mars 2016 ou encore l'article 176 de la Constitution congolaise de 2015.

Dans le contexte africain, le juge constitutionnel connaît aussi du contentieux des élections parlementaires. Il s'agit d'une compétence longtemps monopolisée par les assemblées parlementaires et qui, depuis 1958 en France, a été attribuée à la juridiction constitutionnelle[149]. Il convient de préciser que c'est véritablement depuis 1990 que le contentieux électoral a connu une certaine revitalisation du fait de la consécration du pluralisme politique. Avant cette période, il y avait une prévalence du scrutin sans choix puisque le monopartisme était en vigueur.

Enfin, les juridictions constitutionnelles sont aussi impliquées dans le contentieux des élections locales. La plupart des textes qui régissent les élections en question procèdent à un partage de compétences entre ce dernier et le juge administratif. Pour l'essentiel, il revient à la juridiction constitutionnelle de se prononcer en dernier ressort sur les litiges relatifs au déroulement des élections locales.

Dans la même logique, les juridictions constitutionnelles africaines sont chargées par les lois fondamentales de veiller à la régularité des opérations référendaires[150]. C'est ainsi qu'elles connaissent à la fois des actes préparatoires et des actes relatifs au déroulement même du référendum. Loin de mener une étude sur les fonctions de ces juridictions, il était question de montrer qu'en procédant à leur création, les textes constitutionnels ont tenu à diversifier leurs attributions dont les unes sont contentieuses et les autres non contentieuses.

2- Les fonctions non contentieuses

Lorsqu'elles n'exercent pas leurs fonctions contentieuses, les juridictions constitutionnelles africaines sont mobilisées soit pour interpréter la Constitution, soit alors pour constater, apprécier ou réguler certaines situations qui sont liées au pouvoir politique. La fonction consultative étant la thématique centrale de l'étude, elle ne sera pas développée dans cette partie. En revanche, seront mises en avant, les fonctions de constatation (a) et de décision (b).

---

149 Philipp (L.), « Le Conseil constitutionnel juge électoral », *Pouvoirs*, n° 13, 1991, p. 70..

150 Lire dans cette logique : l'article 152 de la Constitution du Burkina Faso du 11 juin 1991 modifiée et l'article 86 de la Constitution malienne du 27 février 1992.

a-La fonction de constatation de la vacance à la présidence de la République

Cette fonction permet à la juridiction constitutionnelle d'édicter des actes d'orientation[151]. Concrètement, la constatation d'une situation par le juge constitutionnel peut être considérée comme un élément déclencheur de la normalisation de cette situation[152]. C'est dire que cette fonction n'est pas inutile à une époque où la juridicisation du pouvoir prend une grande ampleur. Elle contribue à la régularisation d'un fait susceptible de soulever des difficultés dans le fonctionnement régulier des institutions étatiques. C'est le lieu pour le juge constitutionnel de jouer aussi son rôle de régulateur du fonctionnement des pouvoirs publics, car son intervention a pour finalité d'éviter toute paralysie et de faciliter le déroulement de la vacance et de la transition au sommet de l'État.

En droit constitutionnel, la vacance désigne « *l'absence définitive du titulaire d'un mandat ou d'une fonction* » [153]. Les Constitutions contemporaines prévoient une pluralité de causes ainsi que les organes visés par cette situation. Elle correspond à une cessation anticipée des fonctions d'un organe et appelle à la prise des mesures urgentes pour éviter la paralysie des institutions. L'analyse des développements constitutionnels africains permet de se rendre compte que la vacance à la présidence de la République débouche très souvent sur des crises profondes du fait de la mise à l'écart des solutions constitutionnelles.

L'intervention du juge constitutionnel est d'une pertinence avérée. À l'analyse des Constitutions africaines, les causes de la vacance ne sont pas toujours prévues de manière intelligible. Il y a un flou qui est entretenu autour de certaines questions dont l'appréciation relève du pouvoir du juge constitutionnel. Il en est ainsi de la notion d'empêchement définitif qui n'est pas toujours bien appréhendée par les textes constitutionnels. En dehors des hypothèses de la Côte d'Ivoire[154], de la Centrafrique[155] et du Niger[156], les

---

[151] Monembou (C.), « Les actes non juridictionnels des juridictions constitutionnelles des États d'Afrique noire francophone. Les cas du Gabon, du Bénin, du Sénégal et du Niger », *op. cit.*, p.190.

[152] *Ibid.* p.195.

[153] De Villiers (M.) et Le Divellec (A.), *Dictionnaire du droit constitutionnel*, 10e éd., Paris, Sirey, 2015, p. 367.

[154] La Constitution ivoirienne du 8 novembre 2016 fait de l'incapacité du président de la République à exercer ses fonctions, une cause de la vacance à la présidence de la République. Lire dans ce sens l'article 62 de la Constitution du 8 novembre 2016.

[155] Conformément à l'article 47 de la Constitution centrafricaine du 30 mars 2016 : « tout cas d'empêchement définitif ou de maladie qui place le président de la République dans l'impossibilité d'exercer ses fonctions doit être constaté par un comité spécial présidé par le président de la Cour constitutionnelle et comprenant le président de l'Assemblée nationale et le président du Sénat et le Premier ministre, chef du gouvernement ».

causes de l'empêchement ne sont pas prévues par les différentes lois fondamentales de sorte que le recours au juge constitutionnel devient indispensable pour lui donner un contenu et si possible, déclencher la vacance. Il peut ainsi se prononcer sur les cas de dégradation de l'état de santé du président de la République.

Dans le nouveau constitutionnalisme africain, le pouvoir de constater la vacance à la présidence de la République appartient au juge constitutionnel. La Constitution béninoise du 11 décembre 1990 est assez éloquente à ce sujet lorsqu'elle énonce qu'« *en cas de vacance de la présidence de la République par décès, démission ou empêchement définitif (...) le président de l'Assemblée nationale saisit la Cour constitutionnelle qui constate et déclare la vacance de la présidence de la République* »[157].

Cependant, l'attitude de certains constituants et juges constitutionnels suscite le débat autour de la nature de l'acte de constatation, car ils donnent l'impression que cet acte est une décision. C'est le cas du constituant nigérien qui assimile la constatation de la vacance à une décision. On peut lire dans la Constitution nigérienne au sujet de la déchéance du président de la République, un fait générateur qui est celui du « *refus du président de la République d'obtempérer à un arrêt de la Cour constitutionnelle constatant une violation par celui-ci des dispositions de la présente Constitution* »[158]. Tel que le souligne le professeur **Cyrille Monembou** « *le constituant nigérien semble ainsi assimiler l'acte de constatation de la vacance à un acte juridictionnel dès lors qu'il parle expressément d'un arrêt de la Cour constitutionnelle* »[159]. Dans la même logique, la Cour constitutionnelle du Gabon va indiquer que l'acte de constatation n'est rien d'autre qu'une décision. Suite au décès du président de la République **Omar Bongo Ondimba** le 8 juin 2009, le Premier ministre saisit ladite Cour et le même jour, elle va rendre la décision *no 31/CC du 9 juin 2009 constatant la vacance à la présidence de la République*. C'est la même démarche qui sera adoptée par la Cour constitutionnelle du Mali[160]. Au-delà de cette démarche

---

[156] L'article 53 de la Constitution nigérienne du 25 novembre 2010 est plus explicite au sujet des causes de l'empêchement définitif. Elle dispose en effet que : « *est considérée comme empêchement absolu, l'incapacité physique ou mentale du président de la République le rendant inapte à exercer les charges de sa fonction* ».

[157] Article 50 de la Constitution du 11 décembre 1990. On retrouve une telle formule dans les lois fondamentales du Burkina Faso (Article43 de la Constitution du 11 juin 1991 modifiée) ; du Cameroun (Article 6 alinéa 4 de la Constitution du 18 janvier 1996 modifiée.) Et du Togo (Article 74 de la Constitution du 14, octobre 1992 modifiée).

[158] Article 53 de la Constitution du 25 novembre 2010.

[159] Monembou (C.), « Les actes non juridictionnels des juridictions constitutionnelles des États d'Afrique noire francophone. Les cas du Gabon, du Bénin, du Sénégal et du Niger », *op. cit.* p. 194.

[160] *Arrêt n° 2012-001/CC du 10 avril 2012portant constatation de la vacance à la présidence de la République*.

curieuse, on peut affirmer à la suite du professeur **Cyrille Monembou** que « *l'acte de constatation de la vacance vise simplement à établir une situation juridique pour que des actes juridiques décisoires soient cette fois pris* »[161].

La constatation de la vacance par la juridiction constitutionnelle a un double intérêt. *Primo*, elle ouvre la période intérimaire, ce qui garantit la continuité de la fonction présidentielle. *Secundo*, la constatation de la vacance permet de déterminer le moment de l'élection, puisque toutes les lois fondamentales africaines prévoient la tenue d'une élection une fois la vacance constatée. Il ne s'agit donc pas d'une fonction anodine, car elle permet aux juridictions constitutionnelles d'assurer la continuité de la fonction présidentielle. On peut en dire autant de la proclamation des résultats des élections et de la réception du mandat.

b- La proclamation des résultats des élections et la réception du mandat

Dans le nouveau constitutionnalisme des États d'Afrique noire francophone, la proclamation des résultats des élections et des consultations référendaires relève de la compétence exclusive des juridictions constitutionnelles. C'est du moins ce qui ressort des textes constitutionnels. On peut en effet lire dans la loi fondamentale camerounaise que « *le Conseil constitutionnel veille à la régularité de l'élection présidentielle, des élections parlementaires, des consultations référendaires. Il en proclame les résultats* »[162]. Dans la même logique, la Constitution burkinabé dispose au sujet de la compétence du Conseil Constitutionnel que ce dernier « *proclame les résultats définitifs du référendum, des élections présidentielles et législatives* »[163].

À l'instar de la constatation de la vacance, la nature de l'acte de proclamation des résultats de l'élection nationale et des consultations référendaires est diversement appréciée. En France, le Conseil constitutionnel lui attribue une double nature déclarative au premier tour et proclamatrice[164] au second tour. Le Conseil Constitutionnel sénégalais quant à lui, assimile l'acte de proclamation à une décision. Ainsi, dans sa *décision du 10 mars 2007 portant proclamation des résultats du premier tour de l'élection du 25 février 2007*, il décide que « *(...) Décide (que)... les requêtes*

[161] Monembou (C.), « Les actes non juridictionnels des juridictions constitutionnelles des États d'Afrique noire francophone. Les cas du Gabon, du Bénin, du Sénégal et du Niger », *op. cit.* p .195.
[162] Article 48 alinéas de la Constitution du 18 janvier 1996 modifiée.
[163] Article 152 de la Constitution du 2 juin 1991 modifiée.
[164] Rousseau (D.) et al. *Droit du contentieux constitutionnel, op. cit.*, p.372.

sont rejetées »[165] et *« proclame monsieur* ***Abdoulaye Wade*** *élu président de la République »* [166]. Dans la même logique, la Cour constitutionnelle du Gabon déclare que : *« considérant qu'à la suite de l'examen desdits documents, la Cour a opéré diverses notifications d'erreurs matérielles, procède aux redressements qu'elle a jugés nécessaires et arrête les résultats globaux ci-dessus : proclame (...) »*[167]. Il sied d'affirmer que le juge n'étant pas appelé à trancher les litiges, on ne peut considérer l'acte de proclamation comme un acte juridictionnel[168]. Tout au plus, l'acte de proclamation est, ainsi que le souligne le professeur **Cyrille Monembou,** un *« acte qui intervient après la clôture du processus électoral c'est-à-dire, toutes les étapes susceptibles de donner lieu à contentieux »*[169]. Par conséquent, il : *« intervient pour constater une situation juridique et déclencher la production d'effets juridiques »*[170].

D'un point de vue téléologique, l'acte de proclamation a une double portée en droit constitutionnel. Il permet d'authentifier les résultats des consultations électorales et référendaires. C'est cette authentification qui justifie l'autorité de la chose jugée de la décision du juge constitutionnel en ce sens que c'est son résultat qui fait foi. C'est aussi à partir de cette portée qu'on peut faire la différence entre les pouvoirs de l'administration électorale et ceux de la juridiction constitutionnelle. La première donne des résultats provisoires et son acte est susceptible d'être contesté. En revanche, le résultat crédible et qui s'impose est celui de la seconde instance. Tout au plus, l'acte de proclamation consacre la fin du processus. Une fois que la juridiction constitutionnelle a proclamé les résultats, les différents acteurs doivent s'y conformer et tirer toutes les conséquences possibles.

Au-delà de la proclamation, il convient d'indiquer que ce sont les juridictions constitutionnelles qui reçoivent le serment du président de la République. En droit constitutionnel, la prestation de serment est une formalité substantielle à l'exercice des fonctions étatiques. Avant de prêter serment, l'autorité concernée ne peut prendre aucun acte en rapport avec ses nouvelles fonctions. Dans le nouveau constitutionnalisme des États

---

[165] *Décision n° 94/CC/E du 10 mars 2007 portant proclamation des résultats du premier tour de l'élection présidentielle du 27 février 2007.*

[166] *Idem.*

[167] *Décision du 4 septembre 2009 portant proclamation des résultats de l'élection du président de la République du 30 août 2009.*

[168] Monembou (C.), « Les actes non juridictionnels des juridictions constitutionnelles des États d'Afrique noire francophone. Les cas du Gabon, du Bénin, du Sénégal et du Niger », *op. cit.* p.190.

[169] Monembou (C.), « Les actes non juridictionnels des juridictions constitutionnelles des États d'Afrique noire francophone. Les cas du Gabon, du Bénin, du Sénégal et du Niger », *op. cit.* p.190.

[170] *Idem.*

d'Afrique noire francophone, le président de la République prête serment devant la juridiction constitutionnelle. C'est le cas de la Constitution ivoirienne qui dispose qu'« *après la proclamation définitive des résultats par le Conseil constitutionnel, le président élu prête serment devant le Conseil constitutionnel, réuni en audience solennelle* »[171]. En d'autres termes, la prestation de serment se fait exclusivement devant la juridiction constitutionnelle. C'est également ce qui est prévu dans la nouvelle Constitution centrafricaine[172].

Certains textes constitutionnels associent plusieurs institutions dans la réception du serment à l'instar des assemblées parlementaires. C'est le cas de la Constitution camerounaise du 18 janvier 1996 qui prévoit que le président de la République « *prête serment devant le peuple camerounais, en présence des membres du parlement, du Conseil constitutionnel et de la Cour suprême réunis en séance solennelle. Le serment est reçu par le président de l'Assemblée nationale* »[173]. Quelle que soit la formule retenue, on peut simplement constater que la juridiction constitutionnelle est impliquée dans la réception du mandat de l'institution présidentielle. Dans cette hypothèse, son rôle n'est pas de trancher un litige, mais de permettre au président de la République d'exercer sa fonction à défaut de le juger dans le cadre de l'exercice de la fonction pénale.

B-La fonction inhabituelle : le cas de la fonction pénale

Initialement créée pour assurer la garantie juridictionnelle de la Constitution[174], la juridiction constitutionnelle contemporaine a vu son champ de compétence progressivement s'étendre. Dans certains États africains, les textes constitutionnels font de lui, le juge pénal des gouvernants. C'est ce qui permet d'envisager l'étude de sa fonction pénale. Dans son office, le juge constitutionnel mobilise deux types de sanctions[175]. Il sanctionne en premier lieu les normes en ce sens que la décision de constitutionnalité peut déboucher sur la sortie de vigueur de la norme contrôlée. Il s'agit de la sanction la plus courante et la plus ancienne qui vise à la fois l'inconstitutionnalité de procédure[176] et l'inconstitutionnalité de

[171] Article 58 de la Constitution du 8 novembre 2016.
[172] Article 38 de la Constitution du 30 mars 2016.
[173] Article 7 alinéa 2 de la Constitution du 18 janvier 1996 modifiée.
[174] Kelsen (H.), « La garantie juridictionnelle de la Constitution », *RDP*, 1928, pp. 197-257.
[175] Bottini (E.), *la sanction constitutionnelle*, Paris, Dalloz, 2016, p. 33.
[176] Il faut préciser qu'une norme peut être inconstitutionnelle en vertu de l'irrégularité de procédure, car, la Constitution n'est pas uniquement une règle de fond. Elle indique aussi la procédure d'édition des normes par les organes de production du droit. Aussi, lorsque la procédure n'a pas été respectée, le juge constitutionnel a le pouvoir de déclarer la norme

fond [177] des normes infraconstitutionnelles. Cependant, son pouvoir de sanction peut aussi être orienté vers les organes qui exercent le pouvoir soit en les destituant, soit en engageant leur responsabilité pénale[178].

Envisager la fonction pénale des juridictions constitutionnelles revient à admettre que celles-ci ont le pouvoir de sanctionner les auteurs des infractions. En d'autres termes, le juge constitutionnel est considéré comme un juge pénal dès lors qu'il a la possibilité d'infliger des sanctions pénales aux gouvernants. C'est le lieu d'indiquer que la compétence pénale du juge constitutionnel a souvent été envisagée sous un autre angle notamment celui de la participation de ce dernier à la constitutionnalisation du droit pénal[179].

Cependant, il faut souligner que les lois fondamentales africaines n'ont pas toutes attribué au juge constitutionnel, une fonction pénale. Les textes constitutionnels qui l'ont fait sont susceptibles d'être classés en deux catégories. La première catégorie attribue à titre exprès et exclusif la compétence pénale à la juridiction constitutionnelle. C'est le cas de l'article 163 de la Constitution de la RDC qui dispose que « *La Cour constitutionnelle est la juridiction pénale du chef de l'État et du Premier ministre dans les cas et conditions prévus par la Constitution* ». Dans la seconde catégorie, les membres des juridictions constitutionnelles sont inclus dans la composition de la Haute Cour de Justice[180]. On peut parler dans ce cas d'une attribution tacite de la fonction pénale.

Au total, les précédents développements permettent de se rendre compte que les Constitutions africaines ne se limitent pas à créer les juridictions

---

inconstitutionnelle. Lire utilement : Kelsen (H.), « La garantie juridictionnelle de la Constitution », *op. cit.* p. 206.

[177] En contentieux constitutionnel, l'inconstitutionnalité de fond vise les normes infraconstitutionnelles dont le contenu n'est pas conforme à la Constitution. C'est ce que Hans Kelsen appelle « l'inconstitutionnalité matérielle », in : Kelsen (H.), « La garantie juridictionnelle de la Constitution », *op. cit.* p. 206.

[178] La professeure Anne Marie Le Pourhiet évoque ainsi l'hypothèse d'une sanction personnelle dont le but est de « punir l'auteur d'une violation de la constitution », in *droit constitutionnel*, Paris, Economica, 2008, p. 40.

[179] Lire dans ce sens : Benessiano (W.), « Le Conseil constitutionnel et l'élaboration de la norme pénale », *AIJC*, 2009-2010, pp. 443-451 ; lire également : Conte (P.), « La matière pénale revue par le Conseil Constitutionnel » ; *Jus Politicum*, n° 20-21, 2018, pp. 93-101.

[180] Dans cette logique, l'article 135 de la Constitution béninoise du 11 décembre 1990 modifiée dispose que « *La Haute Cour de Justice est composée de la Cour constitutionnelle, à l'exception de son président, de six députés élus par L'Assemblée nationale et du président de la Cour suprême* ». L'article 239 de la Constitution du Burundi du 7 juin 2018 dispose dans la même logique que : « *La Haute Cour de Justice est composée de la Cour Suprême et de la Cour constitutionnelle réunies* ». C'est ce qui est aussi prévu par l'article 117 de la Constitution de Guinée-Conakry. La Constitution tchadienne du 4 mai 2018 en incluant la chambre constitutionnelle au sein de la Cour suprême prévoit dans son article 157 que la Haute Cour de Justice est composée des membres des différentes chambres de la Cour Suprême en l'occurrence, ceux de la chambre constitutionnelle.

constitutionnelles. Afin de les rendre utiles, elles ont diversifié leurs fonctions en prévoyant celles qui ont un volet contentieux et celles qui sont non contentieuses. Si la première catégorie fait l'objet d'une abondante littérature, la seconde quant à elle est minorée et sera analysée dans le cadre de cette étude en l'occurrence, la fonction consultative dont il convient de cerner les contours à travers la définition des concepts.

III- La définition des concepts

Pour reprendre la formule du professeur **Luc Sindjoun** «*plus qu'un simple rituel, la définition est un préalable analytique qui permet d'éviter des confusions, des erreurs et des débats inutiles*»[181]. C'est dire que la définition des concepts occupe une place centrale dans les études juridiques. Aussi, il est important de clarifier les notions de fonction consultative (A), de juridiction constitutionnelle (B) et d'États d'Afrique noire francophone (C).

A- La définition de la fonction consultative

À l'époque contemporaine, la possibilité reconnue à une juridiction constitutionnelle de donner des avis n'est plus discutée[182]. Cependant, ces avis sont sous-estimés [183] et occultés par la multiplication des actes juridictionnels ; ce qui ne rend toutefois pas anodines les études consacrées à la fonction consultative (1), puisqu'il s'agit d'une fonction dont l'importance n'est plus à démontrer (2).

1- La notion de fonction consultative

Pour mieux cerner la fonction consultative, il conviendrait de donner un contenu aux vocables *fonction* et *consultation* et au verbe *consulter*. Dans le langage juridique, le recours à l'expression «*fonction*» sert à désigner une compétence juridique et un pouvoir attribué à une institution[184]. En d'autres termes, le présent travail consiste à étudier une compétence attribuée par la

---

[181] Sindjoun (L.), *L'État ailleurs. Entre noyau dur et case vide*, Paris, Economica, 2002, p.5.

[182] Arsac (R.), « La fonction consultative du Conseil constitutionnel », *RFDC*, n° 68, 2006, p.782.

[183] Dire que les avis des juridictions constitutionnelles sont sous-estimés ne relève pas d'une extrapolation. La plupart des travaux portant sur l'office du juge constitutionnel africain mobilisent davantage les décisions et minorent les avis. Certains documents se contentent de commenter les grandes décisions des juridictions constitutionnelles en faisant abstraction des avis que celles-ci émettent.

[184] De Villiers (M.) et Le Divellec (A.), *Dictionnaire du droit constitutionnel*, 10e éd. Paris, Sirey, 2015, p.168.

Constitution au juge constitutionnel, car l'avis émis par la juridiction constitutionnelle est le résultat de l'exercice de la fonction consultative. La Constitution lui attribue la compétence et le pouvoir d'émettre des avis dans des domaines assez variés en direction des organes habilités à le saisir de sorte qu'on ne puisse se cantonner à n'étudier que sa fonction contentieuse.

S'agissant du verbe *consulter*, il désigne le fait de demander un avis ou un conseil à quelqu'un ou à un organe[185]. En revanche, on emploie le terme « *consultation* » pour évoquer la relation qui s'établit entre une personne qui détient le pouvoir de décision et une autre personne ou un organe dont on recueille l'avis, l'explication ou l'éclaircissement préalablement à la décision. Sur la base de cette clarification conceptuelle, le constat qui se dégage est que pour qu'il y ait consultation, il faut deux catégories d'acteurs à savoir : l'organe qui sollicite l'avis, et l'organe qui joue le rôle d'expert et qui exerce la fonction consultative.

Dans le cadre de cette étude, on peut concevoir la fonction consultative des juridictions constitutionnelles au sens du professeur **Cyrille Monembou** comme une « *fonction permettant aux juridictions constitutionnelles de faire office d'expert et de conseiller juridique (...) dans une pluralité de domaines* » en émettant un avis[186]. Autrement dit, c'est le fait pour le juge constitutionnel de donner son avis soit sur le contenu d'une disposition constitutionnelle, soit sur une situation juridique précise. À travers cette fonction, le juge se présente comme le consultant juridique des pouvoirs publics dans la mesure où il est appelé à apprécier une situation prévue ou non prévue par la Constitution et surtout, à se prononcer sur une disposition constitutionnelle.

En matière de consultation, deux variantes se démarquent généralement à savoir : la consultation décisionnelle et la consultation propositionnelle[187]. Si la doctrine semble confiner la première catégorie à la participation populaire par le biais de l'élection et du référendum, il est possible de l'étendre aux avis conformes. La seconde typologie quant à elle, consiste pour l'organe consulté à formuler des propositions[188]. Tantôt, on parle de consultation expertise[189] ; tantôt, on fait allusion à la consultation information[190]. La

[185] Eyebe Ayissi (H.), *l'administration consultative au Cameroun*, mémoire de Master Degree de droit public, Université de Yaoundé, 1980, p. 1.
[186] Monembou (C.), « Les actes non juridictionnels des juridictions constitutionnelles des États d'Afrique noire francophone. Les cas du Gabon, du Bénin, du Sénégal et du Niger », *op. cit.* p.191.
[187] Dia (A.), *le principe de consultation en droit public : l'exemple de la France et du Sénégal*, *op. cit.* p. 18.
[188] *Ibid.* p. 29.
[189] *Études et documents du Conseil d'État*, Rapport public, 2011, p. 20.
[190] *Idem.*

première consiste pour cette juridiction à éclairer l'organe qui la consulte pour lever des incertitudes[191]. C'est à ce niveau qu'elle se comporte comme un expert. C'est le cas, lorsqu'elle est saisie pour interpréter la Constitution ou pour apprécier une situation juridique prévue par la Constitution. La seconde typologie en revanche consiste pour un pouvoir public à informer le juge constitutionnel sur les mesures qu'il entend prendre. Dans ce cas de figure, le juge est appelé à donner son avis. À bien y regarder, le fait de recourir aux juridictions constitutionnelles n'est pas anodin, car l'intérêt d'un tel recours est avéré.

2- L'intérêt de la fonction consultative en droit constitutionnel

En droit constitutionnel, la fonction consultative a un double intérêt. Dans un premier temps, elle est mobilisée dans le cadre de l'interprétation constitutionnelle. Dans ce cas, la consultation est justifiée par le caractère équivoque des textes constitutionnels[192]. Le juge constitutionnel apparaît de ce point de vue comme l'éclaireur qui va donner un contenu exact aux dispositions constitutionnelles. En effet, en tant qu'interprète authentique de la Constitution[193], ce dernier est appelé à éclairer ou à préciser le sens du texte qui, à la base, est vague et ambigu. On le sait, par principe, l'écriture constitutionnelle est complexe[194] et présente des lacunes et des incohérences qui rendent indispensable l'intervention du juge constitutionnel. En effet, la mobilisation de la fonction consultative lui permet à plus d'un titre de « *réparer les imperfections déjà existantes dans le texte constitutionnel* »[195] précisément parce qu'elle vise à éclairer ou à expliciter le contenu des dispositions constitutionnelles. Ce premier intérêt n'est pas à négliger si l'on prend en compte l'importance du discours constitutionnel. La Constitution est en principe un texte qui rassure[196], mais les contradictions, les ambiguïtés et les zones d'ombre qu'elle est susceptible de contenir sont de nature à biaiser son importance dans la société. Aussi, les avis émis par le juge constitutionnel dans le cadre de la fonction consultative sont de nature à bonifier ou à donner plus de cohérence aux textes constitutionnels. Ils sont de nature à rendre le texte constitutionnel accessible et intelligible.

La fonction consultative vise aussi de manière générale à légitimer et à démocratiser le processus de prise des décisions. À titre de rappel, avant

---

[191] *Ibid.* p. 21.

[192] Guastini (R.), « L'interprétation de la Constitution », in *Michel Troper et Dominique Chagnollaud (dir.), Traité international de droit constitutionnel*, Paris, Dalloz, 2012, p. 467.

[193] Guastini (R.), « L'interprétation de la Constitution », *op. cit.* p. 468.

[194] Sales (E.), « La transformation de l'écriture de la Constitution. L'exemple islandais », *NCCC*, n° 57, 2017, p. 45.

[195] Pluen (O.), « La cohérence de l'écriture constitutionnelle », *LPA*, n° 136, 2018, p. 68.

[196] Delpérée (F.), « Les rayons et les ombres de la Constitution », *RFDC*, n° 103, 2015, p. 583.

1990, le pouvoir de décision était monopolisé par le seul président de la République, lequel ne rencontrait aucun contre-pouvoir. La portée des avis était de moindre importance. En associant les juridictions constitutionnelles dans l'exercice du pouvoir, les constituants des États d'Afrique noire francophone ont voulu procéder à la démocratisation du pouvoir. Aussi, dans le nouveau constitutionnalisme africain, il n'est pas exagéré d'affirmer que désormais, certaines décisions sont concertées et non unilatérales et les avis émis par le juge constitutionnel sont indispensables à l'acceptabilité des décisions des pouvoirs publics[197]. il s'agit ainsi d'une fonction qui tend à la valorisation des juridictions constitutionnelles dont il convient de procéder à la définition.

B- La notion de juridiction constitutionnelle

Pour mieux cerner la notion de juridiction constitutionnelle, il convient de la définir en la distinguant de l'une de ses notions voisines à savoir, la justice constitutionnelle. À première vue, on peut se dire qu'il existe une synonymie entre les deux, mais il n'en est rien. Chacun des vocables a son sens et recouvre une réalité bien distincte de celle de l'autre.

La notion de justice constitutionnelle est souvent employée pour désigner à la fois une activité et un mécanisme. Elle renvoie peu à une juridiction. Concrètement, ainsi que le souligne le professeur **Miche Fromont** « *la notion de justice constitutionnelle ne peut être qu'une notion matérielle : elle ne peut que désigner une activité (...) une fonction exercée en la forme par un organe indépendant ayant le caractère d'une juridiction* »[198]. Sur cette base, on peut dire que la justice constitutionnelle désigne l'activité d'une juridiction tendant à assurer la garantie de la Constitution. Ce qui est mis en avant, ce n'est pas la juridiction en tant que telle, mais plutôt son activité et sa finalité. C'est la raison pour laquelle le maître de Viennes **Hans Kelsen** va utiliser la formule suivante « *la garantie juridictionnelle de la Constitution généralement appelée justice constitutionnelle* »[199].

Si l'on considère la justice constitutionnelle comme une activité, il se dégage une différence de sens et de contenu avec la notion de juridiction constitutionnelle. D'une part, parce que dans un sens général, la notion de juridiction fait référence à un « *organe institué par l'État (...)* »[200]. C'est dire que le critère qui permet de définir une juridiction est organique et non

---

[197] Dia (A.), *le principe de consultation en droit public : L'exemple de la France et du Sénégal, op. cit.* p. 363.

[198] Fromont (M), *la justice constitutionnelle dans le monde*, Paris, Dalloz, 1996, p. 2.

[199] Kelsen (H.), « La garantie juridictionnelle de la Constitution », *op. cit.* p.197.

[200] Le Divellec (A.) et De Villiers (M.), *Dictionnaire du droit constitutionnel*, 10e éd. Paris, Sirey, 2015, p. 205.

matériel. D'autre part, parce que de manière spécifique, lorsqu'on parle de la juridiction constitutionnelle, on fait référence à une institution juridictionnelle créée spécialement par la Constitution pour connaître du contentieux constitutionnel[201]. C'est dans ce sens que **Marcel Waline** affirme qu'« *elle n'est ni une juridiction de l'ordre judiciaire ni une juridiction de l'ordre administratif et ainsi s'explique que ses arrêts ne soient susceptibles d'aucun recours* »[202]. Pour en résumer donc, on dira que la justice constitutionnelle désigne l'activité d'une juridiction destinée à garantir la suprématie de la Constitution. En revanche, la notion de juridiction constitutionnelle désigne l'organe chargé d'exercer cette activité[203]. Ces deux notions n'ont pas un sens différent lorsqu'on les transpose dans le constitutionnalisme des États d'Afrique noire francophone.

C- La notion d'États d'Afrique noire francophone

Le recours à cette notion obéit à un souci de délimitation du cadre géographique. En effet, en limitant l'étude au droit constitutionnel africain pris dans sa globalité, le sujet couvrirait un champ à la fois vaste et complexe. C'est la raison pour laquelle il a paru nécessaire de focaliser l'étude au cas spécifique des États d'Afrique noire francophone. Cependant, une précision de plus s'impose. Il ne s'agit pas d'étudier tous les États africains qui ont en partage la langue française, mais essentiellement ceux d'Afrique noire. C'est dire que les États du Maghreb d'office sont exclus de l'étude.

L'expression *États d'Afrique noire francophone* désigne les États issus d'un processus de décolonisation[204], c'est-à-dire ceux ayant fait l'objet d'une domination coloniale française en l'occurrence ; laquelle domination s'exerçait soit au nom « *d'un titre de souveraineté propre dans le cas des territoires annexés à une métropole* »[205], soit sur la base d'un mandat international dans le cas des territoires sous tutelle.

Concrètement, il s'agit des anciennes colonies d'Afrique équatoriale française : l'Oubangui-Chari (La Centrafrique), le Congo-Brazzaville, le Gabon, le Tchad. À ces derniers, il convient d'ajouter les anciennes colonies d'Afrique occidentale française : le Dahomey (Le Bénin), la Haute-Volta (le Burkina Faso), la Côte d'Ivoire, le Mali, la Mauritanie, le Niger, le Sénégal

---

201 Favoreu (L.) et Mastor (W.), *Les Cours constitutionnelles*, 2e éd. Paris, Dalloz, 2016, p. 4.

202 Waline (M.), « Éléments d'une théorie de la juridiction constitutionnelle en droit positif français », *RDP*, 1928, p. 441.

203 Bouvier (V.), « La notion de juridiction constitutionnelle », *droits*, n° 9, 1989, p. 120.

204 Conac (G.), « L'évolution constitutionnelle des États francophones d'Afrique noire et de la République démocratique malgache », *op. cit.* p.1.

205 *Idem.*

et d'anciens pays sous mandat puis, sous tutelle que sont le Cameroun et le Togo. À ces derniers, il convient d'ajouter le Burundi et la République Démocratique du Congo, ancien territoire belge dont les développements constitutionnels offrent des éléments d'analyse intéressants.

Parvenu au terme de ce chapitre introductif, il est important de faire remarquer que la fonction consultative des juridictions constitutionnelles dans les États d'Afrique noire francophone est le fruit d'un contexte et est formalisée par les textes constitutionnels. Elle dérive à la fois de la création et de la diversification des fonctions desdites juridictions. Aussi, la définition des concepts a permis de constater que c'est une fonction qui incombe à une juridiction spéciale chargée du contentieux. Il est intéressant de procéder à l'analyse de son **énonciation** (Première partie) et à son **appréciation** (Deuxième partie).

PREMIÈRE PARTIE : L'ÉNONCIATION DE LA FONCTION CONSULTATIVE

La fonction consultative des juridictions constitutionnelles est avant tout le résultat d'une démarche juridique, car ce sont les textes qui la formalisent. C'est dire qu'à travers l'étude de l'énonciation de cette fonction, il s'agit d'analyser et d'interpréter le dispositif normatif qui la consacre afin d'avoir une idée claire sur les organes habilités à consulter le juge constitutionnel ; le moment et la procédure de la consultation telle qu'aménagée par la législation. Dans cette logique, un accent particulier sera mis sur les acteurs de la consultation, ce qui permettra d'analyser son énonciation organique **(Chapitre 1).** Puis, la réflexion sera menée dans le cadre de ce qu'il convient d'appeler, l'énonciation procédurale **(Chapitre 2).**

CHAPITRE 1 : L'ÉNONCIATION ORGANIQUE

Au-delà de la création des juridictions constitutionnelles, l'un des traits saillants du renouveau constitutionnel en Afrique noire francophone est sans doute, la démocratisation du pouvoir. En effet, contrairement aux trois premières décennies caractérisées par la transcendance du pouvoir présidentiel, le début des années 1990 a inauguré une nouvelle ère marquée par la démocratisation du processus de prise des décisions. À la prévalence du pouvoir discrétionnaire[206], se substitue progressivement la compétence liée[207], car à l'analyse des lois fondamentales, les pouvoirs publics sont tenus de consulter la juridiction constitutionnelle avant de poser un acte ou d'édicter une norme.

Cela est compréhensible si l'on part du postulat selon lequel, « *aujourd'hui, le constitutionnalisme se résume à l'idée de démocratie par le droit* »[208]. Cette affirmation de **Jean Marie Denquin** permet de rendre compte des mutations du droit constitutionnel en général et celui des États africains en particulier. Est révolue l'époque de l'autoritarisme, la tendance est aujourd'hui celle du constitutionnalisme libéral[209] avec ses deux variantes

[206] On parle du pouvoir discrétionnaire pour désigner la liberté d'appréciation d'un organe dans l'exercice de sa compétence. L'organe en question est en effet juge d'opportunité et apprécie en toute autonomie, les mesures susceptibles d'être prises. Il lui appartient en un mot d'adopter une mesure qui est opportune à ses yeux et qui peut consister en une action ou une abstention. Sur le pouvoir discrétionnaire, lire : Waline (M.), « Le pouvoir discrétionnaire de l'administration et sa limitation par le contrôle juridictionnel », *RDP*, 1930, pp.197-223. Bockel (A.), « Contribution à l'étude du pouvoir discrétionnaire de l'administration », *AJDA*, 1978, pp.355-376 ;

[207] La compétence liée est envisageable dans l'hypothèse où la législation définit les conditions d'exercice d'une compétence en laissant à l'organe compétent, aucune possibilité de choix. On peut ainsi tirer la conclusion selon laquelle du fait de la formalisation de la compétence liée, la marge de manœuvre des institutions est réduite. Lire dans ce sens : Van Lang (A.) et al. *Dictionnaire de droit administratif*, 5e éd. Paris, Sirey, 2008, p. 85.

[208] Denquin (J-M), « Situation présente du constitutionnalisme. Quelques réflexions sur l'idée de démocratie par le droit », *Jus Politicum*, n° 1, 2009, p.1.

[209] Sur l'adhésion des Constitutions africaines aux valeurs libérales, lire : Holo (T.), « Démocratie revitalisée ou démocratie émasculée ? Les Constitutions du renouveau démocratique dans les États de l'espace francophone africain : régimes juridiques et systèmes politiques », *RBSJA*, n° 16, 2006, pp. 17-41 ; Sy (D.), « Sur la renaissance du droit constitutionnel en Afrique. Question de méthode », *Politéia*, n° 6, 2004, p. 456 ; Aboya Endong (M.), « L'exorcisme de l'esprit révolutionnaire dans la Constitution béninoise du 11 décembre 1990 », In Frédéric Joël Aïvo (dir.), *La Constitution béninoise du 11 décembre*

que sont la démocratie et l'État de droit. Le président de la République qui était hier au « *centre de tout* »[210] est désormais tenu de prendre en compte les avis des autres organes dans la prise de décisions.

Parler de l'énonciation organique revient à mettre en exergue tous les acteurs qui rendent possible la concrétisation de la fonction consultative. La juridiction constitutionnelle est certes l'organe qui est appelé à émettre un avis, mais en la matière, elle ne s'autosaisit pas. Il faut que son éclairage soit sollicité par des acteurs qui pour l'essentiel, sont des pouvoirs publics. Pour qu'il y ait donc exercice de la fonction consultative, il faut d'une part un organe qui a besoin d'éclairage et d'autre part, un expert qui apporte un éclairage. Compte tenu de l'importance de l'expertise en matière constitutionnelle[211], ce schéma est de plus en plus vérifiable. En effet, la lecture des textes constitutionnels africains et des pratiques constitutionnelles permet d'identifier les acteurs de la consultation en les classant en deux catégories. D'un côté, on a la diversité des organes qui consultent la juridiction constitutionnelle et qui sont qualifiés d'organes consultants (section 1), et de l'autre, l'expert qui est l'organe consulté et dont le trait caractéristique est celui de la dualité (section 2).

Section 1 : La diversité des organes consultants

On peut définir les organes consultants comme ceux qui sollicitent l'avis du juge constitutionnel. Dans le nouveau constitutionnalisme africain, c'est de manière inégalitaire qu'est aménagée la saisine des juridictions constitutionnelles en général et en matière consultative en particulier. La Constitution centrafricaine est assez explicite au sujet de cette inégalité. Elle dispose en effet que « *Le président de la République, le président de*

1990 : un modèle pour l'Afrique ? Mélanges en l'honneur de Maurice Ahanhanzo Glélé, Paris, l'harmattan, 2014, p. 81.

[210] Conac (G), « Portrait du Chef d'État », *Pouvoirs* n° 25, 1985, p.121.

[211] On peut définir l'expertise comme un avis, un examen ou une évaluation de quelque chose ou d'une situation par un expert. La complexité des questions constitutionnelles rend indispensable, le recours à l'expertise. Elle est souvent mobilisée dans le cadre de la production constitutionnelle. Mais, elle est aussi prise en compte dans la résolution des crises affectant l'État et ses institutions, surtout, dans le cadre de l'interprétation constitutionnelle. Cependant, la figure de l'expertise est variable, car, on peut distinguer celle qui est officielle et celle qui est officieuse. La première consiste à consulter un organe prévu par la Constitution à l'instar de la juridiction constitutionnelle. La seconde en revanche repose sur la sollicitation d'une institution privée ou d'un acteur non étatique. Sur l'expertise en matière constitutionnelle, on peut lire : Du Bois de Gaudusson (J.), « Le rôle de l'expertise dans la transition constitutionnelle », in Xavier Philippe et Natasa Danelciuc-Calodrovski (Dir.), *Transitions constitutionnelles et Constitutions transitionnelles : quelles solutions pour une meilleure gestion des fins de conflits ?* Institut Universitaire Varenne, 2014, pp. 1-15. Aïvo (F-J), « Les constitutionnalistes et le pouvoir politique en Afrique », *RFDC*, n° 104, 2015, p. 790.

l'Assemblée nationale, le président du Sénat, le Premier ministre, ou un quart (1/4) des membres de chaque chambre du parlement peuvent saisir la Cour constitutionnelle d'une demande d'avis »[212]. Ce qui revient à dire que la consultation de la juridiction constitutionnelle est l'apanage des pouvoirs publics. Il en ressort donc une valorisation de la consultation par ces derniers (P 1) et une minorisation de la saisine des citoyens et des partis politiques (P 2).

Paragraphe 1 : La valorisation de la consultation par les pouvoirs publics

Le recours à l'expression *pouvoirs publics* permet de désigner les organes qui expriment avec force obligatoire, la volonté de la collectivité en recourant en cas de besoin, à la contrainte pour l'exécution de leurs décisions[213]. Les pouvoirs publics susceptibles de consulter la juridiction constitutionnelle peuvent être classés en deux catégories : le pouvoir exécutif (A) et le parlement (B).

A- La consultation de la juridiction constitutionnelle par le pouvoir exécutif

Dans le constitutionnalisme africain, le pouvoir exécutif a toujours occupé une place centrale dans le dispositif institutionnel[214] en raison du fait que c'est lui qui dirige l'État, et a une primauté sur les autres pouvoirs publics[215]. C'est au regard de son rang et de son activité qu'il est impliqué au premier chef dans l'étude des organes consultants. Il convient de préciser que deux organes relevant du pouvoir exécutif sont habilités à consulter la juridiction constitutionnelle. Il s'agit du président de la République (1) et du Premier ministre (2).

---

[212] Article 97 de la Constitution du 30 mars 2016.

[213] Druesne (G.), « Réflexions sur la notion de pouvoirs publics en droit français », *RDP*, 1976, p.1179.

[214] Nguele Abada (M), « Ruptures et continuités constitutionnelles en République du Cameroun : Réflexion à propos de la réforme constitutionnelle du 18 janvier 1996 », *RADIC*. 1998, p. 310.

[215] Owona (J), « Le pouvoir exécutif », *Encyclopédie juridique de l'Afrique. Tome I, l'État et le droit, Les Nouvelles Éditions africaines*, 1982, p.112.

1- Le président de la République comme organe consultant

Le président de la République et la juridiction constitutionnelle sont dans une sorte de « *dyarchie constitutionnelle* »[216] et forment ce qu'il est convenu d'appeler le « *duo de la Constitution* »[217]. Deux arguments permettent de justifier cette affirmation. *Primo*, ces organes sont expressément désignés par les textes constitutionnels comme les gardiens de la Constitution. La juridiction constitutionnelle en assure la garantie juridictionnelle tandis que le président de la République assure la garantie politique. Pour reprendre la professeure **Isabelle Richir** « *chacune de leurs actions est commandée par cette mission* »[218] qui fait d'eux, les responsables de la Constitution. La consultation de l'un par l'autre est donc compréhensible.

Secundo, les deux organes sont des interprètes authentiques de la Constitution[219]. Certes, ils n'ont pas le monopole de l'interprétation constitutionnelle, mais celle-ci relève de leur activité principale. L'interprétation présidentielle[220] est d'autant plus intéressante qu'elle peut déboucher sur l'émergence d'une convention de la Constitution[221]. Dans le cadre de l'activité interprétatrice, chacun des organes peut se référer à la loi fondamentale. Tout au plus, « *le président peut regarder le Conseil comme un miroir et inversement* »[222]. La collaboration entre les deux organes est en tout état de cause normale et justifiée.

Sur la base de ces deux arguments, on peut mieux cerner la pertinence de la saisine de la juridiction constitutionnelle par le président de la République

---

[216] L'expression « dyarchie » vient du latin « *duo* ». Dans le langage constitutionnel, elle sert à désigner un partage de pouvoir ou de compétence entre deux organes ou titulaires. Ainsi, en matière de protection de la Constitution, la dyarchie est envisageable du fait du partage de compétence entre le juge constitutionnel et le président de la République. Le premier peut être considéré comme le garant juridique de la Constitution tandis que le second est assimilé au garant politique. Sur la conceptualisation de la dyarchie, lire utilement : Le Divellec (A.) et De Villiers (M.), *Dictionnaire du droit constitutionnel, op. cit.* p. 146. Sur la dyarchie en matière de protection de la Constitution, on peut se référer à : Richir (I.), *le président de la République et le Conseil constitutionnel,* Paris, PUF, 1998, p.199.

[217] Richir (I.), *le président de la République et le Conseil Constitutionnel, op. cit.* p. 200.

[218] *Idem.*

[219] Dans la théorie de l'interprétation développée par Hans Kelsen, l'interprétation est dite authentique dès lors qu'elle émane des organes d'application du droit et produit des effets en droit. Lire dans ce sens : Kelsen (H.), *Théorie pure du droit*, Paris, Dalloz, 1962, p. 461.

[220] Romi (R.), « Le président de la République, interprète de la Constitution », *RDP*, 1987, pp. 1265-1295.

[221] Cela est tributaire du fait que l'interprétation présidentielle relève de l'interprétation politique de la Constitution. Compte tenu du fait qu'elle produit des normes non écrites, elle peut être considérée comme le fait générateur des conventions de la Constitution. Lire dans ce sens : Avril (P.), *les conventions de la Constitution.* Paris, PUF coll. « Léviathan », 1997, 202 p.

[222] Richir (I.), *le président de la République et le Conseil Constitutionnel, op. cit.* p. 214.

pour avis. Ce n'est pas par hasard que les textes constitutionnels ont consacré la consultation. Cependant, en fonction des États, les options sont variables. Certaines Constitutions attribuent à titre exclusif la saisine de la juridiction constitutionnelle au président de la République. C'est le cas de la Constitution béninoise qui dispose que « *Le président de la Cour est compétent pour (...) donner son avis au président de la République dans les cas prévus aux articles 58 et 68* »[223]. L'option béninoise est à la fois compréhensible et discutable. Dans le premier cas, elle est justifiée par la nature du régime politique et le positionnement du président de la République dans le dispositif institutionnel béninois. En effet, si l'on s'appuie sur le texte constitutionnel du 11 décembre 1990, l'institution présidentielle est désignée à la fois comme chef de l'État et chef du Gouvernement, ce qui fait d'elle la clé de voûte de l'État et l'unique pôle de pouvoir au sein de l'exécutif. Toutefois, celle-ci n'étant pas l'unique autorité étatique, l'accès au juge constitutionnel aurait dû être ouvert aux autres pouvoirs publics étant entendu que ceux-ci édictent aussi des normes et prennent des décisions qui peuvent impacter sur l'avenir de la Nation.

Dans d'autres Constitutions, le président de la République fait partie de la pluralité des organes habilités à saisir la juridiction constitutionnelle. La Constitution burundaise dispose en effet que « *La Cour est saisie par le président de la République, le président de l'Assemblée nationale, le président du Sénat, ou par l'ombudsman* »[224]. En dehors de l'ombudsman qui constitue une originalité burundaise en matière de saisine, les mêmes organes ont la possibilité de saisir le juge constitutionnel pour solliciter son avis. De nombreux textes constitutionnels étendent la saisine en refusant à l'exécutif présidentiel, le monopole de la sollicitation de la consultation[225].

La saisine de la juridiction constitutionnelle par le président de la République soulève deux problèmes qu'il convient de clarifier. Le premier est relatif au contenu de la notion même de président de la République. Selon le dictionnaire de droit constitutionnel, c'est la « *dénomination en régime républicain de la fonction de chef de l'État* »[226]. Le problème que pose cette définition dans le contexte africain est qu'elle ne permet pas d'inclure le président de transition. Or, les crises qui sévissent dans les États africains aboutissent parfois à la mise en place des institutions de transition. La question est alors de savoir si le président de transition peut aussi consulter le juge constitutionnel pour avis. À cette interrogation, il convient

---

[223] Article 119 de la Constitution du 11 décembre 1990.

[224] Article 230 de la Constitution du 18 mars 2005.

[225] On peut citer dans ce sens, l'article 47 alinéa 23 de la Constitution camerounaise du 18 janvier 1996, l'article 157 de la Constitution du Burkina Faso ou encore l'article 97 de la Constitution centrafricaine du 30 mars 2016.

[226] Le Divellec (A.) et De Villiers (M.), *Dictionnaire du droit constitutionnel, op. cit.* p.288.

d'étendre cette notion au président de transition à qui est aussi reconnu un droit de saisine en matière de consultation. À titre illustratif, la Charte constitutionnelle de transition de la République centrafricaine dispose que « *le chef de l'État de transition, le Premier ministre, le président du Conseil national de transition, et un quart (1/4) des membres du Conseil national de transition peuvent saisir la Cour constitutionnelle d'une demande d'avis* »[227]. On retrouve une option analogue dans la Charte de transition du Burkina Faso[228].

L'autre problème que pose la saisine présidentielle du juge constitutionnel pour avis est celui de la nature de la saisine. En contentieux constitutionnel, on distingue plusieurs modes de saisine : la saisine facultative[229], la saisine obligatoire[230], la saisine intéressée[231] et l'auto-saisine[232]. À bien y regarder, on note une prévalence de la saisine obligatoire, car généralement, la saisine de la juridiction constitutionnelle conditionne l'édiction par le président de la République de certains actes à l'instar de la mise en œuvre des pouvoirs de crise ou encore de la dissolution d'une chambre parlementaire. Mais l'hypothèse d'une saisine facultative n'est pas à exclure dès lors que l'institution présidentielle peut saisir la juridiction constitutionnelle pour avoir juste un éclairage sur une disposition de la Constitution. Le texte constitutionnel camerounais permet d'envisager cette hypothèse à travers sa formule « *le Conseil constitutionnel donne des avis sur des matières relevant de sa compétence* »[233]. En d'autres termes, les organes habilités à le saisir peuvent le faire même quand ce n'est pas obligatoire dès lors qu'il s'agit de préciser ou de clarifier le sens de la Constitution. En définitive, il convient de relever que le président de la République est l'organe consultant par excellence du juge constitutionnel. Cependant, il n'en a pas le monopole, car au sein du pouvoir exécutif, le Premier ministre a aussi la possibilité de consulter la juridiction constitutionnelle.

---

227 Article 78 de la Charte constitutionnelle de transition de la République centrafricaine.

228 Article 23 de la Charte de transition du Burkina Faso.

229 Les textes qui consacrent la saisine des juridictions constitutionnelles optent pour le caractère facultatif en ce qui concerne le contrôle de constitutionnalité des lois.

230 La saisine est dite obligatoire quand il s'agit de l'élaboration ou de la révision de la loi portant règlement intérieur des assemblées parlementaires.

231 La saisine intéressée est envisageable en matière de contentieux électoral.

232 C'est généralement le cas lorsque le juge constitutionnel décide de se saisir d'une affaire alors même qu'il n'a pas été saisi par un organe.

233 Article 47 alinéa 2 de la Constitution du 18 janvier 1996 modifiée.

2- Le Premier ministre comme organe consultant

Le Premier ministre fait partie des organes dont le statut et le positionnement ont fait l'objet de valorisation au début des années 1990. Avant cette date, ce dernier était simplement un « *nain* » à côté du président de la République et du parti unique[234]. D'ailleurs dans certains États à l'instar du Cameroun, il opérait un va-et-vient [235] entre les réformes constitutionnelles oscillant entre création et suppression voire résurrection. Depuis 1990, on assiste à l'autonomisation de l'institution primoministérielle, désignée dans la plupart des États comme le chef du gouvernement. Même dans les États où le "Premier ministre n'est pas prévu, il est souvent arrivé que celui-ci soit nommé en marge de la Constitution pour coordonner l'action du gouvernement. Cela est perceptible au Bénin ou au Congo. Dans certains États, cette institution est confinée à l'exécution de la politique présidentielle[236], dans d'autres, il lui est reconnu le pouvoir de définition de la politique de la Nation[237]. Enfin, dans quasiment tous les États d'Afrique noire francophone, le Premier ministre exerce le pouvoir règlementaire[238].

Ainsi que cela vient d'être indiqué, les réformes constitutionnelles qui symbolisent le renouveau constitutionnel en Afrique noire francophone ont procédé à la valorisation de l'institution primoministérielle. Si cette valorisation peut être analysée sous le prisme de son autonomisation et de ses missions, une autre grille de lecture permet de l'illustrer à savoir, son accès au juge constitutionnel. Excepté le cas des États comme le Cameroun[239], le Premier ministre a la possibilité de consulter le juge constitutionnel. La Constitution congolaise dispose ainsi que « *La Cour constitutionnelle est saisie par le président de la République, le président de l'Assemblée nationale, le président du Sénat, le Premier ministre (...)* »[240]. C'est la même option qui est retenue par les textes constitutionnels du Burkina Faso[241], du Gabon[242] et de la République centrafricaine[243].

---

[234] Owona (J.), « Le pouvoir exécutif », *op. cit.* p. 112.
[235] Kamto (M), « Dynamique constitutionnelle du Cameroun indépendant », *RJA*, 1995, p.7 ; lire également : Olinga (A-D), « Cameroun : vers un présidentialisme démocratique », *RJPIC*, 1991, p. 420.
[236] Article 11 alinéa 1 de la Constitution camerounaise du 18 janvier 1996 ; on peut également citer l'article 51 de la Constitution centrafricaine du 30 mars 2016.
[237] Article 52 de la Constitution centrafricaine du 30 mars 2016.
[238] Article 52 de la Constitution centrafricaine du 30 mars 2016.
[239] Article 47 alinéa 2 de la Constitution du 18 janvier 1996.
[240] Article 178 de la Constitution du 6 novembre 2015.
[241] Article 157 de la Constitution du 11 juin 1991 modifiée.
[242] Article 88 de la Constitution du 21 mars 1991 modifiée.
[243] Article 97 de la Constitution du 30 mars 2016.

Évidemment, à l'instar du président de la République, le vocable «*premier ministre*» doit être étendu au chef du gouvernement de transition. L'une des incidences des crises dans les États africains est le basculement de l'organisation constitutionnelle des pouvoirs. Aussi, très souvent, on assiste à une transmutation du pouvoir exécutif du dualisme[244] à la dyarchie avec un Premier ministre très autonome à l'égard du président de la République. Et le renforcement de ses pouvoirs ou du moins, de sa place au sein du gouvernement se traduit aussi par la saisine du juge constitutionnel. Ainsi, en matière consultative, la Charte constitutionnelle de RCA dispose que « *le chef de l'État de transition, le Premier ministre, le président du Conseil national de transition (...) peuvent saisir la Cour constitutionnelle d'une demande d'avis* »[245].

La saisine de la juridiction constitutionnelle par l'institution primoministérielle est compréhensible pour deux raisons. La première est consécutive au fait que le chef du gouvernement édicte des actes règlementaires en application de la Constitution. Le recours au juge constitutionnel lui permet de mieux cerner les bornes de son pouvoir règlementaire. Au Niger par exemple, le Premier ministre a saisi la Cour constitutionnelle par no 0096/PM/SGG du 29 juillet 2014 aux fins d'obtenir un avis sur le projet d'ordonnance autorisant la ratification de la Convention d'aide non remboursable au profit de la République du Niger, signée le 20 mars 2014 à Madrid en Espagne entre l'Institut de crédit officiel du Royaume d'Espagne et le ministère de la Santé publique du Niger. En s'appuyant sur la Constitution, la Cour a dans son avis déclaré ladite convention conforme à la Constitution[246]. Cet exemple nigérien atteste de l'importance de la saisine *primo*-ministérielle dans le cadre de la consultation.

La seconde raison est liée au contenu de la mission confiée au Premier ministre dans le nouveau constitutionnalisme africain. Ce dernier est en effet désigné comme le coordonnateur de l'action gouvernementale. C'est sous sa coordination que le gouvernement pris dans sa globalité met en œuvre les grandes orientations fixées par le chef de l'État. En la matière, il peut recourir au juge constitutionnel aux fins d'éclairage. D'ailleurs, c'est la loi fondamentale qui définit l'essentiel de ses attributions. Il suit de ce qui

---

[244] Dans le langage constitutionnel, le dualisme désigne un exécutif composé de deux organes à savoir le président de la République et le gouvernement chapeauté par le Premier ministre. Contrairement à la dyarchie qui instaure un partage de compétence, le dualisme se caractérise par le déséquilibre des rapports entre les deux composantes du pouvoir exécutif. Dans certaines hypothèses, c'est le président de la République qui est prépondérant alors que dans d'autres cas, il revient au Premier ministre d'exercer la plénitude du pouvoir. Voir : Le Divellec (A.) et De Villiers (M.), *Dictionnaire du droit constitutionnel, op. cit.* p. 145.

[245] Article 68 de la Charte constitutionnelle de transition du 18 juillet 2013.

[246] *Avis n° 22/CC du 5 août 2014.*

précède qu'à côté du président de la République, le Premier ministre fait partie des organes du pouvoir exécutif qui peuvent solliciter l'avis du juge constitutionnel. Il en est de même des autres pouvoirs publics à l'instar du parlement.

B- Le parlement comme organe consultant de la juridiction constitutionnelle

Au rang des institutions qui ont fait l'objet d'une valorisation à l'issue des réformes constitutionnelles du début des années 1990, figure en bonne place l'institution parlementaire [247]. Cette dernière a fait l'objet d'une restauration structurelle et fonctionnelle[248]. Au plan structurel, on assiste à une prépondérance du bicamérisme avec la création d'une seconde chambre parlementaire. Tout au plus, la consécration du pluralisme politique a permis l'émergence d'une opposition parlementaire [249]. Au plan fonctionnel, les attributions du parlement ont été revalorisées. Cependant, si la doctrine semble s'arrêter sur les éléments ci-dessus évoqués pour célébrer la redynamisation du parlement, il est important de faire remarquer que celle-ci se traduit aussi par la possibilité offerte à ce pouvoir public de saisir la juridiction constitutionnelle.

À priori, on peut avoir le sentiment que les rapports entre la juridiction constitutionnelle et le parlement se caractérisent par l'antagonisme. On peut même affirmer que « *l'antagonisme entre le parlement et le Conseil constitutionnel semble insurmontable* »[250]. Aussi, la question qui jaillit à l'esprit est de savoir « *comment rapprocher ces institutions alors que le second est chargé de contrôler la composition, les règles d'organisation et de fonctionnement ainsi que les actes votés par le premier ?* »[251]. Cette interrogation est consécutive au fait que le travail législatif du parlement est soumis au contrôle de la juridiction constitutionnelle. Mais, à bien y

---

[247] Monembou (C.), *la séparation des pouvoirs dans le constitutionnalisme camerounais. Contribution à l'étude de l'évolution constitutionnelle.* Thèse de doctorat Ph. D. en droit public, Université de Yaoundé II, 2011, p. 196.

[248] Somali (K.), *le parlement dans le nouveau constitutionnalisme en Afrique : essai d'analyse comparée à partir des exemples du Bénin, du Burkina Faso et du Togo.* Thèse de doctorat nouveau régime. Université Lille 2 — Droit et santé.2008, p. 39.

[249] En principe, l'émergence d'une opposition parlementaire n'est envisageable que dans un contexte multipartisan. Cela suppose que la désignation des parlementaires ne s'opère plus sur la base d'un scrutin de ratification du choix du parti unique, mais, à l'occasion d'une élection disputée. On comprend dès lors pourquoi depuis le début des années 1990, l'opposition parlementaire est de plus en plus représentée.

[250] Bonnefoy (O.), *les relations entre le parlement et le Conseil constitutionnel. Les incidences de la question prioritaire de constitutionnalité sur l'activité normative du parlement.* Thèse de doctorat en droit public, Université de Bordeaux, 2015, p. 43.

[251] *Idem.*

regarder, cet antagonisme n'est qu'apparent. Le constitutionnalisme contemporain est marqué par le rapprochement entre les deux institutions[252]. Deux raisons peuvent expliquer la proximité entre les deux organes. D'une part, les deux sont préoccupés par la garantie de la suprématie de la Constitution et sont créateurs du droit[253]. En saisissant le juge constitutionnel dans le cadre du contrôle de constitutionnalité, l'objectif des assemblées parlementaires est de protéger la Constitution. Il s'établit dès lors une complémentarité voire une collaboration entre les deux institutions sur la protection de la Constitution.

Le second argument est lié au fait que la juridiction constitutionnelle assure la protection du parlement. Tout d'abord, elle protège la compétence du parlement en évitant les empiètements de l'exécutif dans le domaine de la loi. Faut-il le rappeler, dans les États d'Afrique noire francophone, les textes constitutionnels établissent la distinction entre le domaine de la loi et le domaine du règlement[254] ? Aussi, la juridiction constitutionnelle assure la garantie de l'autonomie du parlement en empêchant que ce dernier soit sous la botte de l'exécutif ou d'un autre pouvoir. On peut donc le constater, il existe un rapprochement réel entre le parlement et la juridiction constitutionnelle ; ce qui explique que le premier soit de temps en temps appelé à consulter le juge constitutionnel. On comprend d'ailleurs pourquoi les textes constitutionnels font de l'institution parlementaire, un organe consultant du juge constitutionnel.

À la lecture des textes constitutionnels des États d'Afrique noire francophone, on peut se rendre compte que la saisine parlementaire des juridictions constitutionnelles est consacrée dans une double démarche. En effet, il s'établit un *distinguo* entre la saisine du président de l'assemblée et celle des parlementaires qui est collective. Dans le premier cas, la Constitution ivoirienne dispose que « *sur saisine du président de l'Assemblée nationale ou du président du Sénat, les projets ou propositions de lois peuvent être soumis pour avis au Conseil constitutionnel* »[255]. Sans retenir la même formulation, les autres textes énumèrent au rang des autorités ayant accès au juge constitutionnel, les présidents des assemblées parlementaires. C'est le cas des textes constitutionnels du Burundi[256], du

[252] Ce rapprochement peut être analysé sous le prisme de deux points de vue. *Primo*, les deux organes sont impliqués dans la protection de la Constitution. Aussi, le contrôle mobilisé par le juge constitutionnel peut être déclenché à la suite d'une saisine parlementaire. *Secundo*, le juge constitutionnel protège le parlement ou du moins, son champ de compétence contre les empiètements du pouvoir exécutif.

[253] Delcamp (A.), « Le Conseil constitutionnel et le parlement », *RFDC*, n° 57, 2004, p. 37.

[254] Lire dans ce sens les articles 26 et 27 de la Constitution camerounaise du 18 janvier 1996.

[255] Article 133 de la Constitution du 8 novembre 2016.

[256] Article 203 de la Constitution du 18 mars 2005 modifiée.

Burkina Faso[257], du Cameroun[258], du Congo[259] et du Gabon[260]. Il en ressort que la saisine parlementaire vise d'abord les présidents des assemblées.

Au-delà des présidents des chambres, les Constitutions attribuent aussi le droit de saisine à un quota de parlementaires. On peut constater que le quota en question est variable selon les États. Ainsi, la Constitution togolaise parle d'un quota d'un cinquième (1/5) des membres de l'Assemblée nationale[261]. En République centrafricaine, ce quota est d'un quart (1/4) [262]des membres de chaque chambre, au Gabon il est d'un dixième (1/10)[263] tandis qu'au Cameroun, il est d'un tiers (1/3) des membres de chaque assemblée[264].

À l'instar du président de la République et du Premier ministre dont la conception s'est étendue à la période de transition, il convient de souligner que le parlement de transition peut aussi être pris en compte parmi les organes consultants. Dans la Charte constitutionnelle de transition de la République centrafricaine, il est clairement indiqué qu'au-delà du président de la République et du Premier ministre, le président du Conseil national de transition et un quart des membres de cette institution peuvent saisir la juridiction constitutionnelle de transition pour avis[265]. En fin de compte, le constat qui est susceptible d'être fait est que le droit constitutionnel africain privilégie la consultation de la juridiction constitutionnelle par les pouvoirs publics. Au fond, il y a une minoration de la saisine des citoyens et des partis politiques pour avis.

Paragraphe 2 : La minoration des citoyens et des partis politiques en matière de consultation

Dans le constitutionnalisme contemporain, l'accès au juge constitutionnel apparaît comme l'un des mécanismes qui permettent de garantir le respect des droits fondamentaux[266]. Il est consacré par les textes constitutionnels de manière extensive dans le but de permettre à tous les sujets de droit de saisir la justice en cas de besoin. Seulement, la saisine du juge constitutionnel en

[257] Article 157 de la Constitution du 11 juin 1991 modifiée.
[258] Article 47 alinéa 2 de la Constitution du 18 janvier 1996 modifiée.
[259] Article 178 de la Constitution du 6 novembre 2015.
[260] Article 88 de la Constitution du 21 mars 1991.
[261] Article 104 de la Constitution du 14 octobre 1992.
[262] Article 97 de la Constitution du 30 mars 2016.
[263] Article 88 de la Constitution du 21 mars 1991.
[264] Article 47 alinéa 2 de la Constitution modifiée du 18 janvier 1996 modifiée.
[265] Article 68 de la Charte constitutionnelle de transition du 18 juillet 2013.
[266] Sawadogo (F-M), « L'accès à la justice en Afrique francophone : problèmes et perspectives. Le cas du Burkina Faso », in, *l'effectivité des droits fondamentaux dans les pays de la communauté francophone*, Montréal, AUPELF-UREF, 1994, p. 295.

Afrique noire francophone est plutôt limitée et rationalisée[267] surtout en matière consultative. La lecture des Constitutions africaines démontre que tous les acteurs ne peuvent pas avoir accès au juge constitutionnel pour avis. En effet, les citoyens (A) et les partis politiques font partie de ces acteurs qui n'ont pas le droit de consulter la juridiction constitutionnelle d'où l'idée de minoration (B).

A- La minoration de la saisine citoyenne en matière de consultation

Si le peuple est désigné comme étant le détenteur du pouvoir par les lois fondamentales africaines, il est important de souligner que dans de nombreuses dispositions, ce dernier n'est pas toujours pris en compte. C'est le cas en matière de recours au juge constitutionnel pour avis. La minoration de la consultation du juge constitutionnel par les citoyens résulte d'un constat (1) et débouche sur un plaidoyer (2).

1- Le constat

Le renouveau constitutionnel africain se caractérise par la valorisation du peuple du fait de la consécration de la démocratie semi-directe[268]. De fait, la souveraineté dans l'État appartient au peuple et la confiance est de plus en plus faite au citoyen[269]. Depuis 1990, la citoyenneté a tout son sens puisqu'elle déborde largement le droit de vote pour recouvrir d'autres réalités à l'instar de la saisine de la juridiction constitutionnelle. La prise en compte du citoyen est révélatrice des mutations du droit constitutionnel africain. Pour reprendre le professeur **Francis Delperee**, elle participe de la « *démocratisation des institutions* » et de la « *valorisation de la culture des droits de l'Homme* »[270].

Cependant, le constat qui se dégage lorsqu'on analyse la fonction consultative des juridictions constitutionnelles africaines est que les Constitutions ont fait le choix du caractère sélectif de la saisine. Certains États à l'instar du Cameroun excluent totalement les citoyens dans la saisine du Conseil Constitutionnel. On peut ainsi lire dans le texte constitutionnel camerounais que « *le Conseil constitutionnel est saisi par le président de la*

---

[267] Roussillon (H.), « La saisine du Conseil constitutionnel. Contribution à un débat », *RIDC*, Vol.54, n° 2, 2002, p. 488.

[268] Ondoua (A.), « La population en droit constitutionnel. Le cas des pays d'Afrique noire francophone », *Afrique contemporaine*, n° 242, 2012, p. 90.

[269] Gicquel (J.) et Gicquel (J-E), *Droit constitutionnel et institutions politiques*, 30e éd., Paris, LGDJ, 2017, p. 264.

[270] Delpérée (F.), « Le renouveau du droit constitutionnel », *RFDC*, n° 74, 2008, p.229.

République, le président de l'Assemblée nationale, le président du Sénat, un tiers des députés et un tiers des sénateurs »[271]. Elle ajoute que « *les présidents des exécutifs régionaux peuvent saisir le Conseil constitutionnel lorsque les intérêts de leurs régions sont en cause* »[272]. Analyse faite, on constate que la saisine du Conseil constitutionnel camerounais est réservée aux seuls pouvoirs publics. C'est le cas en matière de contrôle de constitutionnalité, mais aussi en matière consultative.

Cette exclusion des citoyens est renforcée par la position du juge lui-même. À titre d'illustration, au Congo, le juge constitutionnel a refusé de donner un avis à un citoyen simplement parce que la saisine est limitée aux seuls pouvoirs publics. En l'espèce, monsieur **Victorien Zalima** a saisi la Cour constitutionnelle afin d'obtenir son avis sur les concepts de « *changement* », de « *révision* » et de « *modification* » de la Constitution. La juridiction constitutionnelle congolaise va déclarer la requête irrecevable[273] au motif que « *l'article 35 alinéa 1 de la loi n° 1-2003 du 17 janvier 2003 portant organisation et fonctionnement de la Cour constitutionnelle limite la saisine aux pouvoirs publics* »[274].

Dans d'autres États, la saisine individuelle est consacrée essentiellement en matière de contrôle de constitutionnalité précisément lorsque la disposition querellée porte atteinte aux droits et libertés. La Constitution béninoise en est une illustration et dispose que « *tout citoyen peut saisir la Cour constitutionnelle sur la constitutionnalité des lois soit directement, soit par la procédure de l'exception d'inconstitutionnalité invoquée dans une affaire qui le concerne devant une juridiction* »[275]. Le recours à l'expression « directement » laisse subodorer que le citoyen peut saisir indirectement le juge constitutionnel dans un raisonnement *a contrario,* mais dans la réalité, ce dernier ne fait que provoquer ou déclencher la saisine juridictionnelle du juge constitutionnel. D'ailleurs, la Constitution gabonaise a une formule explicite à ce sujet. Elle énonce que « *tout justiciable peut à l'occasion d'un procès devant un tribunal ordinaire, soulever une exception d'inconstitutionnalité à l'encontre d'une loi ou d'un acte qui méconnaît ses droits fondamentaux. Le juge du siège saisit la Cour constitutionnelle par voie d'exception préjudicielle* »[276]. Si cette disposition est révélatrice du fait que le citoyen ne fait que déclencher la saisine du juge constitutionnel par le juge ordinaire, elle corrobore surtout le confinement des citoyens dans la saisine de la juridiction constitutionnelle en matière de contrôle de

[271] Article 47 alinéa 2 de la Constitution modifiée du 18 janvier 1996.
[272] *Idem.*
[273] *Avis n° 001-ACC-SVC/15.*
[274] *Idem.*
[275] Article 122 de la Constitution du 11 décembre 1990.
[276] Article 86 de la Constitution du 21 mars 1991.

constitutionnalité. On peut ainsi affirmer que dans le nouveau constitutionnalisme africain, soit le citoyen est totalement exclu du prétoire du juge constitutionnel, soit sa saisine est limitée au contrôle de constitutionnalité. Ce qui conduit à faire un plaidoyer sur l'extension de la saisine en faveur des citoyens.

2- Le plaidoyer

Le sens du plaidoyer consiste essentiellement à militer en faveur de l'accès des citoyens à la consultation du juge constitutionnel. Dès lors qu'il est admis que les citoyens occupent une place centrale dans le nouveau constitutionnalisme africain, il devient normal que l'accès aux juridictions constitutionnelles leur soit ouvert. Deux arguments sous-tendent ce plaidoyer. Le premier est lié au fait que la consultation des juridictions en question par les citoyens constitue l'une des applications du droit à la justice.

En théorie du droit, l'accès au droit revêt une double signification. Dans un premier sens, il fait référence à la possibilité pour les justiciables d'obtenir une décision de la part de la juridiction saisie d'une affaire. En d'autres termes, l'accès au droit permet sur la base de cette définition d'éviter les cas de déni de justice en offrant aux justiciables la possibilité d'obtenir une décision et l'exécution de celle-ci. Étant entendu que la décision est prise dans le cadre du procès et par ricochet de la fonction contentieuse, ce volet de la définition est minoré. D'ailleurs, la plupart des lois fondamentales consacrent l'accès au droit dans le cadre du procès constitutionnel[277].

Le second sens de l'accès au droit fait référence à la connaissance du droit par les citoyens. En effet, la connaissance du droit étant le premier mode d'accès et de technicité du langage juridique, l'accès au droit permet une meilleure compréhension du phénomène juridique par les justiciables et par extension, par les citoyens. Il convient d'indiquer que le droit est souvent « *inaccessible* »[278] et de plus en plus « *difficile à comprendre, à mettre en application* »[279]. Il est donc nécessaire qu'il soit expliqué aux citoyens. Ce volet de la définition justifie le plaidoyer qui est fait en faveur de l'extension de la saisine des juridictions constitutionnelles aux citoyens dans le cadre de l'exercice de la fonction consultative. L'objet de la saisine est de permettre à ces derniers d'avoir une bonne connaissance des dispositions constitutionnelles et de mieux faire valoir les droits

---

[277] Lire dans ce sens, l'article 122 de la Constitution béninoise du 11 décembre 1990.

[278] Frisson de Roche (M-A), « Le droit d'accès à la justice et au droit », in Rémy Cabrillac (dir.), *Libertés et droit fondamentaux*, 16e éd. Paris, Dalloz, 2010, p. 500.

[279] Frisson de Roche (M-A), « Le droit d'accès à la justice et au droit », *op. cit.* p.500.

fondamentaux qu'elles consacrent. Permettre aux citoyens d'avoir accès à la consultation, c'est leur favoriser un accès à la connaissance des normes constitutionnelles.

Le second argument qui justifie ce plaidoyer est que l'accès à la juridiction constitutionnelle a pour finalité de favoriser le développement d'une culture constitutionnelle chez les citoyens. En théorie, on parle de culture constitutionnelle pour faire allusion à la connaissance et à la représentation que les membres de la société ont de la Constitution. Elle se traduit par l'acceptation par les citoyens des règles constitutionnelles. Or, cette acceptation et cette représentation sont tributaires du degré de culture constitutionnelle des citoyens. L'option doit être faite en faveur de l'accès des citoyens à la consultation. En l'état actuel du droit constitutionnel africain, la tendance est celle de la minoration des citoyens et des partis politiques à la consultation.

B- L'exclusion de la saisine par les partis politiques en matière de consultation

En consacrant le pluralisme politique, les Constitutions des États d'Afrique noire francophone ont marqué leur ambition de construire et de consolider le système démocratique. Cette consécration est allée de pair avec la reconnaissance des partis politiques et l'encadrement de leurs activités. Cas de la Constitution du 18 janvier 1996 qui dispose que « *les partis et formations politiques concourent à l'expression du suffrage. Ils doivent respecter les principes de la démocratie, de la souveraineté et de l'unité nationale. Ils se forment et exercent leurs activités conformément à la loi* »[280]. Sans forcément soumettre les partis politiques aux mêmes exigences, la Constitution malienne dispose que « *les partis concourent à l'expression du suffrage. Ils se forment et exercent leurs activités dans les conditions déterminées par la loi. Ils doivent respecter les principes de la souveraineté nationale, de la démocratie, de l'intégrité du territoire, de l'unité nationale et de laïcité de l'État* »[281]. Pratiquement, toutes les lois fondamentales contiennent une disposition constitutionnelle analogue[282]. On peut y voir, une volonté de valoriser les partis politiques et de rompre avec le passé constitutionnel fortement marqué par le monopartisme et l'autoritarisme.

La saisine des juridictions constitutionnelles par les partis politiques ou leurs candidats a été ouverte essentiellement en matière de contentieux électoral. La Constitution camerounaise du 18 janvier 1996 dispose qu'en

---

[280] Article 3 de la Constitution modifiée du 18 janvier 1996 modifiée.

[281] Article 28 de la Constitution du 27 février 1992.

[282] On peut citer dans ce sens l'article58 de la Constitution camerounaise.

« cas de contestation sur la régularité des élections prévues à l'alinéa 1 ci-dessus, le Conseil constitutionnel peut être saisi par tout candidat, par tout parti politique ayant pris part à l'élection dans la circonscription concernée ou toute personne ayant qualité d'agent du gouvernement pour cette élection »[283]. Dans la Constitution gabonaise, on peut lire que *« La Cour constitutionnelle est saisie en cas de contestation sur la validité d'une élection, par tout électeur, tout candidat, tout parti politique ou délégué du gouvernement dans les conditions prévues par la loi organique »*[284]. Dans d'autres pays, c'est plutôt dans les textes organiques que la saisine est aménagée.

On peut se rendre compte que la saisine de la juridiction constitutionnelle par les partis politiques a un champ matériellement limité, car elle n'est pas étendue en matière de consultation. Les partis politiques ne sont pas pris en compte par les textes constitutionnels au rang des organes habilités à demander un avis au juge constitutionnel. Ce qui est surprenant, car il s'agit des acteurs qui conquièrent le pouvoir et qui potentiellement, peuvent participer à son exercice. En procédant à l'analyse du contenu des Constitutions africaines, on se rend compte que leur volet politique est essentiellement consacré au pouvoir. On y trouve, des dispositions qui régissent à la fois l'accession, l'exercice et la transmission du pouvoir. Il est donc important que ledit volet politique soit explicité aux acteurs politiques afin que la conquête du pouvoir s'opère sur la base des ressources constitutionnelles. L'extension de l'accès au juge constitutionnel en matière consultative s'avère ainsi indispensable. On peut donc formuler le plaidoyer en faveur de l'extension de la saisine, car ceux-ci, compte tenu de leurs activités, doivent avoir accès au contenu de la Constitution.

Parvenu au terme de cette première section, il en ressort que les organes impliqués dans la procédure de la consultation sont pluriels. Mais, malgré leur pluralité, il s'avère que les pouvoirs publics ont le monopole de la saisine, particulièrement les membres de l'exécutif et les parlementaires. À l'observation, les textes n'ont pas pris en compte les citoyens et les partis politiques. En revanche, seuls les pouvoirs publics ont le monopole de la consultation. Quoiqu'il en soit, cette analyse des organes consultants débouche forcément sur l'étude de la dualité des organes consultés.

Section 2 : La dualité des organes consultés

L'organe consulté est celui dont l'avis est sollicité. L'étude du domaine organique de la consultation est révélatrice de la dualité des organes

---

[283] Article 48 alinéa 2 de la Constitution modifiée du 18 janvier 1996.
[284] Article 84 de la Constitution.

consultés. En effet, en fonction des matières, c'est la juridiction constitutionnelle prise dans sa globalité qui est consultée (P1), dans d'autres hypothèses, c'est l'avis du président de la juridiction en question qui est sollicité d'où l'idée de dualité (P 2).

Paragraphe 1 : La juridiction constitutionnelle comme organe consulté

Les textes constitutionnels attribuent à titre principal l'exercice de la fonction consultative à la juridiction constitutionnelle prise dans sa globalité. Étant donné qu'il est question d'analyser le domaine organique de la consultation, un accent sera mis sur sa présentation (A) et sur le statut de ses membres (B).

A- La présentation de la juridiction constitutionnelle

Dans la nomenclature des juridictions étatiques, la juridiction constitutionnelle présente quelques singularités qui rendent indispensable sa présentation. En Afrique noire francophone, elle a une composition spécifique (1) et jouit d'une autonomie dont le fondement textuel est avéré (2).

1- La composition des juridictions constitutionnelles

Dans les textes constitutionnels des États d'Afrique noire francophone, les membres des juridictions constitutionnelles sont susceptibles d'être classés en deux catégories (b).

a- Les membres désignés

La désignation des membres des juridictions constitutionnelles est variable. En effet, deux procédés sont prévus par les lois fondamentales à savoir, la nomination et l'élection. On peut définir la nomination comme « *un acte par lequel une institution désigne le titulaire d'une fonction ou d'un emploi déterminé* »[285]. Au plan constitutionnel, la nomination peut être libre ou discrétionnaire tout comme elle peut être conditionnée soit par l'approbation, soit par des propositions. Dans le cadre de la nomination des membres des juridictions constitutionnelles, il s'agit d'une prérogative conditionnée en ce sens que le président de la République qui est l'autorité de nomination est tenu de prendre en compte les propositions des autorités

[285] De Villiers (M.) et Le Divellec (A.), *Dictionnaire du droit constitutionnel, op. cit.* P. 249.

parlementaires et selon les cas, celles du Conseil Supérieur de la magistrature.

Certaines Constitutions consacrent essentiellement la nomination des juges constitutionnels par des autorités politiques. C'est le cas de la Constitution camerounaise du 18 janvier 1996 qui dispose que « *les membres du Conseil Constitutionnel sont nommés par le président de la République et désignés de la manière suivante : trois, dont le président du conseil par le président de la République ; trois par le président de l'Assemblée nationale après avis du bureau ; trois par le président du Sénat après avis du bureau ; deux par le Conseil supérieur de la magistrature* »[286]. La Constitution burkinabé exclut le Conseil Supérieur de la magistrature pour ne retenir que la nomination par les autorités politiques en l'occurrence le président de la République et les présidents des assemblées parlementaires[287]. Au Burundi, les membres de la Cour constitutionnelle sont nommés à titre exclusif par le président de la République[288]. Enfin sans prétendre à l'exhaustivité, au Congo, la nomination des membres de la Cour constitutionnelle est dominée par les autorités politiques malgré la désignation de deux membres par la Cour Suprême[289].

On peut néanmoins s'interroger sur la portée des propositions faites par les organes consultés au président de la République. Ce dernier est-il tenu de prendre en compte les propositions qui lui sont faites ? C'est du moins ce que les textes constitutionnels laissent entrevoir même si ceux-ci ne disent pas ce qu'il adviendrait au cas où la nomination présidentielle serait discrétionnaire. Au Cameroun en 2018, la nomination des membres du Conseil constitutionnel s'est faite de manière discrétionnaire par le président de la République. La démarche entreprise par le chef de l'exécutif ne laisse transparaître aucune consultation des assemblées parlementaires et du Conseil supérieur de la magistrature. Tout au plus, avec la prépondérance du fait majoritaire, il est évident que les propositions des différents organes impliqués dans le processus de désignation sont influencées par l'exécutif présidentiel.

D'autres lois fondamentales optent pour une désignation mixte des juges constitutionnels. Ce caractère mixte est consécutif au fait que les lois fondamentales combinent nomination et élection. À titre d'illustration, la Constitution nigérienne énonce que la Cour constitutionnelle est composée de « *deux personnalités ayant une grande expérience professionnelle en matière juridique ou administrative, dont une (1) proposée par le président*

[286] Article 51 alinéa 2 de la Constitution du 18 janvier 1996.
[287] Article 153 de la Constitution du 11 juin 1991 modifiée.
[288] Article 226 de la Constitution du 18 mars 2005.
[289] Article 182 de la Constitution du 6 novembre 2015.

de la République et une (1) proposée par le bureau de l'Assemblée nationale ; deux (2) magistrats élus par leurs pairs, dont un (1) du premier grade et un (1) du deuxième ; un (1) avocat ayant au moins dix (10) années d'exercice élu par ses pairs ; un (1) enseignant-chercheur titulaire d'un doctorat en droit public, élu par ses pairs ; un (1) représentant des associations des défenses des droits humains et de promotion de la démocratie, titulaire au moins d'un diplôme de troisième cycle en droit public, élu par le ou les collectifs de ces associations »[290]. La consécration de l'élection comme mode de désignation est de nature à renforcer l'indépendance des membres des juridictions constitutionnelles en ce sens que ceux-ci ne sont pas redevables à l'égard des autorités politiques. Non seulement l'élection participe à la démocratisation du recrutement du juge constitutionnel, mais elle présente aussi l'avantage de placer ce dernier à l'abri des influences politiques. Lorsqu'on analyse le fonctionnement des juridictions constitutionnelles africaines, on se rend compte que le mode de désignation a un impact sur le degré d'indépendance ou la marge de manœuvre du juge. Un juge nommé est toujours enclin à vouloir satisfaire les intérêts de l'autorité qui l'a nommée.

La Constitution centrafricaine opte aussi pour une désignation mixte des membres de la Cour constitutionnelle. Cependant, elle met un accent particulier sur le critère genre. On peut ainsi lire que « *les membres de la Cour constitutionnelle sont désignés comme suit : deux (2) magistrats, dont une femme, élue par leurs pairs ; deux (2) avocats, dont une femme, élue par leurs pairs ; deux [2] enseignants-chercheurs de droit, dont une femme, élue par leurs pairs ; un membre nommé par le président de la République ; un membre nommé par le président de l'Assemblée nationale ; un membre nommé par le président du Sénat* »[291]. La prise en compte du genre témoigne du souci de renforcer la représentativité et la légitimité de la Cour constitutionnelle. Dans sa démarche, le constituant centrafricain intègre plusieurs groupes professionnels, mais il prend aussi en compte la parité homme-femme pour renforcer la légitimité de la juridiction constitutionnelle. On peut aussi constater que d'après la loi fondamentale, ce sont les membres qui élisent leur président[292].

Au-delà du mode de désignation, l'analyse se focalise aussi sur le nombre et la liberté de l'autorité de nomination ou de l'élection[293]. Pour ce qui est du nombre, il faut souligner que celui-ci est variable en fonction des États. Ainsi au Cameroun, les membres désignés de la juridiction constitutionnelle

---

290 Article 121 de la Constitution du 25 novembre 2010.

291 Article 99 de la Constitution du 30 mars 2016.

292 *Idem.*

293 Mathieu (B) et Verpeaux (M.), *Contentieux constitutionnel des droits fondamentaux*, Paris, LGDJ, 2002, p. 60.

sont au nombre de onze[294]. Dans la Constitution béninoise, les juges nommés sont au nombre de sept[295]. Au Togo, ils sont au nombre de neuf[296] tout comme au Tchad[297] et au Gabon[298]. On peut donc le constater, il y a une variabilité de la composition de la juridiction constitutionnelle en Afrique noire francophone.

Enfin, pour ce qui est de la liberté de l'autorité de désignation, il est important de faire remarquer que certaines Constitutions sont muettes au sujet du profil des membres désignés. C'est le cas de la Constitution camerounaise[299], de la Constitution djiboutienne[300] ou encore, le texte constitutionnel burundais[301]. D'autres textes constitutionnels par contre mettent un accent particulier sur le profil des candidats. Pour l'essentiel, ce sont des magistrats, avocats, enseignants d'universités et défenseurs des droits de l'homme. La Constitution guinéenne énonce dans ce sens que la Cour constitutionnelle est composée de « *deux personnalités reconnues pour leur probité et leur sagesse, donc une proposée par le bureau de l'Assemblée nationale et une proposée par le président de la République ; trois magistrats ayant au moins vingt années de pratique, désignés par leurs pairs ; un avocat ayant au moins vingt années, élu par ses pairs ; un enseignant de la faculté de droit titulaire au moins d'un doctorat en droit public et ayant une expérience d'au moins vingt années élu par ses pairs ; deux représentants de l'institution nationale des droits humains reconnus pour longues expériences* »[302]. On retrouve une disposition similaire au Niger[303].

Trois remarques sont susceptibles d'être faites à la lecture de certaines lois fondamentales. *Primo*, on note une présence prépondérante des praticiens du droit au sein des juridictions constitutionnelles. Pour l'essentiel, on peut citer les magistrats et les avocats. Les théoriciens du droit sont également pris en compte en l'occurrence, les enseignants d'universités de droit. Cette deuxième catégorie permet de constater une prise en compte du diplôme dans la désignation des juges constitutionnels. Pour l'essentiel, le diplôme de troisième cycle en droit public est exigé à minima pour les enseignants d'universités. Non seulement il faut être titulaire d'un doctorat en droit, mais il faut que celui-ci porte sur le droit public. On peut justifier

294 Article 51 alinéa 1 de la Constitution du 18 janvier 1996 modifiée.
295 Article 115 de la Constitution du 11 décembre 1990.
296 Article 100 de la Constitution du 14 octobre 1992 modifiée.
297 Article 165 de la Constitution.
298 Article 89 de la Constitution du 21 mars 1991.
299 Article 51 alinéa 2 de la Constitution du 18 janvier 1996 modifiée.
300 Article 78 de la Constitution du 4 septembre 1992.
301 Article 226 de la Constitution du 18 mars 2005.
302 Article 100 de la Constitution du...
303 Article 121 de la Constitution du 25 novembre 2010.

cette exigence par la spécialisation du contentieux constitutionnel qui requiert des connaissances spécifiques. *Secundo*, quasiment toutes les Constitutions formulent l'exigence d'une expérience professionnelle d'une ou de deux décennies. Ce qui revient à dire que les membres élus ou nommés doivent faire partie de ceux qui se sont distingués pendant des années dans l'exercice de leurs fonctions pour mériter le titre de « *sage constitutionnel* ». Il faut souligner qu'au-delà des membres désignés, certaines Constitutions font aussi référence aux membres de droit.

b- Les membres de droit

Dans les Constitutions qui prévoient les membres de droit, les dispositions qui fixent la composition des juridictions constitutionnelles sont à la fois uniques et originales[304]. Comme le souligne **Robert Badinter**, il s'agit d'une disposition unique dans la mesure où c'est « *la seule fonction à vie figurant dans les institutions de la République* »[305]. Toutes les autres fonctions sont encadrées par le temps du fait de la consécration du mandat et appellent souvent, un renouvellement partiel ou intégral des institutions. On peut ainsi se rendre compte que la présence des membres de droit n'a rien à voir avec les exigences démocratiques puisque la démocratie repose sur la circulation des élites au sein des institutions et non sur des fonctions perpétuelles.

La dimension spéciale de cette disposition est liée au fait qu'elle vise à satisfaire des intérêts particuliers et non à consolider ou à renforcer l'indépendance de la juridiction constitutionnelle. D'un point de vue téléologique, l'objectif est de trouver un point de chute à celui qui à un moment donné de l'histoire, a dirigé l'État[306]. Il s'agit d'une reprise de la Constitution de l'an VIII qui disposait que « *le premier consul sortant de place, soit par l'expiration de ses fonctions, soit par démission, devient sénateur de plein droit et nécessairement* »[307].

S'inspirant de la Constitution française, certains textes constitutionnels des États d'expression française prévoient les membres de droit des juridictions constitutionnelles. Pour l'essentiel, il s'agit des anciens présidents de la République. Dans cette logique, la Constitution ivoirienne

---

304 Badinter (R.), « Une exception française : les anciens présidents de la République au Conseil Constitutionnel », in, *Renouveau du droit constitutionnel, mélanges en l'honneur de Louis Favoreu*, Paris, Dalloz, 2007, P. 514.

305 *Idem.*

306 Jan (P.), « Les anciens présidents de la République, membre de droit du Conseil constitutionnel : un anachronisme bien vivant », *LPA*, n° 239, 2016, p. 30.

307 Article 17 de la Constitution de l'an VIII.

du 8 novembre 2016 dispose que « *le Conseil constitutionnel se compose (...) des anciens présidents de la République, sauf renonciation expresse de leur part* »[308]. L'idée de renonciation induit une liberté de la part des anciens chefs d'État d'intégrer la juridiction constitutionnelle ou de ne pas le faire. Ils peuvent renoncer dans l'hypothèse où ils exerceraient des fonctions incompatibles avec celle de juge constitutionnel à l'instar des activités politiques. Sans prévoir l'hypothèse de la renonciation, la Constitution burkinabé dispose que « *le Conseil Constitutionnel comprend : les anciens chefs de l'État du Burkina Faso* »[309]. Enfin, on peut aussi citer la loi fondamentale camerounaise qui énonce qu'« *en plus des onze membres prévus ci-dessus, les anciens présidents de la République sont, de droit, membres à vie du Conseil constitutionnel* »[310]. Même si la renonciation n'est pas prévue dans les textes en question, elle est envisageable dès lors que les anciens chefs d'État peuvent nourrir d'autres ambitions contraires ou incompatibles aux fonctions de membres des juridictions constitutionnelles.

Sur la base de ces trois dispositions, les anciens chefs d'État sont considérés par certaines Constitutions africaines comme les membres de droit des juridictions constitutionnelles. Mais il ne s'agit pas d'une généralisation de cette option. En effet, certains textes constitutionnels ne prévoient pas les membres de droit au sein des juridictions en question. On peut citer dans ce sens, les constitutions centrafricaines du 30 mars 2016[311], béninoises[312], gabonaises[313], nigériennes[314] et togolaises[315].

La présence des anciens présidents de la République au sein des juridictions constitutionnelles n'est pas automatique. En effet, l'idée de renonciation introduite par la nouvelle Constitution ivoirienne[316] atteste de ce qu'un ancien président peut refuser d'accéder à la cour compte tenu de ses ambitions politiques. Le problème s'est d'ailleurs posé en France[317] lorsque **Valery Giscard D'Estaing** a voulu reprendre une carrière politique à l'issue de son mandat[318]. Le problème était celui de l'incompatibilité entre son nouveau statut de membre du Conseil constitutionnel et l'exercice des activités politiques. L'admission de la renonciation par un ancien chef d'État

---

308 Article 128 de la Constitution du 8 novembre 2016.

309 Article 153 de la Constitution du 11 juin 1991 modifiée.

310 Article 51 alinéa 2 de la Constitution du 18 janvier 1996 modifiée.

311 Article 99 de la Constitution du 30 mars 2016.

312 Article 115 de la Constitution du 11 décembre 1990.

313 Article 89 de la Constitution du 21 mars 1991.

314 Article 121 de la Constitution du 25 novembre 2010.

315 Article 100 de la Constitution du 14 octobre 1992.

316 Article 128 de la Constitution du 8 novembre 2016.

317 Mathieu (B.) et Verpeaux (M.), *Contentieux constitutionnel des droits fondamentaux, op. cit.* p. 66

318 Roussillon (H.), *Le Conseil constitutionnel*, 5e éd. Paris, Dalloz, 2004, p. 10.

de son statut de membre de la juridiction constitutionnelle est donc compréhensible.

La prise en compte des membres de droit ne fait pas toujours l'unanimité. Elle est considérée comme une sorte de refuge pour les anciens chefs d'État. Le professeur **Henry Roussillon** souligne fort à propos que « *cette solution retenue en 1958 pour des raisons conjoncturelles, trouve un point de chute au président **René Coty** est extrêmement fâcheuse. Elle rappelle d'une certaine manière, les sénateurs inamovibles des débuts de la III*[e] *République* »[319]. D'ailleurs, la présence des membres de droit peut renforcer les critiques sur la politisation des juridictions constitutionnelles. La problématique de la politisation n'est pas sans importance, car il va se poser la question de l'impartialité [320]du membre de droit. Dans un système où le contrôle *a posteriori* est consacré, un membre de droit peut-il se détacher des considérations politiques pour contrôler avec objectivité la constitutionnalité des lois promulguées sous sa mandature ? Il est difficile de répondre par l'affirmative d'autant plus que les considérations politiques peuvent prévaloir sur les considérations juridiques. Dans la même logique, un membre de droit peut-il être impartial lorsque la loi soumise au contrôle défait une loi qu'il a initié en tant que président de la République ? Une fois de plus, il est difficile de répondre par l'affirmative. Ces deux interrogations sont révélatrices du fait que la catégorie des membres de droit peut provoquer la politisation de la juridiction constitutionnelle. Nonobstant cette réserve, il suit de ce qui précède que la composition des juridictions constitutionnelles permet de dégager deux catégories de membres à savoir, ceux qui sont désignés et ceux de droit. Au-delà de cette composition, il faut dire que les textes qui régissent ces juridictions affirment presque tous leur autonomie.

2- L'autonomie des juridictions constitutionnelles en Afrique noire francophone

L'autonomie des juridictions constitutionnelles dérive de leur indépendance organique. Afin d'accomplir ses missions, le juge constitutionnel doit « *pour être qualifié d'indépendant du point de vue organique, pouvoir déterminer ses besoins et les voir satisfaire sans risque d'entrave de la part d'un organe* »[321]. Dans le langage juridique, l'autonomie désigne le pouvoir ou la possibilité qu'a une institution de se déterminer elle-

---

[319] *Idem.*

[320] Badinter (R.), « Une exception française : les anciens présidents de la République au Conseil constitutionnel », *op. cit.* p. 520.

[321] Thomas (J.), *l'indépendance du Conseil constitutionnel,* Paris, LGDJ, 2010, p. 88.

même, en fixant ses propres règles[322]. Cette définition fait ressortir deux éléments : le premier est relatif au pouvoir normatif et fait référence à l'autonomie règlementaire. Le second quant à lui dérive de la capacité de détermination et englobe les volets financiers et administratifs de l'autonomie. Dans le nouveau constitutionnalisme des États d'Afrique noire francophone, ces trois volets de l'autonomie sont reconnus aux juridictions constitutionnelles. Cependant, il est important de souligner que très peu de textes y font allusion de manière expresse.

La plupart des Constitutions africaines renvoient au législateur, le soin de fixer l'organisation et le fonctionnement des juridictions constitutionnelles[323]. Seule la loi fondamentale gabonaise traite de la question de l'autonomie. Mais, elle n'aborde que son volet financier. On peut en effet lire que « *la Cour constitutionnelle jouit de l'autonomie de gestion financière. Les crédits nécessaires à son fonctionnement sont inscrits dans la loi de finances* »[324]. Au-delà de cette précision, il faut dire que les juridictions constitutionnelles africaines jouissent de la triple autonomie règlementaire (a), administrative (b) et financière[325] (c).

a- L'autonomie règlementaire des juridictions constitutionnelles

Relativement à l'autonomie règlementaire, il faut se rendre à l'évidence que les juridictions constitutionnelles produisent des actes non juridictionnels[326]. Ces actes sont des actes juridiques et la conséquence juridique de l'autonomie qui leur est accordée. La multiplicité des actes édictés par les juridictions constitutionnelles traduit l'énorme activité normative qui se déroule en leur sein. En dehors du procès, elles possèdent des administrations destinées à assurer leur gestion administrative et financière. Et le fonctionnement de ladite administration induit l'édiction des actes à caractère administratif.

C'est le lieu de rappeler que l'autonomie règlementaire fait référence à la capacité qu'a une juridiction à se régir elle-même[327] en édictant des normes qui la concernent. Il ne s'agit donc pas des actes juridictionnels destinés à régler ou à solutionner les conflits constitutionnels. Il convient aussi

---

322 Cornu (G.), *Vocabulaire juridique*, Paris, puf, 2010, p.106.
323 C'est le cas de l'article 52 de la Constitution camerounaise du 18 janvier 1996. On peut également citer l'article 106 de la Constitution guinéenne.
324 Article 93 de la Constitution du 21 mars 1991.
325 Favoreu (L.) et al. *Droit constitutionnel, op. cit.* p. 324.
326 Monembou (C.), les actes non juridictionnels des juridictions constitutionnelles des États d'Afrique noire francophone. Les cas du Gabon, du Bénin, du Sénégal et du Niger », *op. cit.* p.182.
327 Thomas (J.), *l'indépendance du Conseil constitutionnel, op. cit.* p. 97.

d'indiquer que le droit qui régit les juridictions constitutionnelles est pluriel. Au-delà de la Constitution et des textes législatifs, les juridictions en question produisent elles-mêmes un droit dont le champ d'application est essentiellement interne. On peut ainsi parler des actes internes aux juridictions constitutionnelles.

En dehors des décisions et des avis, les juridictions constitutionnelles édictent une pluralité d'actes internes. Pour l'essentiel, il s'agit des règlements et ordonnances[328]. L'article 10 du Règlement intérieur de la Cour constitutionnelle du Bénin du 16 décembre 2005 dispose que « *Le président de la Cour constitutionnelle exerce les pouvoirs et prérogatives que lui confèrent la Constitution et les lois organiques (...) Il rend, après consultation des membres de la Cour, des ordonnances qui ne sont susceptibles d'aucun recours* ». Dans le même ordre d'idées, la loi organique régissant la Cour constitutionnelle du Gabon énonce que « *Le président de la Cour constitutionnelle exerce les prérogatives que lui confèrent les textes législatifs et règlementaires (...) Il rend après consultation des membres de la Cour, des ordonnances qui ne sont susceptibles d'aucun recours* »[329]. De manière générale, il s'agit des actes décisoires, mais il n'est pas exclu que des actes décisoires soient aussi édictés.

Les actes juridiques des juridictions constitutionnelles ont un champ d'application essentiellement interne. Ils dérogent à la généralité de la règle de droit. Cela est lié au fait que leurs destinataires se trouvent au sein des juridictions constitutionnelles et non en dehors. Tantôt, ils régissent leur administration[330], tantôt aussi ils ont pour destinataire le personnel qu'elles embauchent. Tout au plus, la dimension interne des actes règlementaires dérive du fait que l'organe d'édiction fait partie de la juridiction. Dans certains cas, l'acte est édicté par le président de la juridiction[331], mais dans

[328] Monembou (C.), les actes non juridictionnels des juridictions constitutionnelles des États d'Afrique noire francophone. Les cas du Gabon, du Bénin, du Sénégal et du Niger », *op. cit.* p.182.

[329] Article 21 de la loi organique régissant la Cour constitutionnelle du Gabon.

[330] On peut citer dans ce sens : Décret n° 2014-118 du 17 février 2014 portant attributions, organisation et fonctionnement du secrétariat général de la Cour constitutionnelle du Bénin ; décret n° 2018/104 du 7 février 2018 portant organisation et fonctionnement du secrétaire général du Conseil constitutionnel du Cameroun ; décret ivoirien n° 2005-291 du 25 août 2005 déterminant le Règlement, la composition et le fonctionnement des services, de l'organisation du secrétariat général du Conseil constitutionnel, ainsi que les conditions d'établissement de la liste des rapporteurs adjoints.

[331] Jacquenot (F.), « L'autonomie des Cours constitutionnelles : l'expérience du Conseil Constitutionnel français », *Exposé présenté lors de la conférence organisée par la commission de Venise à Sarajevo*, les 14 et 15 octobre 2004 sur les budgets des Cours Constitutionnelles, p. 2.

d'autres hypothèses, c'est le chef de l'administration de cette institution juridictionnelle qui les édicte[332].

On peut néanmoins s'interroger sur la justiciabilité des actes internes des juridictions constitutionnelles dans les États d'Afrique noire francophone. La question est de savoir si ceux-ci sont susceptibles d'être contrôlés par le juge administratif. À cette question, on peut répondre par la négative, car les textes qui définissent la compétence du juge administratif ne mentionnent pas la juridiction constitutionnelle comme organe susceptible d'être contrôlé par celui-ci. Tout au plus, le positionnement du juge constitutionnel par rapport aux autres juridictions rend illusoire un tel contrôle. En tout état de cause, les actes internes font l'objet d'un contrôle exclusivement interne, aucune admission du contrôle externe n'étant envisageable. En revanche, les textes font référence à l'autonomie administrative.

b- L'autonomie administrative des juridictions constitutionnelles

Pour mieux cerner l'autonomie administrative et son importance, il faut partir du postulat selon lequel les juridictions constitutionnelles, une fois créées et mises en place fonctionnent de manière permanente[333]. Leur fonctionnement ne dépend pas seulement du procès bien que celui-ci soit leur raison d'être. Aussi, elles ont besoin de se doter d'une pluralité de services dont le but est de les accompagner ; c'est ce qui justifie l'existence d'une administration et d'un personnel propres. Pour ce qui est de l'administration, celle-ci est en fait le bras séculier des juridictions constitutionnelles. Non seulement elle les assiste dans l'exercice de la fonction juridictionnelle[334], mais elle assure aussi leur gestion administrative et financière. Il est dès lors impossible d'envisager le fonctionnement d'une juridiction constitutionnelle sans l'existence d'une administration interne.

---

[332] Tawil (E.), « L'organe de justice constitutionnelle », *Communication présentée au VIe congrès de l'association française des constitutionnalistes,* Montpellier, juin, 2005, p. 36.

[333] Lire dans ce sens : Robert (J.), « Les situations d'urgence en droit constitutionnel », *RIDC*, n° 2, Vol. 42, 1990, p. 752. On peut aussi se référer à : Mathieu (B.) et Verpeaux (M.), « 1962-1992-2002 : pour une périodisation institutionnelle », *RFDC*, n° 53, 2003, p. 34.

[334] L'administration des juridictions constitutionnelles n'est pas inutile pendant le procès constitutionnel. Elle est en effet chargée de la préparation et de l'organisation du travail. Elle établit le procès-verbal des audiences, notifie les décisions et les avis aux parties concernées et valide le rôle des affaires à examiner aux audiences. Lire dans ce sens : l'article 4 alinéa 1 du décret n° 2018/104 du 7 février 2018 portant organisation et fonctionnement du secrétariat général du Conseil constitutionnel camerounais ; lire également : l'article 3 du Décret n° 2014-118 du 17 février 2014 portant attributions, organisation et fonctionnement du secrétariat général de la Cour constitutionnelle du Bénin.

Dans les États africains, on parle généralement d'un secrétariat général, chapeauté par un secrétaire général et doté d'une pluralité de services.

Pour ce qui est du personnel, celui-ci est constitué des agents qui animent l'administration des juridictions constitutionnelles[335]. Sur la base des textes, celui-ci présente une double nature, car l'on y retrouve respectivement le personnel propre[336] et celui qui appartient à l'administration bras séculier du pouvoir exécutif. Dans le premier cas, il est question des agents qui sont recrutés et gérés librement par les juridictions constitutionnelles. C'est d'ailleurs l'une des dimensions de l'autonomie administrative. Dans le second cas, il s'agit du personnel de l'État ayant fait l'objet de détachement[337] ou nommé[338] au sein des juridictions constitutionnelles.

L'autonomie administrative signifie que la Juridiction constitutionnelle dispose d'une administration et d'un personnel propres. À la lecture des textes qui régissent ces juridictions, c'est de manière tacite que cette autonomie est consacrée. En guise d'illustration, l'article 20 de la loi organique qui régit la Cour constitutionnelle du Niger indique que « *Le président de la Cour constitutionnelle est chargé de l'administration de la Cour constitutionnelle et de la discipline du personnel administratif* »[339]. Une disposition analogue est perceptible dans la loi portant organisation du Conseil constitutionnel du Sénégal[340]. La loi organique régissant la Cour constitutionnelle du Congo est assez explicite à ce sujet. Elle dispose en effet

---

335 Thomas (J.), *l'indépendance du Conseil constitutionnel, op. cit.* p. 94.

336 Jacquenot (F.), « L'autonomie des Cours constitutionnelles : l'expérience du Conseil constitutionnel français », *op. cit.* 4.

337 En droit de la fonction publique, le détachement fait partie des différentes positions susceptibles d'être occupées par les agents publics. Par définition, il désigne la position du fonctionnaire qui se trouve placé hors de son cadre d'origine, mais qui est toujours bénéficiaire au sein de celui-ci de ses droits à l'avancement et à la retraite. Dans la pratique, de nombreux agents publics sont détachés au sein des institutions constitutionnelles. Lire utilement : Melleray (F.), *Droit de la fonction publique,* 4e éd., Paris, Economica, 2017, p. 317.

338 Dans certains États à l'instar du Cameroun, le secrétaire général est nommé par Décret du président de la République. L'article 3 alinéa 1 du Décret n° 2018/104 du 7 février 2018 portant organisation et fonctionnement du secrétariat général du Conseil constitutionnel dispose que « le secrétariat général est dirigé par un secrétaire général nommé par décret du président de la République ». Il y a là, un moyen qui permet au chef de l'État de s'ingérer dans les affaires internes à la juridiction constitutionnelle. La solution béninoise semble plus pertinente pour renforcer l'autonomie de la Cour constitutionnelle. En effet, l'article 2 du décret de 2014 portant organisation et fonctionnement du secrétariat général de cette juridiction prévoit que ce dernier est nommé par décret pris en Conseil des ministres sur proposition du président de la Cour constitutionnelle.

339 Article 20 de la loi organique régissant la Cour constitutionnelle du Niger.

340 Article 9 de la loi régissant l'organisation du Conseil constitutionnel du Sénégal.

que « *le président est chargé de l'administration de la Cour* »[341]. On note ainsi au-delà de l'affirmation de l'autonomie, une hiérarchisation de l'administration puisque celle-ci est chapeautée par le président de la juridiction. Cette hiérarchisation trouve son prolongement dans la réalisation des opérations financières.

c- L'autonomie financière des juridictions constitutionnelles

Par définition, l'autonomie financière fait référence à la capacité qu'a un organe à évaluer ses besoins, à obtenir les ressources nécessaires à leur satisfaction, et à les utiliser dans le sens qu'il juge adéquat[342]. Sur la base de cette définition, on peut établir un lien entre l'autonomie et l'indépendance financière des juridictions constitutionnelles. En effet, l'autonomie est un corollaire de l'indépendance et implique le fait qu'un pouvoir public ne soit pas sous la botte d'un autre. Étant entendu que les juridictions constitutionnelles n'exercent pas d'activité lucrative, l'essentiel des revenus leur provient de l'État et est fixé par la loi de finances. Le principe est que les juridictions soient dotées des ressources financières capables de consolider leur indépendance financière.

La précision faite par le professeur **Cyrille Monembou** est assez importante surtout lorsqu'il affirme que « *l'autonomie financière des juridictions constitutionnelles exclut la compétence budgétaire qui est l'apanage du parlement* »[343]. L'auteur ajoute que celles-ci « *ne peuvent pas ainsi adopter leur budget. Elles préparent leur projet de budget en concertation avec les services du MINFI avant d'obtenir le quitus parlementaire* »[344]. Cette affirmation est corroborée par le texte constitutionnel gabonais qui dispose que « *les crédits nécessaires à son fonctionnement sont inscrits dans la loi de finances* »[345]. Les organes directeurs sont davantage impliqués dans le cadre de l'exécution du budget. Aussi, le président de la Cour est désigné comme étant l'ordonnateur du budget. La loi organique du Congo indique dans ce sens que : « *Le président (...) est l'ordonnateur de son budget* »[346].

---

[341] Article 38 de la loi organique sur la Cour constitutionnelle du Congo.

[342] Thomas (J.), *l'indépendance du Conseil constitutionnel, op. cit.* p. 89.

[343] Monembou (C.), les actes non juridictionnels des juridictions constitutionnelles des États d'Afrique noire francophone. Les cas du Gabon, du Bénin, du Sénégal et du Niger », *op. cit.* p.182.

[344] Monembou (C.), les actes non juridictionnels des juridictions constitutionnelles des États d'Afrique noire francophone. Les cas du Gabon, du Bénin, du Sénégal et du Niger », *op. cit.* p.182.

[345] Article 93 de la Constitution du 21 mars 1991.

[346] Article 38 de la loi organique sur la Cour constitutionnelle du Congo.

Au-delà de la préparation du budget, les juridictions constitutionnelles africaines participent de manière autonome à l'exécution de leur budget. C'est ainsi qu'est formalisé, le principe de la séparation de l'ordonnateur et du comptable. En finances publiques, les ordonnateurs sont « *les autorités publiques qui, en plus de leurs charges administratives, bénéficient d'un statut particulier leur attribuant des pouvoirs de décision en matière financière* »[347]. On distingue généralement, les ordonnateurs principaux[348] et les ordonnateurs secondaires [349]. L'ordonnateur principal délivre des ordonnances de paiement en matière de dépenses[350] et a la possibilité de déléguer ses pouvoirs à un ordonnateur délégué. Par contre, l'ordonnateur secondaire bénéficie le plus souvent, d'une délégation ministérielle dans une circonscription administrative. Au sein des juridictions constitutionnelles, l'ordonnateur principal est le président de la juridiction constitutionnelle et l'ordonnateur délégué, le secrétaire général.

L'autre acteur intervenant dans l'exécution du budget c'est le comptable. On peut définir le comptable comme un « *agent public (fonctionnaire ou contractuel) qui a seule compétence (...) de percevoir les créances ou de payer les dettes des personnes publiques et qui est soumis en conséquence à un régime de responsabilité spécifique* » [351]. Présenté comme un rouage important en matière d'exécution du budget, le comptable occupe une place importante au sein de l'administration des juridictions constitutionnelles. Le principe est évidemment celui de la séparation de l'ordonnateur et du comptable.

In fine, il convient de préciser que l'autonomie des juridictions constitutionnelles a une triple dimension dans les États d'Afrique noire francophone. Elle traduit le renforcement du statut desdites juridictions pour un meilleur exercice des fonctions qui leur sont assignées par les textes constitutionnels. C'est ce qui justifie l'aménagement du statut de leurs membres.

---

[347] Lekene Donfack, *Finances publiques camerounaises*, Paris, Berger-Levrault, 1987, p. 216.
[348]En droit des finances publiques, l'ordonnateur principal correspond à l'organe qui donne au comptable l'ordre de payer les dépenses qu'ils ont engagées. Ce sont généralement les autorités hiérarchiques de l'administration en l'occurrence, les ministres et autorités décentralisés qui sont désignés comme tels. Dans les assemblées, c'est le président de la chambre qui est désigné comme l'ordonnateur principal. Voir : Muzellec (R.), *Finances publiques*, 15e éd., Paris, Sirey, 2009, p. 389.
[349] L'ordonnateur secondaire est un organe délégué par l'ordonnateur principal pour autoriser les dépenses. Au sein des départements ministériels, ce statut est conféré aux autorités déconcentrées. En revanche, les textes qui régissent les juridictions constitutionnelles dans les États d'Afrique noire francophone font du secrétaire général, l'ordonnateur secondaire. Voir : Muzellec (R.), *Finances publiques*, *op. cit.* p. 389.
[350] Lekene Donfack, *Finances publiques camerounaises*, *op. cit.* p. 216.
[351] Lekene Donfack, *Finances publiques camerounaises*, *op. cit.* p. 220.

B- Le statut des membres des juridictions constitutionnelles

Contrairement au juge ordinaire, le temps du travail des membres des juridictions constitutionnelles est clairement déterminé. En effet, toutes les Constitutions des États d'Afrique noire francophone fixent le mandat des membres des juridictions constitutionnelles (A) et prévoient un arsenal de mesures pour le protéger (B).

1- Le mandat des membres des juridictions constitutionnelles africaines

D'après les textes constitutionnels, il en ressort que l'exercice des fonctions des membres des juridictions constitutionnelles est encadré dans le temps. Concrètement, lesdits textes déterminent la durée normale (a) et le moment de la cessation des fonctions (b).

a-La durée normale du mandat

En droit constitutionnel, le mandat désigne « *la mission que les électeurs confient à certains d'entre eux de participer à l'exercice du pouvoir* »[352]. Il se caractérise par son ancrage dans le temps. La durée du mandat témoigne de la volonté du constituant d'encadrer l'exercice du pouvoir en le soumettant à une périodicité spécifique. À l'origine, le mandat visait essentiellement les membres de l'exécutif et les parlementaires en tant que destinataires de la souveraineté du peuple. Mais à l'époque contemporaine, cette notion est étendue à d'autres organes étatiques à l'instar des membres des juridictions constitutionnelles.

Il convient néanmoins de souligner que tous les membres des juridictions constitutionnelles ne sont pas visés par le mandat. Il s'agit essentiellement de ceux qui sont désignés, car les anciens chefs d'État sont, à titre permanent, membres des juridictions objet d'étude. Ces derniers cessent d'exercer leurs fonctions dans l'hypothèse du renoncement ou en cas de décès[353].

La durée normale du mandat des membres des juridictions constitutionnelles varie dans le temps en fonction des États. En effet, certains textes ont limité la durée du mandat à six ans. C'est le cas du Niger dont la loi fondamentale dispose que « *les membres de la Cour constitutionnelle sont nommés pour six (6) ans par décret du président de la République* »[354].

---

[352] Le Divellec (A.) et De Villeirs (M.), *Dictionnaire du droit constitutionnel, op. cit.* p.232.
[353] Mathieu (B.) et Verpeaux (M), *Contentieux constitutionnel des droits fondamentaux, op. cit.* p.73.
[354] Article 121 de la Constitution du 25 novembre 2010.

C'est aussi cette durée qui est prévue au Cameroun depuis la révision constitutionnelle du 14 avril 2008 qui a réduit la durée du mandat des membres du Conseil constitutionnel[355]. On peut en dire autant du mandat des juges constitutionnels ivoiriens[356].

Dans d'autres pays, l'option a été faite pour le septennat. Il en est ainsi du Togo. En effet, la Constitution togolaise dispose que « *La Cour constitutionnelle est composée de neuf (9) membres désignés pour sept (7) ans renouvelables (...)* »[357]. C'est la durée retenue également au Mali[358], au Gabon[359] et en République centrafricaine[360].

D'autres États se démarquent par une durée singulière. C'est le cas du Congo où la loi fondamentale limite la durée du mandat à quatre ans[361]. C'est aussi le cas de Djibouti[362] qui a opté pour un mandat de huit ans. Pour le reste, les membres des juridictions constitutionnelles sont nommés pour une durée de neuf ans ou cinq ans. Pour ce qui est du mandat de neuf ans, on peut évoquer parmi les États qui ont fait ce choix, le Burkina Faso[363], le Tchad[364], et la République de Guinée[365]. Et parmi les États ayant opté pour le quinquennat, on peut citer le Bénin[366]. La lecture que l'on peut faire à la suite de ces développements est que la durée du mandat du juge constitutionnel est variable dans les États d'Afrique noire francophone. Tantôt, elle est de longue durée, tantôt, sa durée est brève. Il est important d'indiquer que la durée du mandat permet de qualifier et de quantifier le degré d'indépendance des juges. Plus elle est longue, plus celle-ci est indépendante. Dans un raisonnement *a contrario*, un mandat de courte durée atténue ou fragilise la juridiction constitutionnelle surtout lorsqu'il est renouvelable.

L'un des points de divergence entre les lois fondamentales africaines dans l'aménagement du mandat des membres des juridictions constitutionnelles réside dans la prévision ou non du caractère renouvelable ou non du mandat. Dans certaines Constitutions, il est tout simplement non renouvelable. C'est le cas de la Constitution du Burkina Faso qui prévoit

355 À l'origine, le mandat des membres du Conseil constitutionnel était de neuf ans. Mais, la réforme constitutionnelle du 14 avril 2008 a ramené ce mandat à six ans.
356 Article 130 de la Constitution du 8 novembre 2016.
357 Article 100 de la Constitution du 14 octobre 1992 modifiée.
358 Article 91 de la Constitution du 27 février 1992.
359 Article 89 de la Constitution.
360 Article 99 de la Constitution du 30 mars 2016.
361 Article 186 de la Constitution du 6 novembre 2015.
362 Article 76 de la Constitution du 4 septembre 1992 modifiée.
363 Article 153 de la Constitution du 11 juin 1991.
364 Article 165 de la Constitution du…
365 Article 100 de la Constitution du…
366 Article 115 de la Constitution du 11 décembre 1990.

que « *les membres du Conseil constitutionnel sont nommés pour un mandat unique de neuf (9) ans* »[367]. C'est également le cas au Burundi[368], en République centrafricaine[369], en Côte d'Ivoire[370], à Djibouti[371], et au Niger[372]. D'autres Constitutions ont opté pour un mandat renouvelable. Dans cette catégorie, il faut préciser que les options ne sont pas les mêmes entre les États. Certaines lois fondamentales prévoient le renouvellement du mandat une seule fois[373] tandis que d'autres ont une formule ambigüe qui conduit à penser à un renouvellement non limité du mandat dans le nombre[374].

En conclusion, la durée du mandat des membres des juridictions constitutionnelles se caractérise par sa variabilité. On a pu constater que la durée du mandat en question n'était pas identique. Le constat qui se dégage aussi est que son caractère non renouvelable n'est pas absolu. Mais le point commun entre les textes constitutionnels est la prévision de la cessation du mandat.

b- La cessation du mandat

La cessation du mandat des membres des juridictions constitutionnelles est variable selon qu'elle est normale ou anticipée. La cessation est normale en cas d'expiration ou dans l'hypothèse du renouvellement partiel de la juridiction constitutionnelle. Certaines Constitutions ont fait le choix exclusif de l'expiration du mandat comme mode de cessation normale des fonctions. C'est le cas du Cameroun dont la Constitution dispose que « *le Conseil constitutionnel comprend onze (11) membres désignés pour un mandat de six (6) ans éventuellement renouvelables* »[375]. Aucune mention n'est faite sur l'hypothèse du renouvellement partiel du Conseil constitutionnel. C'est également l'option qui est retenue par la Constitution béninoise du 11 décembre 1990[376] ou encore par le texte constitutionnel burkinabé[377].

---

367 Article 153 de la Constitution du 11 juin 1991.
368 Article 226 de la Constitution du 18 mars 2005.
369 Article 99 de la Constitution du 30 mars 2016.
370 Article 130 de la Constitution du 8 novembre 2016.
371 Article 78 de la Constitution du 4 septembre 1992.
372 Article 121 de la Constitution du 25 novembre 2010.
373 Article 89 de la Constitution du Gabon. Et article 91 de la Constitution du Mali.
374 Article 51 de la Constitution camerounaise parle d'un mandat « éventuellement renouvelable ». La Constitution togolaise quant à elle parle d'un mandat de « sept (7) ans renouvelables ».
375 Article 51 alinéas de la Constitution du 18 janvier 1996.
376 Article 115 de la Constitution du 11 décembre 1990.
377 Article 153 de la Constitution du 2 juin 1991 modifiée.

Dans cette première catégorie, la seule hypothèse de cessation normale du mandat est l'expiration.

Dans d'autres textes constitutionnels, une partie des membres des juridictions constitutionnelles fait l'objet d'un renouvellement de leur mandat avant expiration et dans le délai clairement indiqué. C'est l'hypothèse du renouvellement partiel des juridictions constitutionnelles à mi-mandat. Au Niger, la Constitution dispose que « *les membres de la Cour constitutionnelle sont renouvelés par tiers tous les deux ans* »[378]. Dans la même logique, la Constitution guinéenne dispose que « *les membres de la Cour constitutionnelle sont renouvelés par tiers tous les trois (3) ans sur tirage au sort* »[379]. On peut donc le constater, les Constitutions des États d'Afrique noire francophone procèdent à la périodisation des juridictions constitutionnelles en prévoyant à la fois, l'accession et la cessation normale des fonctions de ses membres. C'est dans la même logique qu'elles envisagent l'hypothèse de la cessation anticipée.

La cessation anticipée fait référence à une situation d'urgence dans le fonctionnement de la juridiction constitutionnelle. Situation d'urgence parce que le mandat expire avant son terme normal et pour des motifs exceptionnels. Concrètement, c'est en cas d'interruption, d'empêchement définitif ou de décès voire de démission du juge constitutionnel. Dans l'optique d'assurer la continuité de la juridiction en question, non seulement les textes vont retenir toutes les hypothèses d'interruption anticipée, mais aussi, des mesures pour y remédier. On peut juste constater que les textes ne donnent pas un contenu à la notion d'empêchement définitif. Il est difficile de savoir quel est son fait générateur ; dans cette logique, une clarification du juge constitutionnel sur l'empêchement définitif d'un membre de la juridiction constitutionnelle s'avère indispensable.

Dans la nouvelle Constitution centrafricaine du 30 mars 2016, il est prévu que : « *toutefois, en cas de décès, de démission ou d'empêchement définitif d'un membre, il est pourvu à son remplacement selon la procédure de désignation prévue à cet effet. Le nouveau membre achève le mandat de son prédécesseur* »[380]. Cette disposition est aussi perceptible dans quasiment toutes les Constitutions des États d'Afrique noire francophone[381] avec plus de précision sur la période prévue pour le remplacement. C'est le cas de la

[378] Article 121 de la Constitution du 25 novembre 2010.
[379] Article 101 de la Constitution de 2010.
[380] Article 100 de la Constitution du 30 mars 2016.
[381] À titre d'illustration, lire l'article 82 de la Constitution malienne du 27 février 1992.

Constitution ivoirienne qui prévoit le remplacement du président du Conseil constitutionnel ou d'un membre dans un délai de huit jours[382].

Il est important de préciser que la cessation du mandat des membres des juridictions constitutionnelles ne concerne que ceux qui sont désignés. Les anciens présidents de la République ne sont pas visés par les textes. Il faut aussi souligner que la prise en compte du temps permet de remédier rapidement à une situation de vacance du fait de la prévision d'un délai pour le remplacement d'un membre disparu ou empêché. Au-delà de ces deux précisions, le mandat du juge constitutionnel africain est soumis à un régime de protection qui vise à renforcer son indépendance.

2- Le régime de protection des membres des juridictions constitutionnelles

Les lois fondamentales des États d'Afrique noire francophone prévoient un ensemble de mesures destinées à assurer la protection du mandat des membres des juridictions constitutionnelles. La première de ces mesures est l'inamovibilité des juges. En ce sens, la Constitution béninoise du 11 décembre 1990 dispose que « *les membres de la Cour constitutionnelle sont inamovibles pendant la durée de leur mandat* »[383]. Cette disposition figure aussi dans les textes constitutionnels de la République centrafricaine [384]et du Niger[385].

Par définition, l'inamovibilité désigne la situation du juge ou d'une autorité qui ne peut être déplacée ou mutée de son poste sauf en application d'une procédure qui comporte des garanties renforcées[386]. Initialement consacré en faveur de la magistrature du siège, ce principe est aujourd'hui étendu en faveur des juges constitutionnels et les Constitutions ne prévoient pas de dérogations à l'inamovibilité. On peut y voir, une volonté de mettre le juge à l'abri des pressions venant de l'autorité de nomination, ce qui renforce inéluctablement l'indépendance des juridictions constitutionnelles.

L'autre mécanisme visant à renforcer et à protéger le statut du juge constitutionnel est la consécration en sa faveur des incompatibilités. En droit constitutionnel, on parle d'incompatibilité pour désigner « *l'interdiction du cumul se traduisant par l'obligation de choisir entre les mandats, fonctions, ou activités déclarés incompatibles* »[387]. L'objet des incompatibilités est de

[382] Article 131 de la Constitution du 8 novembre 2016.
[383] Article 115 de la Constitution du 11 décembre 1990.
[384] Article 102 de la Constitution du 30 mars 2016.
[385] Article 122 de la Constitution du 25 novembre 2010.
[386] Le Divellec (A) et De Villeirs (M), *Dictionnaire du droit constitutionnel, op. cit.* p. 192.
[387] Le Divellec (A) et De Villeirs (M), *Dictionnaire du droit constitutionnel, op. cit.* p. 192.

préserver l'indépendance de l'autorité visée. On peut répertorier une pluralité d'interdictions de cumul aussi bien en ce qui concerne les fonctions parlementaires, gouvernementales et présidentielles que pour ce qui est du juge constitutionnel.

Les textes qui régissent les juridictions constitutionnelles africaines ne minorent pas les incompatibilités. On peut citer dans ce cas la Constitution nigérienne qui indique que « *les fonctions de membre de la Cour constitutionnelle sont incompatibles avec l'exercice de tout mandat électif, de tout emploi public, civil ou militaire, de toute fonction de représentation nationale et de toute activité professionnelle à l'exclusion de l'enseignement* »[388]. C'est l'une des formules les plus complètes. Elle déclare incompatible la fonction de juge constitutionnel avec les fonctions publiques nominatives et électives, avec les fonctions militaires et toute autre activité à l'exception de l'enseignement. Certains textes constitutionnels visent davantage les fonctions publiques nominatives et électives[389]. Dans les autres lois fondamentales, les incompatibilités visent les mêmes fonctions, mais étendent la liste à l'exercice de toute fonction de représentation professionnelle tout en excluant les activités militaires[390]. Par-delà la diversité des options et des formulations, l'objectif est de renforcer l'indépendance des membres des juridictions constitutionnelles.

En outre, il est clairement consacré l'immunité juridictionnelle en faveur des juges constitutionnels. Mais les Constitutions se focalisent toutes à une seule modalité de l'immunité à savoir, l'inviolabilité. Il faut plutôt se référer aux textes organiques pour identifier les dispositions qui traitent de l'irresponsabilité des juges constitutionnels. L'inviolabilité peut être définie comme une protection d'ordre procédural ayant pour objet de soumettre les poursuites à l'encontre d'une autorité à l'autorisation de l'organe concerné[391]. L'objectif est donc d'éviter des arrestations abusives. La Constitution ivoirienne du 8 novembre 2016 consacre expressément l'inviolabilité des membres du Conseil Constitutionnel. Aussi, elle énonce qu'« *Aucun membre du Conseil constitutionnel ne peut pendant la durée de son mandat, être poursuivi, arrêté, détenu ou jugé en matière criminelle ou correctionnelle qu'avec l'autorisation du Conseil sauf flagrant délit* »[392]. On peut identifier la même disposition constitutionnelle au Bénin[393], en

[388] Article 125 de la Constitution du 25 novembre 2010.

[389] C'est le cas de l'article 184 de la Constitution congolaise de 2015, l'article 153 de la Constitution du Burkina Faso ou encore l'article 51 alinéa 5 de la Constitution camerounaise du 18 janvier 1996.

[390] À titre d'illustration, on peut citer l'article 134 de la Constitution ivoirienne du 8 novembre 2016 et l'article 103 de la Constitution centrafricaine du 30 mars 2016.

[391] Le Divellec (A) et De Villeirs (M), *Dictionnaire du droit constitutionnel, op. cit.* p. 189.

[392] Article 132 de la Constitution ivoirienne du 8 novembre 2016.

[393] Article 115 de la Constitution du 11 décembre 1990.

République centrafricaine[394] et au Togo[395]. Le contenu des Constitutions révèle que l'objectif des constituants africains est de protéger le mandat du juge constitutionnel, particulièrement celui du président de la juridiction en question compte tenu de l'exercice par celui-ci, de la fonction consultative.

Paragraphe 2 : Le président de la juridiction constitutionnelle comme organe consulté

En consacrant la fonction consultative, les lois fondamentales africaines font le distinguo entre l'exercice de cette fonction par la juridiction constitutionnelle prise collectivement et son exercice par son président. La prise en compte de ce dernier témoigne de sa singularité (A) et de son importance en tant que consultant des pouvoirs publics (B).

A- La singularité du président de la juridiction constitutionnelle

Dans tous les États d'Afrique noire francophone, le président de la juridiction constitutionnelle n'est pas un membre comme les autres. Sa singularité est consécutive à la variabilité de son mode de désignation (1). Elle est surtout la conséquence de son positionnement au sein de la juridiction constitutionnelle (2).

1- La variabilité du mode de désignation

L'idée de convergence des modèles constitutionnels[396] peut, dans certaines hypothèses être relativisée dans le nouveau constitutionnalisme africain. Sur certaines questions, les lois fondamentales n'ont pas toujours un contenu identique. Il arrive très souvent que certaines prennent le contre-pied des autres. Ainsi, on note une divergence d'options en matière de désignation du président de la juridiction constitutionnelle. En effet, certains États font le choix de la nomination, tandis que d'autres ont opté pour l'élection. Mais ce qui est constant dans les lois fondamentales en question, c'est la prévision de la désignation du président de la juridiction en dehors de celle des autres membres.

La première tendance est donc celle de la nomination de ce dernier par le président de la République. Dans la Constitution congolaise du 6 novembre

---

[394] Article 110 de la Constitution du 30 mars 2016.
[395] Article 102 de la Constitution du 14 octobre 1992.
[396] Sur la convergence des modèles constitutionnels en Afrique, lire utilement Balde (S.), *la convergence des modèles constitutionnels. Étude des cas en Afrique subsaharienne*, Paris, Publibook, 2011, 536 p.

2015, il est clairement indiqué que « *le président de la Cour constitutionnelle est nommé par le président de la République parmi ses membres* »[397]. On retrouve une disposition analogue dans les textes constitutionnels du Cameroun[398] et de la Côte d'Ivoire[399]. La première remarque qui est susceptible d'être faite est celle du monopole présidentiel de la nomination du président de la juridiction constitutionnelle. On voit bien que les lois fondamentales ont exclu les autorités parlementaires dans la désignation du président de la juridiction constitutionnelle. Le second constat a trait à la liberté de choix du président de la République, car c'est de manière discrétionnaire qu'il procède à la nomination. Les lois fondamentales sont d'ailleurs muettes au sujet du profil de l'autorité nommée et sur la procédure de nomination. Cependant, la Constitution ivoirienne du 8 novembre 2016 insiste sur le fait que la personnalité désignée par le président de la République doit être reconnue pour son expertise et sa compétence. On peut subodorer que c'est compte tenu de cette expertise et de cette compétence que ce dernier est parfois consulté.

La principale conséquence de la nomination comme mode de désignation du président de la juridiction constitutionnelle est qu'elle affaiblit son indépendance à l'égard de l'autorité de nomination. À travers ce mode de désignation, il s'établit parfois une connivence entre le président de la République et le juge constitutionnel qui est de nature à pervertir l'application et la protection de la Constitution. Sur de nombreuses questions, ce dernier finit par se comporter comme un acteur au service de l'institution présidentielle[400]. On peut parfois avoir le sentiment, au regard de la pratique, que le président est désigné pour concrétiser et légitimer les initiatives présidentielles. Dans un contexte où la juridiction constitutionnelle est appelée à encadrer le pouvoir, mais à se présenter comme on contre-pouvoir, ce mode de désignation est inapproprié.

Certaines lois fondamentales ont fait le choix de l'élection comme mode de désignation du président de la juridiction constitutionnelle. Au rang de celles-ci, on peut citer la Constitution béninoise du 11 décembre 1990. En effet, elle dispose que « *Le président de la Cour constitutionnelle est élu par ses pairs pour une durée de cinq ans parmi les magistrats et juristes de la Cour* »[401]. Dans la même logique, la Constitution nigérienne dispose que « *le président de la Cour constitutionnelle est élu par ses pairs pour une durée*

[397] Article 183 de la Constitution du 6 novembre 2015.
[398] Article 51 alinéa 2 de la Constitution du 18 janvier 1996 modifiée.
[399] Article 129 de la Constitution du 8 novembre 2016.
[400] François (B.), « La place du Conseil constitutionnel dans le système politique », in *Le Conseil Constitutionnel a 40 ans*, Paris, LGDJ, 1999, pp. 75-82.
[401] Article 116 de la Constitution du 11 décembre 1990.

de trois (3) ans renouvelables »[402]. On retrouve une disposition similaire dans la Constitution centrafricaine du 30 mars 2016[403]. On peut faire un double constat à la lecture de cette disposition constitutionnelle. Le premier est que non seulement l'élection est consacrée comme mode de désignation du président de la Cour, mais son profil est aussi défini par les textes constitutionnels. Les lois fondamentales du Niger et de la République centrafricaine confient la présidence de la Cour à un juriste qui peut être soit un universitaire, soit un magistrat. Le second constat découle de l'analyse de la Constitution du Niger. En effet, celle-ci attribue au président de la Cour, un mandat inférieur à celui des autres membres de la juridiction, car les autres conseillers sont nommés pour un mandat de six ans[404]. L'autre constat est celui du caractère renouvelable du mandat du président de la Cour constitutionnelle. On peut ainsi se rendre compte que la Constitution a limité le mandat dans le temps et non dans le nombre.

D'un point de vue téléologique, l'élection du président de la juridiction constitutionnelle par ses pairs constitue un gage de son indépendance. Ce dernier n'a en effet, aucun compte à rendre aux autorités politiques compte tenu du fait que celles-ci n'influencent en rien sa désignation. L'hypothèse de sa politisation ou de son instrumentalisation est donc de moindre importance. On peut ainsi considérer l'élection comme un gage d'indépendance de la juridiction constitutionnelle en général, et de son président en particulier. L'option pour l'élection participe aussi de la volonté de démocratiser le processus de sa désignation, en ce sens qu'il revient aux membres de la juridiction de désigner le président de leur choix. En toile de fond, il faut considérer la formalisation de l'élection comme une volonté d'affranchir la juridiction constitutionnelle de la domination présidentielle. *In fine*, la variabilité du mode de désignation du président traduit sa singularité tout comme son positionnement au sein de la juridiction constitutionnelle.

2- Le positionnement du président au sein de la juridiction constitutionnelle

Le recours à l'expression « *Président* » de la juridiction constitutionnelle n'est pas sans intérêt dans la structuration de la juridiction constitutionnelle. Elle est révélatrice de l'importance et de la prépondérance de ce dernier sur les autres membres. On peut affirmer dans les États d'Afrique noire

[402] Article 123 de la Constitution de 2010.
[403] Article 99 de la Constitution du 30 mars 2016.
[404] Article 121 de la Constitution de 2010.

francophone que le : « *président préside* »[405] effectivement la juridiction en question. La prépondérance du président peut être analysée en dehors et pendant son office. Dans le premier cas, il est question du rôle qu'il joue au quotidien pour assurer la direction de cette juridiction en l'occurrence lorsqu'elle n'est pas saisie. *Primo*, le président est le chef de l'administration de la juridiction constitutionnelle. C'est lui qui assure l'autorité hiérarchique sur les services administratifs et sur le personnel en service dans lesdits services. La loi portant organisation et fonctionnement de la Cour constitutionnelle du Niger dispose dans ce sens que « *le président de la Cour constitutionnelle est chargé de l'administration de la Cour constitutionnelle (...)* »[406]. On peut ainsi le considérer comme l'autorité administrative suprême de la juridiction constitutionnelle.

Secundo et dans le même ordre d'idées, le président de la juridiction constitutionnelle est l'ordonnateur principal de la juridiction en question[407]. Ce dernier est donc l'acteur budgétaire principal. Il lui revient de décider d'engager les dépenses de fonctionnement et d'investissement. C'est également ce dernier qui est chargé de coordonner la perception des recettes si tant est que les juridictions constitutionnelles en soient dépositaires. Selon les textes, ce dernier est au cœur de la préparation du budget de la juridiction constitutionnelle. Sa singularité est donc consécutive à la pluralité et au renforcement de ses pouvoirs en matière budgétaire. Ces deux éléments sont révélateurs de la place centrale du Président au sein de la juridiction constitutionnelle.

Pendant l'office de la juridiction constitutionnelle, le président joue un rôle de direction en ce sens que c'est lui qui coordonne le déroulement de la séance et en constitue le garant du bon déroulement. Il est désigné dans ce sens comme le coordonnateur du déroulement de la séance. On peut le démontrer à partir de la loi régissant la Cour constitutionnelle du Congo qui dispose que « *Le président de la Cour constitutionnelle préside les séances solennelles et les audiences publiques de la Cour* »[408]. Cette disposition

---

405 L'affirmation selon laquelle le président préside n'est pas vide de sens à la lecture des attributions des présidents des juridictions constitutionnelles en Afrique noire francophone. Deux arguments permettent de l'étayer. Le premier est relatif à sa considération comme haute autorité de l'administration des juridictions en question. Il a ainsi des pouvoirs administratifs assez étendus qui vont de l'édiction des actes internes au contrôle des organes administratifs en passant par la nomination et la révocation des agents. Le second a trait à la place qu'il occupe pendant le procès constitutionnel. Il lui revient en effet de diriger les débats et d'assurer la discipline en plus d'avoir une voix prépondérante.

406 Article 20 de la loi portant organisation et fonctionnement de la Cour constitutionnelle.

407 Lire dans ce sens ; l'article 26 de la loi portant organisation et fonctionnement de la Cour constitutionnelle du Togo ; on peut également se référer à l'article 9 de la loi portant organisation et fonctionnement du Conseil constitutionnel de Côte-d'Ivoire.

408 Article 18 de la loi portant organisation et fonctionnement de la Cour constitutionnelle.

qu'on retrouve dans d'autres États fait du président le coordonnateur des séances et le garant de leur bon déroulement. À cet effet, c'est lui qui procède au déclenchement[409] de la séance puisqu'il lui revient de convoquer la réunion de la juridiction en cas de saisine et veille à ce que celle-ci se déroule dans un climat sain et convivial. C'est d'ailleurs la raison pour laquelle le dispositif normatif qui le régit lui a attribué un pouvoir disciplinaire. À titre d'illustration, dans la loi portant organisation et fonctionnement du Conseil constitutionnel ivoirien, il est clairement indiqué que « *l'administration et la discipline du Conseil constitutionnel sont assurées par le président* »[410]. Dans la même logique, la loi portant organisation et fonctionnement de la Cour constitutionnelle du Niger fait de son président, le garant de la discipline[411].

Le président est aussi le garant de la procédure. C'est ainsi qu'une fois que la juridiction constitutionnelle est saisie, il lui revient de désigner le rapporteur aux fins d'instruction[412]. À l'analyse des textes, il dispose en la matière, d'un pouvoir discrétionnaire lui permettant de désigner en toute liberté le rapporteur qu'il estime en mesure de mener sereinement l'instruction. En outre, le président est l'organe qui préside les débats[413]. C'est le cas dans tous les États d'Afrique noire francophone, car les textes lui reconnaissent le pouvoir d'orienter, de recadrer et donc, de coordonner le déroulement des débats. Enfin, il est prévu dans les textes qui régissent les juridictions constitutionnelles qu'en cas de contrariété ou de controverse, ou encore de partage de voix, celle du président est prépondérante[414]. Ce qui signifie que ce dernier occupe une place centrale dans le processus de décision et dans l'émission des avis.

Dans le nouveau constitutionnalisme africain, la place du président de la juridiction constitutionnelle est aussi renforcée par certaines de ses fonctions politiques qu'il est appelé à exercer. Dans certains États, c'est lui qui assure l'intérim à la présidence de la République en cas de haute trahison.

[409] Dans les États d'Afrique noire francophone, le pouvoir de convocation des membres de la juridiction en cas de saisine est reconnu au président de la juridiction en question. Pour s'en convaincre, il convient de se référer à l'article 20 de la loi portant organisation et fonctionnement de la Cour constitutionnelle du Togo.

[410] Article 8 de la loi portant organisation et fonctionnement du Conseil constitutionnel.

[411] Article 20 de la loi portant organisation et fonctionnement de la Cour constitutionnelle.

[412] Lire dans ce sens l'article 21 de la loi portant organisation et fonctionnement de la Cour constitutionnelle du Congo. On peut aussi citer l'article 22 de la loi portant organisation et fonctionnement de la Cour constitutionnelle du Togo.

[413] Lire dans ce sens l'article 21 de la loi portant organisation et fonctionnement de la Cour constitutionnelle du Congo.

[414] Lire utilement l'article 18 de la loi portant organisation et fonctionnement de la Cour constitutionnelle du Niger.

L'article 50 de la Constitution béninoise du 11 décembre 1990 « *en cas de mise en accusation du président de la République devant la Haute Cour de justice, son intérim est assuré par le président de la Cour constitutionnelle qui exerce toutes les fonctions de président de la République à l'exception de celles mentionnées aux articles 54 alinéa 3, 58, 60,104, 154* ». De cette place, on peut affirmer sa singularité et justifier sa désignation comme organe consulté.

B-L'attribution de la fonction consultative au président de la juridiction constitutionnelle

L'analyse du domaine organique de la consultation révèle effectivement une dualité des organes consultés. Dans certains cas, c'est la juridiction constitutionnelle prise dans sa globalité qui est consultée, parfois aussi, la consultation s'oriente exclusivement vers le président de la juridiction. Dans la Constitution béninoise du 11 décembre 1990, il est prévu que « *le président de la Cour constitutionnelle est compétent pour (...) donner son avis au président de la République dans les cas prévus aux articles 58 et 68* »[415]. Il s'agit concrètement du recours à la consultation dans l'hypothèse du recours au référendum[416] et celle de la mise en œuvre par l'institution présidentielle des pouvoirs de crise[417]. Dans ces deux hypothèses, ce n'est pas la juridiction qui est saisie, mais son président.

La Constitution camerounaise du 18 janvier 1996 consacre aussi l'exercice de la fonction consultative par le président du Conseil constitutionnel. C'est le cas en matière d'abrègement du mandat des députés. On peut ainsi lire qu'« *en cas de crise grave ou lorsque les circonstances l'exigent, le président de la République peut, après consultation du président du Conseil constitutionnel (...) demander à l'Assemblée nationale de décider, par une loi, de proroger ou d'abréger son mandat* »[418]. C'est aussi le cas dans l'hypothèse du recours par le président de la République au référendum. Le texte constitutionnel du 18 janvier 1996 dispose dans ce sens que « *le président de la République après consultation du président du Conseil constitutionnel (...) peut soumettre au référendum tout projet de réforme qui bien que relevant du domaine de la loi, serait susceptible d'avoir des répercussions profondes sur l'avenir de la Nation et les institutions nationales (...)* »[419]. Sans être singulières, ces deux illustrations

---

[415] Article 119 de la Constitution du 11 décembre 1990.
[416] Article 58 de la Constitution du 11 décembre 1990.
[417] Article 68 de la Constitution du 11 décembre 1990.
[418] Article 15 alinéa 4 de la Constitution du 18 janvier 1996 modifiée.
[419] Article 36 alinéa 1 de la Constitution du 18 janvier 1996 modifiée.

camerounaises et béninoises confirment l'affirmation de la désignation du président de la juridiction constitutionnelle comme organe consulté.

Dans le cas des textes constitutionnels ci-dessus étudiés, il apparaît que le président de la République détient le monopole de la saisine du président de la juridiction constitutionnelle. En d'autres termes, autant les parlementaires peuvent recourir à la juridiction constitutionnelle pour solliciter un avis, autant ils sont exclus quand il s'agit de la consultation du président de la juridiction en question. Ce choix du constituant est assez surprenant, car rien n'explique de manière pertinente l'exclusion des autres pouvoirs publics quand on sait que ceux-ci participent aussi à l'application de la Constitution et peuvent faire face à des difficultés d'interprétation. Tout au plus, on peut se demander pourquoi distinguer la compétence du président dans un contexte où la juridiction prise dans sa globalité exerce déjà cette fonction. Le constituant a-t-il voulu éviter que l'opinion dissidente de certains juges plombe le fonctionnement de la juridiction et la prise de décision ? Cela n'est pas à exclure dans les États où il est clairement établi que la volonté du constituant n'était pas de favoriser l'émancipation de la juridiction constitutionnelle.

On peut aussi s'interroger sur l'exercice de cette fonction en cas d'empêchement du président de la juridiction constitutionnelle. La question est de savoir si cette fonction peut être exercée par son premier vice-président. Dans le silence des textes, on peut affirmer que la continuité de la fonction induit une potentielle saisine du vice-président en cas d'empêchement du président. Des interrogations peuvent enfin être formulées au sujet du président de la juridiction constitutionnelle de transition. Les textes lui reconnaissent-ils l'exercice de la fonction consultative ? C'est par l'affirmative qu'on peut répondre à cette interrogation. Ce dernier peut à l'instar du président de la juridiction constitutionnelle d'un régime constitutionnel normal, être saisi par le président de transition.

Parvenu au terme de ce chapitre, il était question de présenter la dimension organique de la consultation. Il ressort de l'analyse des textes que la fonction consultative des juridictions constitutionnelles mobilise deux catégories d'acteurs, lesquels forment le domaine organique de la consultation. D'un côté, on a les organes consultants avec comme trait caractéristique, le monopole des pouvoirs publics de la saisine pour avis. De l'autre côté, on a les organes consultés que sont la juridiction constitutionnelle et son président. Dans tous les cas, pour qu'il y ait consultation, il faut un consultant et un consulté. Une fois les deux catégories d'acteurs réunies se pose la question de la procédure à suivre pour obtenir un avis.

CHAPITRE 2 : L'ÉNONCIATION PROCÉDURALE

Le vocable «*procédure*» peut être défini comme un enchaînement d'actes et de formalités conduisant à la prise d'une décision et par extension, à l'émission d'un avis[420]. C'est une expression qui est utilisée pour rendre compte de l'activité des institutions étatiques qu'elles soient politiques, administratives ou juridictionnelles[421]. Constamment, on parle de procédure législative ou de procédure administrative contentieuse. En droit processuel, la procédure occupe une place importante en raison de son caractère équitable. Elle constitue un gage du bon déroulement du procès, et permet aux justiciables d'avoir dans les délais raisonnables, droit aux décisions de justice.

À partir du moment où il est admis qu'il existe bien un procès constitutionnel [422], la question de la procédure devant la juridiction constitutionnelle mérite d'être prise au sérieux. Cela se comprend aisément dans la mesure où « *le procès constitutionnel est un procès complexe de par l'étendue même du contentieux constitutionnel, des acteurs qui sont concernés et de la procédure suivie devant le juge constitutionnel* »[423]. En tout état de cause, étudier l'une des fonctions de la juridiction constitutionnelle sans prendre en compte la question de la procédure serait assimilé à un travail incomplet.

Toutefois, il convient de préciser que la fonction consultative n'est pas mobilisée dans le cadre du procès constitutionnel. Certes, on peut solliciter

---

420 Ciaudo (A.), « La maîtrise du temps en droit processuel », *juris doctoria*, n° 3, 2009, p.22.

421 Le vocable « procédure » est employé dans un sens pluriel. Dans le jargon juridique, on parle entre autres, de la procédure administrative, de la procédure civile ou encore de la procédure pénale. Le constat qui se dégage est que cette expression est employée aussi bien dans le cadre de l'activité contentieuse des institutions, mais aussi, en ce qui concerne l'activité non contentieuse puisque le fonctionnement des institutions en général obéit au respect des procédures prescrites par la législation.

422 On peut définir le procès constitutionnel comme l'ensemble des mécanismes et procédures qui permettent au juge constitutionnel de résoudre le litige qui lui est soumis. Ce procès est dit constitutionnel compte tenu du fait que l'objet du litige est la Constitution et surtout la qualité des parties ou justiciables. Il n'est envisageable que lorsque la juridiction constitutionnelle exerce ses attributions contentieuses à l'instar du contrôle de constitutionnalité, du contentieux électoral ou encore de la fonction de régulation. Jan (P.), *le procès constitutionnel*, 2e éd., Paris, LGDJ, 2010, pp.11-39.

423 Akerekoro (H.), « Le procès constitutionnel au Bénin », *Annuaire béninois de Justice constitutionnelle*, 2014, p.69.

l'avis du juge constitutionnel en cas de désaccord, mais cette fonction est davantage mobilisée en dehors d'une procédure contentieuse. C'est ainsi qu'on la classe généralement dans la catégorie des fonctions non contentieuses des juridictions constitutionnelles. En dépit de cette précision, il faut dire que les textes qui régissent les juridictions constitutionnelles harmonisent leur procédure de fonctionnement sans la distinguer de la fonction qui est mise en œuvre. Il y a ainsi identité de procédures selon que l'on sollicite le contrôle de constitutionnalité, l'arbitrage ou l'avis.

L'énonciation procédurale de la fonction consultative a pour finalité de présenter l'ensemble des opérations qui aboutissent à l'émission de l'avis. Seront ainsi pris en compte, le déclenchement de la consultation, son déroulement et son dénouement. Dans le premier cas, il sera question d'analyser la saisine du juge constitutionnel pour avis. Bien évidemment, les circonstances de la saisine seront davantage prises en compte. Dans le second cas, une fois le juge constitutionnel saisit, se pose la question des démarches qu'il va entreprendre pour aboutir à l'émission de l'avis. Cette interrogation permettra de mettre en exergue, l'office des juridictions constitutionnelles africaines dans le cadre de l'exercice de la fonction consultative. Enfin, le dénouement de l'exercice de cette fonction ne sera pas minoré, car la forme et le contenu des avis seront décryptés.

Dans le cadre de l'étude de la procédure, une pluralité d'éléments est mise en avant. Le premier étant relatif au temps de la procédure permet d'analyser l'encadrement temporel de l'office du juge constitutionnel. Le deuxième élément a trait à la saisine de la juridiction constitutionnelle. Le troisième élément est relatif à l'instruction et au déroulement de l'instance. En procédant à la systématisation, il convient d'analyser tour à tour, la dimension temporelle de la procédure (Section 1) et la déclinaison de la procédure de la consultation (Section 2).

Section 1 : La dimension temporelle de la procédure

Devant les juridictions constitutionnelles, la procédure est soumise à une pluralité de contraintes au premier rang de celles-ci, la contrainte temporelle[424]. Le temps occupe ainsi une place très importante dans l'office du juge constitutionnel[425], car non seulement il permet de comprendre son activité, mais sa prise en compte permet aussi de l'encadrer. C'est la raison pour laquelle les textes prennent en compte la dimension temporelle de la procédure. Dans un premier temps, cette prise en compte permet d'identifier

---

[424] Dumortier (G.), « La procédure devant le Conseil constitutionnel, juge électoral : sous les pavés, la plage ? », *NCCC*, n° 41, 2013, p. 33.
[425] Bikoro (J-M), Thèse *op. cit.* p. 233.

le temps de la saisine qui correspond au moment de la consultation (P1). Dans une seconde alternative, le temps permet d'encadrer la procédure d'émission des avis (P2).

Paragraphe 1 : La détermination du moment de la consultation

On peut définir le moment comme un espace de temps déterminé soit par sa durée, soit à partir des évènements qui s'y déroulent[426]. C'est ce second sens qui est pris en compte dans la mesure où il permet d'identifier les circonstances ou hypothèses pendant lesquelles la juridiction constitutionnelle est consultée. À l'analyse du dispositif normatif en vigueur, on peut constater que la consultation s'opère en deux moments : pendant les réformes juridiques (A) et en dehors des réformes juridiques (B).

A- La consultation pendant les réformes juridiques

Dans les États d'Afrique noire francophone, les réformes juridiques sont plurielles, car l'activité normative des pouvoirs publics est tributaire de la nature des actes qui sont édictés. Le constat qui est susceptible d'être fait à la lecture des textes est que la consultation de la juridiction constitutionnelle est prescrite comme préalable à l'édiction de certaines normes. Aussi, en procédant à la classification, il est possible d'envisager la consultation pendant les réformes constitutionnelles (1) et pendant les réformes infraconstitutionnelles (2).

1- La consultation des juridictions constitutionnelles pendant les réformes constitutionnelles

Depuis le début des années 1990, on note une intense activité constituante dans les États africains. Entre révision constitutionnelle et changement de Constitution, les textes constitutionnels ne sont pas restés immuables. Cependant, contrairement aux trois premières décennies du constitutionnalisme, l'activité constituante mobilise un nombre important d'acteurs à l'instar de la juridiction constitutionnelle. Si la consultation est formalisée en matière de révision constitutionnelle, il est important de souligner que les textes de transition qui régissent la production constitutionnelle consacrent aussi le recours à la consultation de la juridiction constitutionnelle de transition afin qu'elle se prononce sur le projet ou la proposition de Constitution. Au-delà de la consultation en période de transition constitutionnelle, des cas de consultation concernant les

---

426 *Dictionnaire le Robert de poche*, 2006, p. 488.

changements de loi fondamentale peuvent aussi être identifiés dans les États africains.

À titre de rappel, l'opération de révision de la loi fondamentale constitue un phénomène normal[427]. Pour reprendre **Georges Burdeau**, « *lorsque les besoins du pays, ses aspirations ou ses mœurs ne trouvent plus leur libre développement dans les limites du texte écrit, la Constitution doit être modifiée sous peine de bouleversements plus graves* »[428]. L'auteur de poursuivre que « *la révision exige un nouveau contrat social dans lequel chaque citoyen intervient pour consentir à la reformation de l'organisation nationale* »[429]. Sur la base de ces propos, on peut affirmer que l'opération de révision constitutionnelle ne devrait pas être redoutée dès lors qu'elle a pour vocation de permettre à la loi fondamentale de s'adapter au temps en répondant toujours aux aspirations des citoyens. La loi fondamentale subit constamment l'écoulement du temps[430] et à l'épreuve du temps, la révision devient indispensable, voire inévitable, bien que son recours abusif aboutisse à l'assouplissement de la Constitution.

Le problème dans les États d'Afrique noire francophone est celui de l'instrumentalisation et la banalisation de l'opération de révision. L'accroissement du révisionnisme constitutionnel, des révisions abusives et frauduleuses tend à jeter du discrédit sur la révision constitutionnelle. Bien plus, la rupture du consensus et la prévalence ou la prépondérance des révisions unilatérales amplifient cette situation.

Compte tenu de l'importance de la place qu'occupent les révisions constitutionnelles dans le nouveau constitutionnalisme africain, les Constitutions du début des années 1990 ont opté pour des mécanismes rigides de révision. L'un des traits caractéristiques de l'opération de révision est donc celui de la complexification de la procédure du fait de l'intervention d'une pluralité d'acteurs. Parlant des organes qui prennent part à cette

---

[427] Fall (I-M), 'La révision de la Constitution au Sénégal', *Afrilex*, 2015, p. 1.

[428] Burdeau (G.), *Essai d'une théorie de la révision des lois constitutionnelles en droit français*. Thèse de doctorat en droit, Faculté de droit de Paris, 1960, p. 4.

[429] *Ibid.* p. 19.

[430] L'écoulement du temps s'apprécie généralement à partir du changement d'aspirations des membres de la société. C'est très souvent à l'épreuve du temps que la Constitution cesse de répondre aux attentes du peuple rendant ainsi indispensable, l'opération de révision de la Constitution. C'est dire en un mot que la révision constitutionnelle n'est que la conséquence de l'écoulement du temps et vise à adapter le texte constitutionnel à l'évolution de la société. Lire dans ce sens : Lavroff (D-G), « La Constitution et le temps », in, *Droit et politique à la croisée des cultures, mélanges en l'honneur de Philippe Ardant*, Paris, LGDJ, 1999, p. 208 ; Pierré-Caps (S.), « Les révisions de la Constitution de la Ve République : temps, conflits et stratégies », *RDP*, n° 2, 1998, p. 410 ; Ségur (P.), « Temps et illusion en droit constitutionnel », Mélanges *Jean Arnaud Mazères*, Presses de l'Université de Toulouse I, 2008, p. 410.

opération, depuis le renouveau constitutionnel, la tendance est celle de l'écriture multilatérale[431] des lois constitutionnelles.

Les constituants africains sont conscients du fait que la Constitution est soumise à la loi du vieillissement[432] et devrait être modifiée en cas d'inadaptation à l'évolution de la société. Mais ils ont prévu l'intervention d'un grand nombre d'acteurs dans le but de complexifier la procédure. Le recours à la juridiction constitutionnelle aux fins de consultation obéit à cette logique. En effet, à l'époque contemporaine, le juge constitutionnel est considéré comme la « *conscience de la République* »[433]. Présenté comme un sage, ce dernier revêt de plus en plus la casquette du co-constituant[434] à travers le contrôle de constitutionnalité des lois constitutionnelles. C'est à juste titre qu'on peut affirmer qu'il est acteur de la rigidification de la Constitution[435].

Dans les États africains, les textes constitutionnels consacrent la fonction consultative des juridictions constitutionnelles pendant la révision constitutionnelle à travers une triple démarche. La première consiste à formaliser *expressis verbis*[436] le recours aux juridictions en question. L'intervention du juge constitutionnel a lieu au moment de l'initiative ou du déclenchement de la procédure de révision. En la matière, il opère un contrôle *a priori* du projet ou de la proposition de loi constitutionnelle pour y émettre un avis. Aussi, dans certains États, une fois la révision initiée par le président de la République ou par le parlement, l'auteur de l'initiative est tenu de saisir le juge constitutionnel. Dans la constitution gabonaise, on peut lire que « *tout projet ou proposition de révision de la Constitution ainsi que tout amendement y relatif est soumis pour avis à la Cour constitutionnelle avant le référendum ou la réunion du parlement en Congrès* »[437]. Dans la même logique, la Constitution centrafricaine du 30 mars 2016 prévoit que la Cour constitutionnelle est chargée de « *(...) donner son avis sur les projets et les propositions de révision constitutionnelle et la procédure référendaire* »[438]. Dans cette première catégorie, la consultation est

---

431 Besse (M.), « L'écriture multilatérale des Constitutions, facteur de réussite des transitions démocratiques », *NCCC*, n° 45, 2014, pp. 113-126.

432 Meledje Djedjro (F.), *Droit constitutionnel, op. cit.* p. 151.

433 Warner (A.), « Le Conseil constitutionnel et l'appropriation du pouvoir constituant », *Pouvoirs* n° 67, 1993, p. 122.

434 Andzoka Atsimou (S.), « La participation des juridictions constitutionnelles au pouvoir constituant en Afrique », *RFDC*, n° 110, vol.2, 2017, p. 282.

435 Ondoa (M), « La distinction entre Constitution souple et Constitution rigide en droit constitutionnel français », *AFSJP/UD*, n° 1, 2002, p. 67.

436 Ondo (T.), « Le contrôle de constitutionnalité des lois constitutionnelles en Afrique francophone », *RIDC*, n° 1, 2009, p. 105.

437 Article 116 de la Constitution du 21 mars 1991.

438 Article 95 de la Constitution du 30 mars 2016.

expressément consacrée ; elle vise à la fois les projets et les propositions de lois constitutionnelles, mais aussi les différents cas d'amendement.

La deuxième démarche consiste à consacrer de façon implicite[439] le recours au juge constitutionnel pour avis. C'est l'hypothèse de recours au référendum en tant que procédure parallèle de révision de la Constitution. Il convient de rappeler que dans les États d'Afrique noire francophone, le recours au référendum constitue la seconde modalité d'adoption des révisions constitutionnelles. La prise en compte du référendum traduit la volonté des constituants de consolider la démocratie, car « *l'essence de la démocratie réside dans le fait qu'en dernière instance, le pouvoir de gouverner appartient à tous les citoyens et non à un seul citoyen ou à une petite oligarchie* »[440]. Il est vrai que la compétence du peuple est à la fois partagée et disputée[441], mais l'intervention du juge constitutionnel a pour finalité de garantir la régularité de l'expression du peuple. Dans la plupart des textes constitutionnels, c'est surtout le président de la juridiction constitutionnelle qui est consulté. Dans la Constitution camerounaise du 18 janvier 1996, on peut lire que « *le président de la République après consultation du président du Conseil constitutionnel (...) peut soumettre au référendum tout projet de réforme qui, bien que relevant du domaine de la loi, serait susceptible d'avoir des répercussions profondes sur l'avenir de la Nation et les institutions nationales. Il en ressort ainsi : des projets de la loi portant sur l'organisation des pouvoirs publics ou sur la révision de la Constitution* »[442]. On retrouve une disposition constitutionnelle similaire dans la Constitution béninoise[443]. En revanche, la Constitution congolaise prévoit en cas de recours au référendum, la consultation de la Cour constitutionnelle prise dans sa globalité[444].

Enfin, d'autres textes constitutionnels confèrent au juge constitutionnel, la compétence de contrôler la constitutionnalité des lois ou de donner son avis sur la constitutionnalité des lois. Dans une lecture extensive, le juge peut utiliser cette disposition pour donner son avis sur les projets ou des propositions de lois constitutionnelles. Il est vrai que le juge constitutionnel a une conception restrictive de sa compétence[445]. D'ailleurs au Sénégal[446] et

---

[439] Ondo (T.), « Le contrôle de constitutionnalité des lois constitutionnelles en Afrique francophone », *op. cit.* p. 107.

[440] Ranney (A.), « Référendum et démocratie », *Pouvoirs*, n° 77, 1996, p. 9.

[441] Duprat (J-P), « Le référendum constitutionnel dans un système français dominé par une logique représentative », *RIDC*, n° 2, 2006, p. 556.

[442] Article 36 alinéa 1 de la Constitution du 18 janvier 1996 modifiée.

[443] Article 58 de la Constitution du 11 décembre 1990.

[444] Article 87 de la Constitution du 6 novembre 2015.

[445] Andzoka Atsimou (S.), « La participation des juridictions constitutionnelles au pouvoir constituant en Afrique », *RFDC*, n° 110, vol.2, 2017, p. 286.

[446] *Décision n° 92/2006 du 18 janvier 2006.*

en Côte d'Ivoire[447], il a expressément refusé de contrôler la constitutionnalité des lois constitutionnelles. Au-delà de ces quelques cas singuliers, il convient de faire le constat de la quasi-généralisation de la consultation des juridictions constitutionnelles pendant les révisions constitutionnelles. On peut en dire autant pour ce qui est des réformes infraconstitutionnelles.

2- Le recours à la juridiction constitutionnelle pour avis pendant les réformes infraconstitutionnelles

Faire allusion aux normes infraconstitutionnelles, c'est aussi admettre que dans l'ordre juridique interne, la Constitution est au-dessus des autres normes juridiques[448]. D'ailleurs, la suprématie juridique constitue l'un des critères qui permettent de la définir au plan formel[449]. En rapport avec la présente étude, il convient de souligner que les juridictions constitutionnelles peuvent être consultées pour avis dans trois hypothèses : la réception des normes d'origine externe, la procédure législative et dans le cadre de la délégation de la fonction législative.

Dans le premier cas, le juge constitutionnel a reçu du constituant, la « *mission de veiller à la régularité de l'entrée des normes non nationales dans l'ordre juridique* »[450]. Pour accomplir cette mission, soit il contrôle la constitutionnalité du traité ou de l'engagement international et rend une décision, soit il émet un avis en cas de saisine. Dès lors, il n'est plus possible d'étudier le droit constitutionnel international en le confinant aux textes constitutionnels. Il apparaît de plus en plus nécessaire de prendre en compte la dimension internationale des prises de position du juge constitutionnel africain[451]. Ainsi que le souligne le doyen **Alain Ondoua**, sur la base des

---

447 *Décision n° 001/SG/CC du 4 novembre 2009.*

448 Ainsi que le souligne le professeur Christian Starck, « *la question de la primauté de la Constitution ne saisit pas le concept constitutionnel comme un tout, mais le met en lumière* ». En effet, le constitutionnalisme contemporain repose sur l'idée de la suprématie de la Constitution sur l'ensemble du dispositif normatif si bien que la validité des autres normes dépend de leur conformité au texte constitutionnel. Voir dans ce sens : Starck (C.), « La suprématie de la Constitution », in *la suprématie de la Constitution*, recueil des cours de l'Académie Internationale de Droit constitutionnel, Casablanca, Les Éditions Toubkal, 1987, p. 18. On peut aussi se référer à : Brami (C.), *la hiérarchie des normes en droit constitutionnel français : Essai d'analyse systémique*. Thèse de doctorat en droit public. Université de Cergy-Pontoise, 2008, p. 3.

449 Brami (C.), *la hiérarchie des normes en droit constitutionnel français : Essai d'analyse systémique*. Thèse doctorat en droit public. Université de Cergy-Pontoise, 2008, p.3.

450 Mathieu (B.), « Les rapports normatifs entre le droit communautaire et le droit national : bilan et incertitudes relatifs aux évolutions récentes de la jurisprudence des juges constitutionnel et administratif français », *RFDC*, n° 72, 2007, p.675.

451 Ondoua (A.), « La jurisprudence internationale des juridictions constitutionnelles des États d'Afrique noire francophone », in Oumarou NAREY (dir.), *la justice constitutionnelle*, Paris, l'harmattan, 2016, p. 295.

prescriptions textuelles « *le juge constitutionnel devrait participer, par son office, au processus d'insertion des normes internationales et communautaires dans les ordres juridiques internes* »[452]. C'est en vertu de cela qu'il est consulté afin d'émettre un avis sur la conformité ou non d'un texte d'origine externe à la loi fondamentale.

La démarche des constituants africains est duale. En effet, le juge constitutionnel africain est consulté lors de l'insertion des traités ou accords internationaux, soit de manière directe, soit alors de manière indirecte. Dans le premier cas, il est question pour le juge d'émettre son avis sur un traité ratifié par le président de la République et approuvé ou non par le parlement. Il s'agit d'une procédure parallèle et non concurrente au contrôle de constitutionnalité. Ainsi, l'autorité qui a le pouvoir de négocier et de ratifier les traités a le choix entre soumettre le texte au juge aux fins de contrôle, et requérir simplement son avis avant toute ratification.

Dans certaines Constitutions, c'est de manière indirecte que la sollicitation de l'avis est consacrée. Il y a recours indirect lorsque le juge constitutionnel émet un avis sur une loi ou une ordonnance autorisant la ratification d'un traité ou d'un accord international. Ainsi, c'est le juge français qui, dans une décision, a validé l'hypothèse d'un tel recours[453]. Dans le texte constitutionnel camerounais, après avoir consacré le contrôle de constitutionnalité des lois et engagements internationaux[454], la Constitution énonce que « *le Conseil constitutionnel donne des avis sur des matières relevant de sa compétence* »[455]. Au rang de ces matières, on peut citer la conformité des traités et engagements internationaux à la Constitution. On peut néanmoins constater que le recours à la juridiction constitutionnelle camerounaise pour avis n'est pas automatique. Sans retenir la même formule, on retrouve la même option dans la quasi-totalité des lois fondamentales africaines de sorte que de plus en plus, on voit accroître des avis relatifs aux textes internationaux.

Le recours au juge constitutionnel le place finalement au cœur de la confrontation entre la loi fondamentale et le droit d'origine externe. Certes, on peut émettre des réserves quant à la portée de ses avis, mais rien n'exclut qu'il utilise ses pouvoirs de consultant pour déclarer une convention internationale inconstitutionnelle. Pour reprendre la terminologie de la professeure **Hélène Tourad** « *le juge constitutionnel est chargé de vérifier que les autorités politiques ne contreviennent pas à l'ordre constitutionnel*

---

452 *Idem.*
453 *Décision n° 78-93 DC du 29 avril 1978 relative à la loi autorisant l'augmentation de la côte part de la France au FMI.*
454 Article 47 alinéa 1 de la Constitution du 18 janvier 1996 modifiée.
455 *Idem.*

national par le biais d'actes internationaux»[456]. Il est arrivé dans certains États africains que ce dernier juge déclare une convention internationale inconstitutionnelle par le biais d'un avis. C'est dire que la consultation des juridictions constitutionnelles pendant la ratification des conventions internationales n'est pas de moindre importance.

Au rang des réformes juridiques visées par la fonction consultative des juridictions constitutionnelles, figure en bonne place, la réforme législative. Si dans la plupart des États d'Afrique noire francophone l'initiative des lois appartient concurremment au président de la République et aux membres du parlement[457], il n'en demeure pas moins que le juge constitutionnel peut aussi être mobilisé soit pour contrôler la constitutionnalité des lois, soit pour donner son avis sur la réforme. Précisément sur le projet ou la proposition de loi. Certaines Constitutions consacrent expressément le recours au juge constitutionnel pour avis. C'est le cas de la Constitution ivoirienne du 8 novembre 2016 qui dispose que : «*Sur saisine du président de la République, les projets de loi peuvent être soumis pour avis au Conseil constitutionnel*» [458] et que : «*Sur saisine du président de l'Assemblée nationale ou sur saisine du président du Sénat, les projets ou propositions de lois peuvent être soumis pour avis au Conseil constitutionnel*»[459].

On peut néanmoins formuler des interrogations sur la typologie de lois dont l'avis du juge constitutionnel est requis. Si le caractère vague conduit à y inclure toute sorte de lois au-delà de la loi ordinaire, la Constitution congolaise énumère de manière limitative les lois concernées par la procédure consultative. On peut ainsi lire que « *la Cour constitutionnelle est saisie pour avis de conformité, avant la promulgation des lois organiques ou la mise en application du règlement intérieur de chaque chambre du parlement*» [460]. Sont donc visées par cette disposition constitutionnelle, essentiellement les lois organiques et les textes de base des assemblées.

Enfin, le recours au juge constitutionnel est envisageable dans le cadre de la législation déléguée. À titre de rappel, on parle de délégation de la fonction législative, lorsque le parlement habilite ou transfère sa compétence législative à l'exécutif à titre temporaire [461]. L'octroi de l'habilitation dépossède ainsi provisoirement l'institution parlementaire de son pouvoir législatif en faveur soit du président de la République, soit du Premier

---

456 Tourad (H.), *l'internationalisation des Constitutions nationales*, Paris, LGDJ, 2000, p. 272.

457 À titre d'illustration, lire l'article 25 de la Constitution camerounaise du 18 janvier 1996.

458 Article 133 de la Constitution du 30 mars 2016.

459 Article 133 de la Constitution du 30 mars 2016.

460 Article 179 de la Constitution du 6 novembre 2015.

461 Tusseau (G.), « La législation déléguée », in Michel Troper et Dominique Chagnollaud (dir.), *Traité international de droit constitutionnel*, Paris, Dalloz, 2012, p. 616.

ministre. En Afrique noire francophone, la législation déléguée est matérialisée par la prise des ordonnances. Dans certains États, l'avis du juge constitutionnel est requis. Au Niger par exemple, la Constitution dispose que « *les ordonnances sont prises en Conseil des ministres après avis de la Cour constitutionnelle* »[462]. On retrouve la même orientation dans d'autres textes constitutionnels[463]. Ce qu'il convient de retenir est qu'en tant que « sage » le juge constitutionnel émet des avis sur la plupart des réformes juridiques qui sont initiées dans les États d'Afrique noire francophone. L'importance de ses avis justifie d'ailleurs l'extension de la consultation en dehors des réformes juridiques.

B- Le recours aux juridictions constitutionnelles en dehors des réformes juridiques

En dehors des réformes juridiques, les organes habilités à saisir le juge constitutionnel pour avis peuvent le faire dans des circonstances plurielles. En recourant à la classification, on peut distinguer la consultation des juridictions constitutionnelles préalablement à la mise en œuvre des pouvoirs de crise (1) et les autres moments de la consultation (2).

1- Le recours aux juridictions constitutionnelles avant la mise en œuvre des pouvoirs de crise

En procédant au bilan d'un demi-siècle du constitutionnalisme en Afrique[464], on peut faire le constat de la récurrence des crises[465]. Les unes sont résolues à partir des ressources constitutionnelles, tandis que les autres sont gérées grâce à des solutions alternatives[466]. Dans tous les cas, il s'avère

---

[462] Article 106 de la Constitution du 25 novembre 2010.

[463] Article 102 de la Constitution béninoise du 11 décembre 1990 ou encore, article 106 de la Constitution ivoirienne du 8 novembre 2016 modifiée.

[464] Kpodar (A.), « Bilan sur un demi-siècle de constitutionnalisme en Afrique noire francophone », *Afrilex*, 2013, pp.1-33.

[465] Tama Ayinda (T-O), *Constitution et crises en Afrique. Réflexions sur l'encadrement constitutionnel des crises dans les États d'Afrique noire francophone*, Thèse de doctorat en droit Public, Université de Yaoundé 2, 2018, p.9.

[466] Dans le nouveau constitutionnalisme africain, l'un des traits caractéristiques des situations de crise est l'essor des normes alternatives et la prévalence des solutions a-constitutionnelles. Cet état de choses est lié au fait que les crises débouchent souvent soit sur l'abrogation de la Constitution, soit sur sa suspension. Aussi, une fois que la loi fondamentale est neutralisée, les belligérants procèdent à l'adoption des normes alternatives à l'instar des accords politiques. Lire utilement : Reyntjens (F.), « La production constitutionnelle en situation de crise : les cas du Rwanda et du Burundi », in Dominique Darbon et Jean Du Bois de Gaudusson (dir.), *la création du en Afrique*, Paris, Kathala, 1997, p .306 ; Mambo (P.), « Les rapports entre la Constitution et les accords politiques dans les États africains : réflexions sur la légalité constitutionnelle en période de crise », *Revue de droit McGill*, vol.57, n° 4, 2012, p. 927 ;

que l'État africain fait constamment face aux crises. C'est la raison pour laquelle, le constituant des États d'Afrique noire francophone a tenu à insérer dans le texte constitutionnel, des dispositions qui symbolisent l'organisation constitutionnelle du temps de crise. Ainsi, dans les Constitutions africaines, la norme et l'exception cohabitent[467]. En d'autres termes, les Constitutions ont prévu « *une légalité ordinaire pour des situations normales, et une légalité dérogatoire du droit commun pour des situations exceptionnelles et anormales* »[468]. Très souvent, c'est le président de la République qui est appelé à exercer les pouvoirs de crise. Il n'est même pas exagéré d'affirmer que pendant les circonstances exceptionnelles, l'organisation constitutionnelle repose sur ce dernier.

Cependant, parce que la Constitution encadre le pouvoir même en temps de crise, les textes constitutionnels africains essaient de cerner le recours aux mesures exceptionnelles. L'encadrement peut d'abord être temporel et consiste à limiter dans le temps, la durée des mesures de crise. Il peut aussi viser le champ matériel des mesures susceptibles d'être mobilisées. On sait par exemple que la révision de la Constitution est interdite pendant qu'il est recouru aux pouvoirs de crise[469]. Enfin, l'encadrement peut viser le contrôle juridictionnel des conditions de déclenchement des mesures d'exception. C'est à ce niveau qu'intervient la fonction consultative des juridictions constitutionnelles.

Certes, en temps de crise, on note un effacement de l'appareil juridictionnel[470], mais, quelles que soient les circonstances, la justice veille au respect du droit. Le juge se retrouve alors dans une situation paradoxale. Dans un premier temps, il convient d'indiquer que « *l'ambiance du temps de crise lui est défavorable* »[471], mais en même temps, il s'érige en : « *censeur*

---

[467] Le Costumier (J-C), « La norme et l'exception. Réflexions sur les rapports du droit avec la réalité », *CRDF*, n° 6, 2007, p.17.

[468] Owona (J.), « L'institutionnalisation de la légalité d'exception en droit public camerounais », *RCD*, n° 6, Juillet-Décembre 1974, p. 105.

[469] Karagiannis (S.), « Les révisions impossibles. L'obstacle temps et les Constitutions ». *RDP*, n° 4, 2002, p.1088.

[470] L'étude de l'organisation constitutionnelle en temps de crise permet de déboucher sur le constat du renforcement de l'exécutif et de l'affaiblissement des autres institutions à l'instar des institutions juridictionnelles. L'effacement de la justice se traduit par sa mise à l'écart en faveur des juridictions militaires. Il peut aussi se traduire par la restriction de son champ de compétence ou par la suppression des juridictions dans l'hypothèse où la crise débouche sur l'abrogation de la Constitution et l'instauration d'un régime de fait. Sur la justice en temps de crise, lire utilement : Leroy (P.), *l'organisation constitutionnelle et les crises*, Paris, LGDJ, 1966, p. 115 ; Jacquinot (N.), « Le juge administratif et le juge constitutionnel face à l'état d'urgence », in *Renouveau du droit constitutionnel, mélange en l'honneur de Louis Favoreu*, Paris, Dalloz, 2007, p.731.

[471] Leroy (P.), *l'organisation constitutionnelle et les crises*, *op. cit.* p. 115.

des initiatives d'organes étatiques»[472]. C'est un peu la situation des juridictions constitutionnelles africaines en temps de crise. En renforçant les prérogatives présidentielles en matière de crise, les Constitutions ont confiné lesdites juridictions à l'émission des avis avant le déclenchement des mesures par le chef de l'État. Il faut aussi préciser que certaines lois fondamentales excluent complètement le rôle des juridictions constitutionnelles. On peut citer dans ce sens les cas du Cameroun[473] et du Congo[474] où l'on note l'absence de recours à la consultation.

On note aussi la variabilité de l'organe consulté selon que le président de la République recourt au président de la juridiction constitutionnelle ou à la juridiction prise dans son ensemble. Dans le premier cas, la Constitution béninoise du 11 décembre 1990, après avoir indiqué les conditions de déclenchement des mesures de crise ajoute que « *le président de la République, après consultation du président de l'Assemblée nationale et du président de la Cour constitutionnelle, prend en conseil des ministres les mesures exceptionnelles exigées par les circonstances sans que les droits des citoyens garantis par la Constitution soient suspendus* »[475]. C'est aussi ce qui est retenu par la Constitution centrafricaine[476], la Constitution ivoirienne[477] et nigérienne[478].

Dans d'autres États,ainsi que cela a été souligné, c'est la juridiction constitutionnelle prise dans sa globalité qui est sollicitée par l'institution présidentielle. Dans la Constitution du Burkina Faso, « *(...) le président du Faso prend, après délibération en Conseil de ministres, après consultation officielle des présidents du Sénat, de l'Assemblée nationale et du Conseil constitutionnel* »[479]. C'est aussi ce qui est retenu au Gabon[480], au Mali[481] et au Niger[482]. Loin de mettre un accent sur la portée des avis des juridictions constitutionnelles, on peut affirmer dans le cas d'espèce que la consultation est obligatoire. Le constituant a rendu obligatoire le recours à la consultation pour démocratiser les mesures prises par le président de la République et attester de ce que même pendant les circonstances exceptionnelles, l'institution présidentielle n'est pas affranchie de tout contrôle et du respect de la légalité. En tant que bouche de la Constitution, ce dernier peut vérifier

---

[472] *Ibid.* p. 117.
[473] Lire l'article 9 de la Constitution du 18 janvier 1996.
[474] Lire l'article 93 de la Constitution du 6 novembre 2015.
[475] Article 68 de la Constitution du 11 décembre 1990.
[476] Article 44 de la Constitution du 30 mars 2016.
[477] Article 73 de la Constitution du 8 novembre 2016.
[478] Article 67 de la Constitution du 25 novembre 2010.
[479] Article 59 de la Constitution du 11 juin 1991 modifiée.
[480] Article 26 de la Constitution du 21 mars 1991.
[481] Article 50 de la Constitution du 27 février 1992.
[482] Article 67 de la Constitution du 25 novembre 2010.

si les conditions définies par la loi fondamentale pour la mise en œuvre des pouvoirs de crise sont réunies. C'est aussi en vertu de sa posture d'interprète de la Constitution que ce dernier est saisi dans des cas diversifiés.

2- Les autres moments prévus pour la consultation

Trois principaux moments vont retenir l'attention de la présente étude : dans les deux premiers cas, le juge constitutionnel émet des avis en tant que régulateur constitutionnel. Le premier moment de la consultation est relatif à la dissolution des assemblées parlementaires, le deuxième concerne les mesures disciplinaires du président de la République à l'encontre des autorités décentralisées et le troisième est lié à des questions diverses et variées. Dans les deux premiers cas, ce sont des exemples singuliers qu'il convient de présenter à partir du Cameroun et de la République centrafricaine. Relativement à la dissolution, celle-ci peut être définie comme la procédure ayant pour objet de mettre fin, par l'organisation d'élections anticipées, aux pouvoirs d'une assemblée avant l'expiration normale de son mandat[483]. En tant qu'élément clé du régime parlementaire, la dissolution présente quatre déclinaisons. C'est ainsi qu'on distingue généralement la dissolution défensive par opposition à celle qui est offensive[484], la dissolution stratégique et la dissolution rupture. Quelle que soit la modalité retenue, l'objectif est la cessation anticipée du mandat parlementaire.

Dans les États d'Afrique noire francophone, le recours au pouvoir de dissolution par le président de la République fait l'objet d'un encadrement rigoureux afin de limiter son usage abusif. Aussi, au-delà de l'encadrement temporel, il convient de souligner que le chef de l'exécutif est tenu de consulter certaines institutions. Cependant, les options sont variables entre les Constitutions, car la grande majorité limite la consultation aux organes politiques avant toute dissolution[485]. Par contre, dans le texte constitutionnel du 30 mars 2016, au-delà de ces organes, le président de la Cour constitutionnelle est consulté. C'est du moins ce qui ressort du texte centrafricain qui dispose que « *Le président de la République peut, après consultation du Conseil des ministres, du bureau de l'Assemblée nationale, du bureau du Sénat et du président de la Cour constitutionnelle, prononcer la dissolution de l'Assemblée nationale (...)* »[486]. On peut donc le constater,

---

[483] Le Divellec (A.) et De Villiers (M), *Dictionnaire du droit constitutionnel, op. cit.* p. 132.
[484] Belibi (R-R.*), les rapports entre l'exécutif et le législatif depuis la réforme constitutionnelle du 23 avril 1991 au Cameroun*, mémoire de DEA en droit public, Université de Yaoundé ii, 2001.p. 28.
[485] Lire dans ce sens, l'article 8 alinéa 12 de la Constitution camerounaise du 18 janvier 1996.
[486] Article 46 de la Constitution du 30 mars 2016.

dans le cas centrafricain, l'avis du juge constitutionnel est requis avant toute dissolution.

L'autre cas singulier est celui du Cameroun et vise le pouvoir disciplinaire du président de la République à l'égard des organes régionaux. Il convient de rappeler que, l'opération constituante du 18 janvier 1996 a abouti à la constitutionnalisation de la décentralisation. Cependant, l'exaltation des politiques de décentralisation [487] est allée de pair avec l'institution de la tutelle. C'est sur la base de cette tutelle que le chef de l'État s'est vu doter du pouvoir d'infliger des sanctions aux autorités régionales par la Constitution[488]. Le texte constitutionnel du 18 janvier 1996 dispose dans un premier sens que « *le Conseil régional peut être dissout par le président de la République après avis du Conseil constitutionnel dans tous les cas prévus à l'alinéa 1 ci-dessus* »[489]. Le même texte énonce que « *le président et son bureau du Conseil régional peuvent être destitués par le président de la République, après avis du Conseil constitutionnel (...)* »[490]. Le recours à la consultation n'est pas à négliger, car il a pour but de favoriser l'acceptabilité et par extension, la légitimité de la sanction présidentielle en direction des autorités régionales.

Sur la base de ces deux dispositions constitutionnelles, deux commentaires méritent d'être faits. Le premier est consécutif à la consultation du Conseil Constitutionnel par l'institution présidentielle. Il s'agit là d'une condition de forme à la mobilisation du pouvoir disciplinaire contre les autorités locales. On peut d'ailleurs parler d'une consultation obligatoire[491]. Le second constat est celui de l'encadrement minimal de la tutelle. À travers la consultation de la juridiction constitutionnelle, on peut y voir, le souci de limiter le recours à des sanctions abusives. Faut-il le rappeler, en droit de la décentralisation, la tutelle désigne le contrôle de l'État sur les collectivités territoriales décentralisées[492]. Celle-ci au-delà de sa nécessité doit être conciliée à la libre administration des collectivités

---

[487] Cabanis (A) et Martin (M. L), « Décentralisation et pouvoirs locaux dans les constitutions d'Afrique francophone », *Politeia*, n° 6, 2004, p. 77.

[488] Sur la tutelle en matière de décentralisation, lire : Richer (L), « La notion de tutelle sur les personnes en droit administratif, *RDP*, 1979, p. 977 ; Guimdo Dongmo (B.R) ; « L'emprise de l'État sur l'exécutif communal au Cameroun. Regard sur la dynamique des rapports entre l'administration d'État et l'administration communale au Cameroun », *LEX LATA,* n° 021, 1995, p. 9 ; Monembou (C), « Les paradoxes de la décentralisation camerounaise : De la décentralisation à la recentralisation », *RADSP*, vol I, n° 1, jan — juin 2013, p. 162.

[489] Article 59 alinéa 2 de la Constitution du 18 janvier 1996 modifiée.

[490] Article 60 alinéa 2 de la Constitution du 18 janvier 1996 modifiée.

[491] Rouault (M-C), *Droit administratif et Institutions administratives*, 2e éd., Bruxelles, Paradigmes, 2014, p. 182.

[492] Sy (D.), *Droit administratif*, 2e éd. Dakar, L'Harmattan, 2014, p. 175.

locales[493]. La consultation du juge constitutionnel peut être interprétée comme la volonté de limiter l'arbitraire du pouvoir central.

En dehors de ces deux exemples singuliers, le juge constitutionnel peut être consulté sur toutes questions relevant de sa compétence. Aussi, les cas de consultation peuvent être répertoriés dans le domaine électoral, dans les cas des conflits entre pouvoirs publics ou encore dans le fonctionnement interne des pouvoirs publics. Dans toutes ces hypothèses, son avis est indispensable et il se prononce en tant que bouche de la Constitution.

Les précédents développements ont permis de constater que le moment de la saisine des juridictions constitutionnelles pour avis est pluriel. En effet, autant celles-ci peuvent être saisies pendant les réformes juridiques, autant elles peuvent être consultées en dehors des réformes juridiques. Dans tous les cas, le moment de la consultation est clairement déterminé d'ailleurs, celle-ci ou du moins sa procédure fait l'objet dans les États africains d'un encadrement temporel.

Paragraphe 2 : L'encadrement temporel de la procédure de la consultation

La prise en compte du temps dans la procédure consultative n'est pas anodine. En effet, il permet d'encadrer son travail pour éviter que le procès constitutionnel ne s'enlise, l'objectif étant de faire en sorte que le juge se prononce toujours dans un délai raisonnable. Aussi, il convient d'analyser le délai pour statuer selon la procédure normale (A) et selon la procédure d'urgence (B).

A- Le délai pour statuer dans la procédure normale

Les textes qui régissent les juridictions constitutionnelles ne sont pas muets au sujet des délais pour statuer en matière compte tenu du fait que le temps permet d'encadrer l'office du juge constitutionnel. Si les délais font l'objet d'une généralisation avec les autres fonctions (1), il convient de souligner que le principe est celui de l'obligation de statuer dans les délais aussi bien en matière contentieuse que dans le cadre de la fonction consultative (2).

---

[493] *Ibid.* p. 176.

1- La généralisation de la prise en compte des délais pour statuer

En droit constitutionnel, l'idée de donner du temps de réflexion aux pouvoirs publics constitutionnels fait partie des préoccupations majeures du constituant. Pour éviter des manœuvres de retardement et la paralysie des institutions, le constituant va aménager le temps. La prise en compte du facteur temporel permet ainsi d'encadrer l'activité des pouvoirs publics en vue d'assurer leur fonctionnement harmonieux. En rapport avec l'office du juge constitutionnel, on peut affirmer que « *le temps est consubstantiel au procès. Il en constitue une donnée majeure pour l'ensemble de ses acteurs ainsi que pour les professionnels du droit et l'opinion publique* »[494]. Cela est d'autant vrai que le temps contentieux est susceptible d'être instrumentalisé. Tout au plus, l'encadrement temporel de l'office du juge constitutionnel témoigne de la volonté des constituants de ne pas faire des juridictions constitutionnelles, de simples chambres de retardement[495]. En vertu de l'importance de ses avis, le juge est tenu d'exercer sa fonction avec une certaine rapidité afin de permettre une action tout aussi rapide de la part de l'organe qui le consulte.

Compte tenu de l'importance de la fonction consultative des juridictions constitutionnelles et de l'avis du juge constitutionnel, les textes ont fixé un délai normal pour statuer. Pour mieux cerner le délai normal, il faut considérer le fait que dans l'office des juridictions constitutionnelles africaines, deux procédures sont prises en compte. La procédure normale correspond à celle qui est dite ordinaire, celle pendant laquelle le juge constitutionnel travaille sereinement sur la base des délais fixés par la Constitution. Ici, il est nécessaire d'émettre un avis dans les délais raisonnables sans accélérer le travail de la juridiction. En revanche, la procédure d'urgence qui sera étudiée dans une autre articulation induit une accélération du travail du juge constitutionnel. À bien y regarder, on note une harmonisation des délais de la consultation et de la fonction contentieuse des juridictions en question. Ce qui revient aussi à dire que la procédure de la consultation n'est pas vraiment différente de celle du contrôle de constitutionnalité des lois, puisque les délais pour statuer sont quasiment les mêmes.

Dans les Constitutions d'États d'Afrique noire francophone, on note néanmoins une variabilité des délais pour statuer. Certains États optent pour un allongement des délais en question. C'est le cas de la Constitution guinéenne qui dispose que « *la Cour constitutionnelle statue dans le délai d'un mois selon une procédure dont les modalités sont fixées par une loi*

494 Ciaudo (A.), « La maîtrise du temps en droit processuel », *op. cit.* p. 23.

495 Poullain (B.), *la pratique française de la justice constitutionnelle*, Aix-en-Provence et Paris, PUAM — ECONOMICA, 1990, p. 56.

organique » [496]. C'est également le délai qui est prévu par les textes constitutionnels du Congo[497], du Gabon[498], du Mali[499] et de Djibouti[500]. Peut-on dire que le délai d'un mois soit raisonnable pour permettre au juge constitutionnel d'émettre un avis ? À notre sens, ce délai est compréhensible. La complexité des questions constitutionnelles justifie un allongement de leur examen dans un délai de trente jours, le temps pour le juge de se faire une opinion sur la question qui lui est posée. Si l'on peut avoir le sentiment de la brièveté des délais, cela est tout aussi compréhensible, car le recours à la consultation précède très souvent l'édiction d'un acte de la part de l'organe consultant. Un enlisement de la procédure serait de nature à entraver ou à retarder l'exercice des compétences de l'organe qui a saisi la juridiction constitutionnelle pour avis.

Dans la seconde catégorie, c'est un délai de quinze jours qui est consacré par les textes constitutionnels africains. On peut ainsi lire dans la Constitution camerounaise que « *dans tous les cas de saisine, le Conseil constitutionnel statue dans un délai de quinze (15) jours* »[501]. C'est aussi le délai qui est retenu dans la Constitution béninoise du 11 décembre 1990[502] et dans la Constitution du Niger[503]. À l'analyse, on peut se demander si ce délai est raisonnable pour émettre un avis ou rendre une décision. Le sentiment qu'on peut avoir est plutôt que le temps de réflexion correspond beaucoup plus à la procédure d'urgence. Il en ressort que dans les États en question, le juge constitutionnel travaille en permanence dans l'urgence du fait de la brièveté des délais. Toutefois, cette brièveté du temps de réflexion n'impacte pas toujours sur la qualité de ses décisions, car finalement c'est dans ces États que le juge s'est beaucoup démarqué par des avis de qualité.

Deux tendances se dégagent donc dans la détermination du délai réservé aux juridictions constitutionnelles pour statuer en cas de consultation. La première est celle de l'allongement des délais et la seconde est celle de l'abrègement du temps de la consultation. Dans les deux cas, un double constat est susceptible d'être fait, la prise en compte du temps dans la procédure normale et la brièveté des délais dans l'office du juge constitutionnel. L'organe qui saisit le juge constitutionnel peut donc déterminer à l'avance, la période pendant laquelle elle lui donnera son avis, car est prescrite, l'obligation de statuer dans les délais.

---

[496] Article 96 de la Constitution.
[497] Article 179 de la Constitution du 6 novembre 2015.
[498] Article 85 de la Constitution du 21 mars 1991.
[499] Article 89 de la Constitution du 27 février 1992.
[500] Article 79 de la Constitution du 4 septembre 1992.
[501] Article 49 de la Constitution du 18 janvier 1996 modifiée.
[502] Article 120 de la Constitution du 11 décembre 1990.
[503] Article 131 de la Constitution du 25 novembre 2010.

2- L'obligation de statuer dans les délais

La durée est une composante essentielle de toute procédure juridictionnelle[504]. Que le juge soit dans l'exercice de ses fonctions contentieuses ou dans le cadre de sa fonction consultative, il existe un délai impératif au terme duquel il est censé se prononcer sur la question de droit. À l'époque contemporaine, il est admis que la justice, prise dans sa globalité, doit toujours statuer dans un délai raisonnable. Elle ne doit ni se précipiter ni s'éterniser à statuer sur une seule et même question. C'est dire que le juge ne peut pas prendre tout son temps dans l'exercice de ses fonctions. C'est la raison pour laquelle les textes qui régissent les juridictions constitutionnelles dans les États d'Afrique noire francophone obligent celles-ci à statuer dans les délais prescrits par la Constitution et les lois organiques.

L'obligation ainsi formulée a une double dimension positive et négative. Dans le premier cas, il y a prescription du respect des délais par le juge. Concrètement, le juge constitutionnel qui est saisi aux fins de consultation a l'obligation de le faire suivant le timing qui est fixé par le droit. On note ainsi une temporalité procédurale[505] à laquelle obligation est faite aux juridictions constitutionnelles de se conformer. Cela est consécutif au fait que « *le délibéré ne doit pas être démesurément long puisque toute décision de justice doit être rendue dans un délai raisonnable* »[506]. Il en est de même en matière consultative puisque le juge est généralement consulté avant l'édiction par les organes consultants d'un acte précis. L'enlisement de la procédure ou du moins, son allongement aurait ainsi l'inconvénient de paralyser l'initiative de l'organe qui l'a consulté. Dans l'hypothèse où il serait saisi avant la mise en œuvre des pouvoirs de crise, le retard observé par le juge constitutionnel peut avoir une incidence sur l'aggravation de la crise. C'est dire que l'encadrement temporel de la procédure et le respect de la temporalité procédurale ont pour but d'obliger les juridictions constitutionnelles à se prononcer dans un délai raisonnable.

La dimension négative de cette obligation repose sur l'interdiction du dépassement des délais[507]. Il y a dépassement des délais lorsque le juge constitutionnel statue au-delà de la durée prévue par les textes dans le cadre de sa fonction contentieuse ou consultative. S'il est admis que les délais sont toujours respectés par le juge constitutionnel[508], c'est simplement parce que

---

[504] Magendie (J-C), *Célérité et qualité de la justice*, rapport au garde des Sceaux, ministre de la Justice, Paris, la documentation française, 2004, p. 19.
[505] Sénac (C-E), *l'office du juge constitutionnel. Étude du contrôle de constitutionnalité par les juridictions françaises*, Paris, LGDJ, 2015, p. 165.
[506] Magendie (J-C), *Célérité et qualité de la justice*, *op. cit.* p. 99.
[507] Sénac (C-E), *l'office du juge constitutionnel. Étude du contrôle de constitutionnalité par les juridictions françaises, op. cit. p. 209.*
[508] Jan (P.), *le procès constitutionnel*, *op. cit.* p. 177.

ceux-ci ont un caractère impératif. Il ne s'agit aucunement des délais indicatifs. Dans son office, le juge est donc tenu de statuer dans la marge qui lui est donnée par les textes, ne peut aller au-delà. Cela est consécutif au fait que « *la durée maximale de la procédure a été gravée dans le marbre constitutionnel* »[509] aussi, le fait pour le juge constitutionnel de statuer dans les délais prescrits peut être interprété comme une révérence de ce dernier à l'égard de la loi fondamentale. On peut néanmoins s'interroger sur l'éventualité d'un dépassement des délais par ce dernier puisque les textes sont muets à ce sujet.

Le dépassement des délais requis par les textes peut être considéré comme « *une violation de la Constitution* »[510] par le juge constitutionnel. La Constitution est à la fois une règle de fond et une règle de procédure. Le fait de violer la procédure qu'elle prescrit et les délais qu'elle prévoit peut être assimilé à une transgression de la loi fondamentale[511]. Certes, la Constitution et les lois organiques n'aménagent en la matière aucune sanction à l'endroit du juge constitutionnel, mais que le dépassement des délais par ce dernier est synonyme de violation du texte constitutionnel. On comprend dès lors pourquoi l'exercice des fonctions dévolues par la Constitution au-delà des délais prescrits est proscrit. Le juge constitutionnel ne devrait pas être le premier à violer la Constitution puisqu'il en est le garant. En principe, sa fidélité au texte constitutionnel doit être absolue pour renforcer la suprématie constitutionnelle.

Par ailleurs, le non-respect des délais peut entacher la légitimité du juge constitutionnel[512] ou des actes qu'il produit dans l'exercice de ses fonctions. L'hypothèse d'une contestation des décisions et avis est dès lors envisageable. Les différents destinataires de ses actes peuvent se fonder sur le fait qu'il a dépassé les délais et n'était plus fondé à statuer. Ils peuvent aussi s'appuyer sur le fait qu'il a dépassé les délais pour gagner du temps et favoriser l'une des parties au procès constitutionnel ou neutraliser l'action

---

[509] Sénac (C-E), *l'office du juge constitutionnel. Étude du contrôle de constitutionnalité par les juridictions françaises, op. cit.* p. 209.

[510] Il convient toutefois de souligner que la « violation de la Constitution » n'est pas considérée ici dans sa dimension contentieuse. En effet, la conception contentieuse de la « violation de la Constitution » est celle qui considère que la transgression de la Constitution n'est envisageable que lorsqu'elle est constatée par le juge dans le cadre du contrôle de constitutionnalité des lois. Il s'agit d'une conception restrictive de la violation de la Constitution en ce sens qu'elle la réduit aux hypothèses dénichées par le juge constitutionnel dans le cadre du contrôle de constitutionnalité des lois. Voir : Savonito (F.), *les discours constitutionnels sur la violation de la Constitution sous la Ve République*, Paris, LGDJ, 2013, p. 9.

[511] Denquin (J-M), « Sur le respect de la Constitution », *in les 50 ans de la Constitution*, Paris, Litec, 2008, p.119.

[512] Sur la légitimité du juge constitutionnel en Afrique, lire utilement : Diallo (I.), « La légitimité du juge constitutionnel africain », *Revue Cames*, vol.1, n° 1, 2015, pp.149-175.

des pouvoirs publics. Le non-respect des délais est susceptible de générer une suspicion à l'endroit de la juridiction constitutionnelle. Cette suspicion peut finalement déboucher sur la contestation de sa légitimité.

Pour tout dire, la temporalité procédurale de la fonction consultative est identique à celle des autres fonctions. Elle a un caractère impératif et oblige le juge constitutionnel à ne pas prendre tout son temps pour émettre un avis. Une fois qu'il est consulté par l'un des organes sus évoqués, son action devient encadrée par le temps et au terme du délai indiqué par les textes, il doit pouvoir se prononcer. Cette exigence du respect des délais est envisageable aussi bien dans le cadre de la procédure normale qu'en ce qui concerne la procédure d'urgence.

B- Le délai pour statuer dans la procédure d'urgence

L'analyse des crises susceptibles d'affecter l'État permet d'identifier au-delà des circonstances exceptionnelles, les crises dans le fonctionnement régulier des pouvoirs publics. Celles-ci participent de ce que le professeur **Olivier Gohin** appelle *« urgence normale d'adaptation »*[513]. Le principal trait caractéristique de cette typologie de situations est qu'elle débouche sur l'accélération des procédures de travail des pouvoirs publics. Ainsi, dans l'activité parlementaire, les Constitutions contemporaines aménagent, presque toutes, la procédure législative d'urgence[514]. En la matière, l'accélération de la procédure se traduit par l'abrègement ou le raccourcissement des délais pour statuer.

L'urgence est prise en compte dans l'office du juge constitutionnel[515]. Cela se comprend aisément dans la mesure où la célérité de la procédure fait partie des critères d'une justice de qualité[516]. Dans un raisonnement à *contrario*, on dira que la lenteur fait partie des principaux défauts de la justice. C'est la raison pour laquelle, de plus en plus, la justice court après le temps. Ainsi que le souligne le professeur **Philippe Thery** *« l'urgence ne serait plus seulement une contrainte extérieure à la justice, mais une de ses composantes »*[517]. En d'autres termes, l'urgence doit absolument être intégrée dans l'office du juge en général et des juridictions constitutionnelles en particulier. Le juge constitutionnel travaille ainsi en fonction des

---

513 Gohin (O.), « La Constitution de 1958 et l'urgence », *Communication au Ve Congrès international de droit constitutionnel, Athènes, 11-15 juin 2007*, pp. 1-12. p. 3.
514 Fuchs (O.), « La procédure législative d'urgence », *RDP*, n° 3, 2009, p. 3.
515 Berthier (L.), *la qualité de la justice*, Thèse de doctorat en droit public, Université de Limoges, 2011, p. 254.
516 Ciaudo (A.), « La maîtrise du temps en droit processuel », *op. cit.* p. 34.
517 Thery (F.), « La justice entre l'exigence de la durée et la contrainte de l'urgence », *droits*, n° 30, 2000, p.90.

circonstances et de l'atmosphère sociopolitique. Autant il peut exercer ses fonctions en toute sérénité, autant l'urgence peut le pousser à accélérer la procédure de manière à apporter une réponse rapide à la demande des pouvoirs publics.

D'un point de vue théorique, l'urgence peut être analysée par opposition à la procédure normale, c'est-à-dire la procédure au cours de laquelle le respect des règles s'impose de manière intégrale parce qu'on dispose du temps nécessaire pour exercer une fonction [518]. Pendant la procédure d'urgence, le juge constitutionnel ne peut plus prendre son temps, puisque celui-ci fait l'objet de raccourcissement[519]. Il est alors tenu de faire preuve de diligence au moment d'émettre un avis afin d'éviter l'enlisement de la situation ou la paralysie des institutions. Ainsi le respect et le raccourcissement des délais priment sur les autres considérations dans l'office du juge constitutionnel.

En Afrique noire francophone, la nécessité de vite obtenir l'avis du juge constitutionnel a conduit les constituants à consacrer des délais d'urgence. Cependant, dans la procédure normale, on note une variabilité des délais pour statuer lorsque l'urgence est signalée. Aussi, il convient d'indiquer que trois tendances se dégagent : la première tendance est celle qui abrège les délais à dix jours. C'est le cas de la Constitution congolaise qui dispose que « *toutefois, à la demande du requérant, ce délai peut être ramené à dix jours s'il y a urgence* »[520]. On peut ainsi faire le constat d'un abrègement drastique des délais pour statuer. Dans une telle situation, le juge est forcément tenu d'émettre son avis avec célérité.

La deuxième tendance qui est majoritaire est celle qui retient le délai de huit jours. Dans la Constitution camerounaise du 18 janvier 1996, on peut lire que « *toutefois, à la demande du président de la République, ce délai peut être ramené à huit jours* »[521]. C'est également le délai qui est retenu au Bénin[522], mais à la demande du gouvernement. C'est aussi le cas en Guinée[523], à Djibouti[524] et au Gabon[525]. Une fois de plus, l'abrègement des

[518] Montgolfier (J-F), « L'urgence et le Conseil constitutionnel », *NCCC*, n° 54, 2017, p. 31.
[519] La principale conséquence de l'évocation de l'urgence est l'accélération de la procédure par le juge constitutionnel. Le raccourcissement des délais pour statuer fait que le juge ne peut plus prendre tout son temps, il est tenu au respect des barrières temporelles que lui impose le dispositif normatif.
[520] Article 179 de la Constitution du 6 novembre 2015.
[521] Article 49 de la Constitution du 18 janvier 1996 modifiée.
[522] Article 120 de la Constitution du 11 décembre 1990.
[523] Article 96 de la Constitution.
[524] Article 79 de la Constitution du 4 septembre 1992.
[525] Article 86 de la Constitution du 21 mars 1991.

délais traduit la volonté du constituant d'accélérer l'office du juge constitutionnel afin de lui permettre de s'adapter à l'urgence.

Dans la troisième tendance, la déclaration de l'urgence entraîne un raccourcissement des délais à cinq jours. C'est l'orientation qui est retenue par la loi fondamentale nigérienne. Celle-ci énonce explicitement qu'« *en cas d'urgence et à la demande du gouvernement, ce délai est ramené à cinq jours* »[526]. Malgré la variabilité des délais, le point commun des textes constitutionnels des États d'Afrique noire francophone est qu'ils procèdent tous à l'accélération de la procédure d'urgence du fait du raccourcissement des délais impartis aux juridictions constitutionnelles pour statuer et émettre des avis. La question qu'on peut se poser est de savoir qui a compétence pour apprécier l'urgence ?[527] En d'autres termes, le juge constitutionnel est automatiquement tenu d'abréger son temps de travail une fois que le gouvernement déclare l'urgence ou alors peut-il apprécier la réalité de l'urgence ? La conclusion qui est susceptible d'être tirée est que l'urgence est constatée, appréciée et soulevée par le gouvernement. Il s'agit en fait d'un moyen dont dispose l'institution gouvernementale pour raccourcir les délais. Il faut d'ailleurs souligner que si la solution inverse était retenue, cette disposition perdrait sa portée aux yeux du gouvernement dans la mesure où la maîtrise du timing du travail serait l'apanage des juridictions constitutionnelles et des situations d'enlisement ne seraient pas à exclure. Cette constitutionnalisation de l'urgence témoigne de la prise en compte du temps dans l'aménagement de la procédure de la consultation et facilite le déroulement de la consultation.

Section 2 : le déroulement de la procédure

Dans l'office du juge constitutionnel, la procédure de la consultation n'est pas fondamentalement différente de l'activité contentieuse. Deux étapes permettent de rendre compte du contenu de la procédure à savoir le déclenchement (P1) et son dénouement (P2).

Paragraphe 1 : le déclenchement et la poursuite de la procédure

En matière de consultation, la saisine peut être considérée comme l'élément déclencheur de la procédure (A), tandis que celle-ci se poursuit à travers les délibérations des membres desdites juridictions (B).

---

[526] Article 132 de la Constitution du 25 novembre 2010.

[527] Poullain (B.), *la pratique française de la justice constitutionnelle, op. cit.* p. 54.

A- La saisine des juridictions constitutionnelles

On peut définir la saisine comme l'acte par lequel une autorité, un organe ou une personne adresse un recours à une juridiction. À partir du moment où les organes habilités à la saisir et le moment de la saisine sont identifiés, la question qui se pose est celle de la nature, de la forme et des caractères de la saisine. Cela permet d'analyser la démarcation du procès constitutionnel par rapport au procès ordinaire. Il convient d'analyser respectivement la forme de la saisine (1) et ses caractères (2).

1- La forme de la saisine

En procédant à l'encadrement de la saisine, le dispositif normatif qui régit les juridictions constitutionnelles africaines a tenu à mettre un accent particulier sur sa forme. Ce qui revient à admettre que la forme de la saisine n'est pas aléatoire. Aussi, en ce qui concerne la présentation de la saisine ou de l *'instrumentum*[528], la saisine est écrite et signée. La loi organique qui régit la Cour constitutionnelle du Congo dispose que «*pour saisir la Cour, il est nécessaire de déposer une requête motivée, écrite et signée du requérant ou de l'ensemble des requérants*»[529]. Dans la loi qui régit l'organisation du Conseil constitutionnel camerounais, on peut lire que les organes habilités à intenter un recours «*peuvent saisir le Conseil constitutionnel par simple requête datée et signée du requérant (...)*»[530]. Dans le règlement intérieur qui régit la Cour constitutionnelle du Gabon[531], le principe est aussi celui de la procédure écrite.

L'option pour une saisine écrite permet d'assurer la traçabilité de l'acte de saisine. C'est généralement par une lettre datée et signée que les organes habilités à consulter le juge constitutionnel le saisissent. L'exigence de la signature permet d'authentifier l'identité de l'organe consultant qui n'est personne d'autre que l'auteur de la saisine. Sur la base de ces précisions, on peut en déduire que le défaut de signature constitue une cause d'irrecevabilité du recours. Dans le même ordre d'idées, une saisine orale ne pourra prospérer étant entendu que les textes ont explicitement consacré la forme écrite de la saisine.

La requête peut être unique tout comme elle peut être plurielle. En fait, tout est fonction de l'organe qui saisit la juridiction constitutionnelle. Dans le premier cas, la lettre est unique soit parce qu'elle est signée par une seule

---

[528] Verpeaux (M.), *Contentieux constitutionnel, op. cit.* p. 98.

[529] Article 42 de la loi organique sur la Cour constitutionnelle du Congo.

[530] Article 19 alinéa 1 de la loi de 2004 révisée en 2012 portant organisation et fonctionnement du Conseil Constitutionnel.

[531] Article 37 du Règlement intérieur de la Cour constitutionnelle du Gabon.

autorité, soit parce qu'elle regroupe le nombre de signatures requises lorsqu'il s'agit d'une saisine collective. C'est dire que l'unicité de la requête peut traduire soit la dimension individuelle de la requête lorsque le juge est saisi ; soit elle révèle une conjonction d'actions d'un groupe de parlementaires visant à consulter le juge constitutionnel pour avis. Dans la seconde hypothèse, la pluralité de lettres qui portent sur la requête doit avoir un même objet[532] d'ailleurs, dans la loi régissant le Conseil constitutionnel camerounais, il est mentionné que « *cette requête doit être motivée et comporter un exposé des moyens de faits et de droits qui la fondent* »[533]. On comprend pourquoi dans le cadre de la saisine, c'est par le biais d'une lettre qui fait office de requête que les organes consultants saisissent la juridiction constitutionnelle. On peut aussi affirmer dans un raisonnement *a contrario* que la saisine orale ou tout autre procédé sont exclus. Les textes optent tous pour la forme écrite.

Au-delà de la forme écrite, la requête doit être signée par l'organe qui consulte le juge constitutionnel africain. Le règlement intérieur du Conseil constitutionnel du Burkina Faso énonce que « *la requête est adressée au président du Conseil constitutionnel et doit contenir à peine d'irrecevabilité, les noms, prénoms, adresses et qualités du ou des requérants (...) elle doit être signée de son auteur ou de son conseil ou mandataire* »[534]. La signature de la requête est aussi retenue au Cameroun[535]. Deux remarques méritent d'être faites à la suite de cette disposition règlementaire : *primo*, l'absence de signature est une cause d'irrecevabilité de la requête. *Secundo*, la signature de la requête peut se faire alternativement par deux organes à savoir le saisissant et son conseil ou mandataire.

Dans le cadre de la procédure devant la juridiction constitutionnelle. Comme que le souligne le professeur **Michel Verpeaux**, la signature « *a surtout un caractère irrémédiable et indivisible qui interdit tout retour en arrière ou tout désistement* »[536], par conséquent « *les requérants ne peuvent pas invoquer l'erreur de jugement ou le remords tardif* »[537].

Toujours en ce qui concerne la forme, la requête doit être motivée. La motivation de la saisine est exigée par les textes qui régissent les juridictions constitutionnelles et indique les raisons de droit et de fait qui ont conduit à la consultation. Il s'agit d'une exigence inspirée de la procédure administrative

---

[532]Article 37 du Règlement intérieur de la Cour constitutionnelle du Gabon.

[533] Article 19 alinéa 1 de la loi de 2004 révisée en 2012 portant organisation et fonctionnement du Conseil constitutionnel.

[534] Article 47 du Règlement intérieur du Conseil constitutionnel.

[535] Article 19 alinéa 1 de la loi de 2004 révisée en 2012 portant organisation et fonctionnement du Conseil constitutionnel.

[536] Verpeaux (M.), *Contentieux constitutionnel, op. cit.* p. 99.

[537] *Idem.*

contentieuse. En fin de compte, la forme de la saisine est connue dans les États d'Afrique noire francophone. Elle doit être écrite, signée et motivée. C'est à partir de cette forme qu'on peut mieux cerner ses caractères.

2- Les caractères et modes de la saisine

Les textes qui régissent les juridictions constitutionnelles africaines posent le principe de la gratuité de la saisine. Le règlement intérieur du Conseil constitutionnel burkinabé dispose que « *la procédure devant le Conseil constitutionnel est gratuite (...)* »[538]. La loi régissant l'organisation et le fonctionnement du Conseil constitutionnel camerounais pose aussi ce principe[539]. Ce principe ainsi posé trouve son terrain d'application en matière de mise en œuvre de la fonction consultative.

En droit processuel, la gratuité du service public de la justice fait partie des principes directeurs de l'organisation juridictionnelle. Elle signifie que les juges ne sont pas rémunérés par les justiciables, mais par l'État. En d'autres termes, s'il est admis que la justice est rendue au nom du peuple, il revient à l'État de financer son fonctionnement. La conséquence de ce principe est la gratuité des recours. C'est donc ce principe qui a été transposé dans le fonctionnement de la juridiction constitutionnelle de sorte que la gratuité de la saisine fait quasiment l'objet d'une généralisation. Cependant, la gratuité ainsi consacrée ne dispense pas les justiciables du paiement des frais de procédure. C'est ainsi que ceux-ci sont souvent tenus de payer les enrôlements, les honoraires des avocats et les droits de timbres et d'enregistrement. Ce qui revient à dire que la gratuité de la saisine n'est pas absolue.

S'agissant des modes de saisine, ils sont au nombre de trois[540] ordres. :

- **La saisine peut être facultative**[541] : cette modalité est envisagée lorsque les organes habiletés à saisir la juridiction constitutionnelle ne sont pas tenus par les textes à le faire. Ils ont la liberté de le saisir ou non[542]. C'est le cas lorsque l'avis sollicité

---

538 Article 45 du Règlement intérieur du Conseil constitutionnel.

539 Article 57 de la loi de 2004 révisée en 2012 portant organisation et fonctionnement du Conseil constitutionnel.

540 Il convient néanmoins d'ajouter la saisine intéressée qui est prévue dans le cadre du contentieux électoral. Elle est dite intéressée parce que ce sont les acteurs au processus électoral qui ont la possibilité de recourir au juge constitutionnel.

541 Nguele Abada (M.), « Le contrôle de constitutionnalité des lois au Cameroun », in Alain Ondoua (dir.), *La Constitution camerounaise du 18 janvier 1996. Bilans et perspectives.* Yaoundé, Afrédit, 2007, p. 72.

542 Nguele Abada (M.), « Le contrôle de constitutionnalité des lois au Cameroun », *op. cit.* p.72.

a un lien avec la constitutionnalité d'une loi ou d'un engagement international. C'est du moins ce qu'on peut déduire de la lecture de la Constitution camerounaise qui dispose que « *le Conseil constitutionnel donne des avis sur les matières relevant de sa compétence* »[543]. En l'espèce, on peut affirmer qu'il s'agit des avis facultatifs.

- **La saisine peut aussi être obligatoire**[544], dans ce cas, les textes constitutionnels obligent certains organes à saisir la juridiction constitutionnelle avant l'édiction de certains actes. C'est le cas, en matière de révision constitutionnelle ou de prise des ordonnances. C'est également le cas en matière de recours aux mesures exceptionnelles. Dans ces différentes hypothèses, la saisine est obligatoire.
- **L'auto-saisine :** cette modalité n'est pas très mobilisée dans le cadre de la fonction consultative, ce qui n'empêche pas néanmoins de l'envisager. Une juridiction peut ainsi s'autosaisir et donner son opinion sur un point de droit constitutionnel. Au-delà de cette pluralité des modes de saisine, il convient d'indiquer qu'une fois consultée, la juridiction constitutionnelle va siéger aux fins de délibération. C'est le prolongement de la procédure de la consultation en Afrique noire francophone.

B- La délibération des membres des juridictions constitutionnelles

L'émission d'un avis par les juridictions constitutionnelles est précédée par une instruction menée par le rapporteur (1), c'est cette opération préalable qui facilite la délibération stricto sensu (2).

1- L'instruction en matière consultative

En droit processuel, instruire signifie « *mettre l'affaire en l'état d'être jugée* »[545]. L'instruction correspond ainsi à la phase préalable au procès en ce sens qu'elle consiste en la réunion et à la connaissance des éléments de droit et de fait qui vont permettre au juge de trancher un litige pour lequel il a été saisit [546]. La particularité de la procédure devant les juridictions constitutionnelles est que le rapporteur qui est désigné comme juge

---

543 Article 47 alinéa 4 de la Constitution du 18 janvier 1996.

544 Nguele Abada (M.), « Le contrôle de constitutionnalité des lois au Cameroun », *op. cit.* p.72.

545 Magnon (X.), 'Qu'est-ce qu'instruire le procès constitutionnel ?', in Xavier Magnon et al. (Dir.*), les pouvoirs d'instruction des juridictions et la formulation de l'intime conviction des juges constitutionnels*, Aix-en — Provence, PUAM, 2015, p. 9.

546 *Idem.*

instructeur est également juge de fond[547], puisqu'il intervient aussi pendant la délibération. Pendant la phase d'instruction, le rapporteur prend en compte les éléments de fait. La considération de ces éléments peut être envisagée dans une double hypothèse. Elle est envisageable en ce qui concerne la norme paramètre[548]. Dans ce cas, il se réfère à des faits pour donner un contenu à une notion indéterminée à l'instar de « *l'intérêt supérieur de l'État* ». Le recours aux éléments d'ordre factuel vise aussi la norme objet du contrôle ou de la consultation et vise à apprécier le respect de la procédure ou la volonté de l'auteur du texte soumis à l'avis ou au contrôle[549].

En outre, pendant la phase d'instruction, le juge prend aussi en compte, les éléments de droit. Le caractère objectif de la procédure consultative implique une contradiction reposant essentiellement sur des arguments relatifs à la constitutionnalité d'un texte[550]. Mais, la contradiction n'est pas automatique en matière consultative, car dans certains cas, le recours au juge peut simplement viser l'obtention d'un éclairage. En dépit de la contradiction, le rapporteur peut recourir aux experts ou établir un contact avec les rédacteurs d'un texte pour mieux cerner leur intention et formuler une proposition d'avis[551]. Ainsi, devant les juridictions constitutionnelles, la procédure est quasi identique dans les États d'Afrique noire francophone. Une fois celle-ci saisie, le président procède à la désignation du rapporteur. Comme le martèle le professeur **Michel Verpeaux**, ce dernier « *conduit l'instruction et prépare un projet de décision assorti d'un rapport, qui est discuté lors du délibéré* »[552]. Le rôle du rapporteur est identique en matière contentieuse et en matière consultative. C'est ce dernier qui procède à l'instruction et prépare la décision ou l'avis. À ce sujet, le texte qui régit la Cour constitutionnelle du Gabon est assez illustratif. Il énonce qu'aucune « *décision ne peut être rendue, aucun avis ne peut être émis si la requête ou la demande n'a fait au préalable l'objet d'une instruction diligentée par un rapporteur désigné par ordonnance du président de la Cour constitutionnelle parmi les membres de cette Cour* »[553]. Le même texte

[547] En droit processuel, on peut considérer le juge de fond comme celui qui est chargé de connaître une affaire. C'est donc à ce dernier que revient le pouvoir de trancher les litiges qui opposent deux ou plusieurs parties.

[548] La norme paramètre peut être considérée comme la norme de référence en matière de contrôle de constitutionnalité ou dans l'exercice des autres fonctions par le juge constitutionnel. En d'autres termes, c'est la norme sur laquelle s'appuie le juge pour trancher le litige. Avant de solutionner le litige, le juge peut au préalable procéder à son interprétation dans l'hypothèse où elle a un contenu flou.

[549] Severino (C.), « La règlementation de l'instruction devant le Conseil constitutionnel », *AIJC*, 2002, p. 94.

[550] *Ibid.* p. 89.

[551] *Ibid.* p. 94.

[552] Verpeaux (M.), *Contentieux constitutionnel, op. cit.* p. 106.

[553] Article 38 de la décision n° 35/CC du 10 novembre 2006 portant Règlement intérieur de la procédure de la Cour constitutionnelle.

poursuit que « *Le rapport analyse les moyens soulevés et énonce les points à trancher. Il est lu à l'audience par le rapporteur* »[554].

Les autres textes organiques qui régissent les juridictions constitutionnelles prévoient également l'intervention du rapporteur. On peut citer dans ce sens la loi organique régissant le Conseil constitutionnel ivoirien qui dispose que « *le Conseil peut procéder à toutes mesures d'instruction, notamment entendre tout expert ou sachant, et se faire communiquer tout document utile* »[555]. Aussi, « *le rapporteur désigné pour une affaire peut entendre les membres du gouvernement, et procéder à toutes mesures d'instruction sans qu'il puisse lui être opposé le secret professionnel* »[556]. C'est dire que l'avis de la juridiction constitutionnelle est précédé par l'instruction menée par le rapporteur. Le rapport produit par ce dernier est transmis aux autres membres quelques jours avant le délibéré.

2- La délibération stricto sensu

La délibération de la juridiction constitutionnelle saisie pour avis est conditionnée. Premièrement, il est indispensable que les membres soient convoqués. Deuxièmement, le quorum des membres doit être atteint. Troisièmement, l'avis est émis à la majorité sauf cas de partage de voix. Dans le premier cas, le pouvoir de convocation incombe au président de la juridiction constitutionnelle. La loi portant organisation et fonctionnement du Conseil constitutionnel camerounais dispose que « *le Conseil constitutionnel se réunit sur convocation de son président (...)* »[557]. On retrouve une disposition analogue dans les textes burkinabés[558], congolais[559] ou encore nigériens[560]. Dans ces différents textes, il est aussi prévu les cas d'empêchement du président de la juridiction constitutionnelle. Mais, on note une variation d'option quant à l'autorité qui peut se substituer à lui. Dans certains textes, c'est le doyen des membres qui a compétence pour procéder à la convocation des autres juges. Dans d'autres cas, c'est le vice-président qui est investi du pouvoir de convocation.

---

554 *Idem.*

555 Article 13 de la loi n° 2001-303 du 5 juin 2001 déterminant l'organisation et le fonctionnement du Conseil constitutionnel.

556 Article 13 de la loi n° 2001-303 du 5 juin 2001 déterminant l'organisation et le fonctionnement du Conseil constitutionnel.

557 Article 11 de la loi n° 2004/004 du 21 avril 2004 modifiée en 2012 portant organisation et fonctionnement du Conseil constitutionnel.

558 Article 41 du Règlement intérieur du Conseil Constitutionnel.

559 Article 39 de la loi n° 2011/06/CND portant création, organisation et fonctionnement de la Cour constitutionnelle.

560 Article 18 du Règlement intérieur de la Cour constitutionnelle.

Une fois que les membres sont convoqués se pose la question du quota requis pour la validité des travaux. La juridiction constitutionnelle ne peut statuer que si le nombre de membres exigé est atteint. On note néanmoins une variabilité du nombre des membres en fonction des États. Au Cameroun, le Conseil constitutionnel ne peut valablement se réunir que si neuf (9) membres sur onze (11) sont présents[561]. Au Burkina Faso[562], le quota requis est de cinq (5) membres. C'est également le quorum qui est retenu au Niger[563]. Il en ressort que la juridiction constitutionnelle ne peut valablement travailler que lorsque le nombre requis par les textes est atteint. Dans le cas échéant, la réunion n'est pas envisageable.

Cependant, les textes aménagent l'hypothèse de la réunion de la juridiction constitutionnelle en dehors du nombre requis. Dans la loi camerounaise, il est prévu que « *lorsque ce quorum n'est pas atteint en raison d'empêchement ou de cas de force majeure dûment constatés, procès-verbal est dressé et signé par le président de séance et le secrétaire général* »[564]. C'est ce qui est prévu dans le texte régissant le Conseil constitutionnel burkinabé[565]. À l'analyse, le procès-verbal a pour finalité d'indiquer l'impossibilité pour la juridiction constitutionnelle à statuer.

Une fois que la séance est ouverte, les membres de la juridiction constitutionnelle se penchent sur la question qui leur a été posée pour avis. C'est en ce moment que le rapporteur lit son rapport ou du moins, dresse le bilan de son instruction avec au besoin, un projet d'avis. Le Règlement intérieur de la Cour constitutionnelle du Mali est assez clair à ce sujet. Il énonce que « *les conseillers entendent d'abord le rapporteur en lecture de son rapport et de sa proposition d'arrêt qui leur ont été remis au moins vingt-quatre (24) heures avant le début de la séance de la délibération* »[566]. La décision qui régit la procédure de la Cour constitutionnelle du Gabon abonde dans le même sens en disposant que « *le rapport analyse les moyens soulevés et énonce les points à trancher. Il est lu à l'audience par le rapporteur* »[567].

S'agissant de la délibération *stricto sensu*, il faut indiquer que tous les membres présents sont tenus de prendre part au vote, car l'abstention n'est pas admise. Dans la plupart des cas, les décisions sont prises et les avis sont

---

561 Article 11 de la loi n° 2004/004 du 21 avril 2004 modifiée en 2012 portant organisation et fonctionnement du Conseil constitutionnel.

562 Article 41 du Règlement intérieur du Conseil constitutionnel.

563 Article 39 du Règlement intérieur de la Cour constitutionnelle.

564 Article 13 alinéa 1 de la loi n° 2004/004 du 21 avril 2004 modifiée en 2012 portant organisation et fonctionnement du Conseil constitutionnel.

565 Article 42 du Règlement intérieur du Conseil constitutionnel.

566 Article 7 du Règlement intérieur de la Cour constitutionnelle.

567 Article 38 de la décision régissant la procédure devant la Cour constitutionnelle.

émis à la majorité simple des participants[568]. Mais il n'est pas exclu qu'il y ait un partage de voix parmi les membres. Dans ce cas, la voix du président est prépondérante[569].

En somme, au sein des juridictions constitutionnelles, les débats ne sont pas publics. Le caractère secret de la procédure a une double finalité. D'une part, il vise à protéger les juges constitutionnels lorsqu'ils se penchent sur un dossier sensible [570]. D'autre part, il les soustrait aux pressions et interprétations tendancieuses. À la fin, les membres présents finissent par émettre un avis en direction de l'organe qui les a saisis, c'est ce qui marque le dénouement de la procédure de la consultation.

Paragraphe 2 : Le dénouement de la procédure de la consultation

L'émission de l'avis par la juridiction constitutionnelle correspond au dénouement de la procédure de la consultation. En d'autres termes, l'acte qui sonne le glas de la consultation c'est l'avis (A) et sa publication est requise pour une large diffusion (B).

A- L'avis comme l'acte marquant la fin de la consultation

Le dénouement de la procédure consultative est marqué par l'émission d'un avis. Cet acte non juridictionnel émis par le juge constitutionnel présente une forme spécifique (1) et a un contenu variable (2).

1- La présentation de l'avis

Parler de la forme des avis revient à analyser leur rédaction par les juridictions constitutionnelles. Vu sous cet angle, on peut affirmer à la suite du professeur **Henry Roussillon** que l'option privilégiée est celle de la présentation « *VIS-CON-DIS* »[571]. Concrètement, on note trois articulations de l'avis à savoir, les visas, les considérants et le dispositif[572]. S'il s'agit des principales articulations, il convient de souligner que l'avis contient d'autres mentions. Il en est ainsi du Titre de l'avis, de la date de son émission ou encore la mention des membres ayant pris part aux travaux[573]. De sorte

---

568 Article 13 alinéa 2 de la loi n° 2004/004 du 21 avril 2004 modifiée en 2012 portant organisation et fonctionnement du Conseil constitutionnel.

569 Article 13 alinéa 2 de la loi n° 2004/004 du 21 avril 2004 modifiée en 2012 portant organisation et fonctionnement du Conseil Constitutionnel.

570 Roussillon (H.), *Le Conseil constitutionnel, op. cit.* p.31.

571 *Ibid.* p.37.

572 *Idem.*

573 Verpeaux (M.), *Contentieux constitutionnel, op. cit.* p. 115.

qu'on peut distinguer dans la rédaction des avis, les articulations principales et les articulations secondaires.

S'agissant des articulations qu'on peut qualifier de principales, c'est la figure des « *VIS-CON-DIS* » qu'il convient de mettre en avant. Concernant tout d'abord les visas, pour l'essentiel, il est question du dispositif juridique qui fonde la compétence du juge et qui a inspiré son avis. La question qu'on peut se poser est de savoir quelle est la place des visas dans les avis ? À cette interrogation, on peut affirmer que « *la place acquise par les visas dans les décisions du Conseil constitutionnel n'est pas une fantaisie de technique juridictionnelle* »[574]. Tout au contraire, ils participent à la formation de la majeure c'est-à-dire à la construction du raisonnement déductif. Vu sous cet angle, on peut dire que les visas ont une vocation argumentative[575] dans la mesure où ils soutiennent le raisonnement du juge constitutionnel dans l'interprétation constitutionnelle. En outre, dans le cadre de la consultation, les visas ont une dimension informative[576]. Cela est consécutif au fait qu'ils regroupent très souvent les textes auxquels on va confronter la norme soumise au contrôle ou à l'avis. Dans ce sens, on dira que les visas ont pour finalité d'exposer les textes applicables par le juge ainsi que les textes qui déclinent son champ de compétence.

Les visas ont un double fondement textuel et jurisprudentiel. Dans le premier cas, la loi portant organisation du Conseil constitutionnel camerounais dispose que « *les décisions et avis du Conseil constitutionnel comportent les visas des textes applicables (...)* »[577]. C'est aussi ce qui est prévu dans le Règlement intérieur du Conseil Constitutionnel du Burkina Faso[578]. Au plan jurisprudentiel, la quasi-totalité des avis des juridictions constitutionnelles africaines comporte des visas. À titre d'illustration, dans son avis n° 2/93/CC sur le sens des dispositions de l'article 40 de la Constitution, la Cour constitutionnelle du Gabon adopte la formule suivante :

« Vu la Constitution,

vu la loi organique/9/91 du 26 septembre 1991 sur la Cour constitutionnelle ».

---

574 Vidal-Naquet (A.), « Les visas dans les décisions du Conseil constitutionnel », *RFDC*, n° 67, vol.3, 2006, p. 535.

575 *Ibid.* p. 554.

576 *Ibid.* p. 551.

577 Article 14 alinéa 1 de la loi n° 2004/004 du 21 avril 2004 modifiée en 2012 portant organisation et fonctionnement du Conseil constitutionnel.

578 Article 43 du Règlement intérieur du Conseil constitutionnel.

Dans la même logique, la juridiction constitutionnelle du Niger prévoit toujours les visas dans les avis. Ainsi, dans l'avis n° 008/CCT/2012, on peut lire que :

« Vu la Constitution ;

Vu l'ordonnance n° 2010-038 du 12 juin sur le Conseil constitutionnel de transition ;

Vu la requête en date du 12 mai 2012 de monsieur le président de l'Assemblée nationale ;

Vu l'ordonnance n° 023/PCCT du 18 mai 2012 de madame le président portant désignation d'un conseiller rapporteur ;

Vu les pièces jointes ».

On peut donc le voir, dans la rédaction des avis, les visas occupent une place centrale. Les deux exemples ci-dessus relevés peuvent être transposés dans tous les autres États d'Afrique noire francophone où la fonction consultative a été mobilisée.

Dans la rédaction des avis et décisions, les considérants correspondent à l'exposé des motifs ayant conduit à la prise de position du juge constitutionnel. Parce que la motivation est avant tout une exigence légale, le dispositif normatif qui régit les juridictions constitutionnelles dans les États africains a bien voulu la formaliser. Quasiment tous les avis ont des « *considérants* ». Il s'agit avant tout d'une exigence textuelle. Le règlement intérieur du Conseil constitutionnel du Burkina Faso dispose dans ce sens que « *Les décisions et avis du Conseil constitutionnel comportent (...) les motifs sur lesquels ils se fondent (...)* »[579]. D'autres textes contiennent une disposition analogue [580]. En dehors des avis rendus par le Conseil constitutionnel tchadien[581], tous les autres ont des considérants. Ainsi, au Togo, avant de déclarer que la date du 7 juin n'est pas conforme à la Constitution[582] en matière d'organisation de l'élection présidentielle, la Cour constitutionnelle affirme dans un considérant que « *considérant que la date du 11 juin étant un jour ouvrable il conviendrait de retenir la date du 11 juin*

[579] Article 43 du Règlement intérieur du Conseil constitutionnel.

[580] Article 14 alinéa 1 de la loi n° 2004/004 du 21 avril 2004 modifiée en 2012 portant organisation et fonctionnement du Conseil constitutionnel.

[581] Les avis émis par le Conseil constitutionnel tchadien ont des formules simples et concises. Ils ne mettent pas en avant, les considérants. On note en effet, un passage direct des visas à l'avis.

[582] Avis n° 002-98 du 23 avril 1998.

pour le premier tour»[583]. Cet exemple togolais est loin d'être singulier puisqu'il est vérifiable partout ailleurs.

Tout comme les visas, la motivation des avis est loin d'être une fantaisie. Tel que le souligne la professeure **Wanda Mastor** « *l'objectif traditionnel de la motivation des décisions de justice est de permettre au juge de prouver qu'il applique rigoureusement la règle de droit, renfonçant par là même, l'idée de son entière neutralité* »[584]. C'est dire que la vocation première de la motivation est de légitimer la décision ou l'avis qui est émis par le juge constitutionnel. Plus le juge motive ses actes, mieux il est accepté par ses destinataires ou justiciables. L'objectif est donc de faciliter l'adhésion des citoyens aux actes juridictionnels ou non juridictionnels à l'instar des avis. Bien plus, la motivation a des vertus pédagogiques[585], car elle permet de cerner le raisonnement suivi par le juge pour aboutir à un avis ou une décision. Certes, dans les États d'Afrique noire francophone, on note une prégnance des considérations politiques sur la place de l'argumentation[586], mais le juge constitutionnel est toujours enclin à motiver ses décisions et avis.

En outre, le dispositif correspond au cœur de l'avis. Il a deux principales articulations. La première correspond à l'article 1er lequel permet au juge constitutionnel d'émettre son avis. La seconde articulation correspond à l'article 2 et comporte généralement l'obligation de publication de l'avis au journal officiel. Étant entendu que le contenu des avis sera analysé dans les développements qui suivent, c'est de manière concise qu'on peut parler des avis.

Il faut retenir que dans la rédaction, d'autres mentions méritent d'être relevées. Il en est ainsi des intitulés des avis. On retrouve généralement des mentions telles que : « Avis n°… » De cet intitulé, on peut aussi déduire la date puisqu'elle est souvent indiquée[587]. Ainsi que cela a été souligné, les juridictions constitutionnelles indiquent la liste des membres ayant siégé. Cette présentation de l'avis offre l'avantage de rendre lisible son contenu.

---

583 *Idem.*

584 Mastor (W.), « Essai sur la motivation des décisions de justice. Pour une lecture simplifiée des décisions des Cours constitutionnelles », *AIJC*, 2000, p. 65.

585 *Ibid.* p. 52.

586 Yondli (D-T), « La motivation des décisions du juge constitutionnel en Afrique de l'Ouest francophone », *RBSP*, n° 01, Vol. 02, 2018, p. 158.

587 Dans la rédaction des avis, l'intitulé est presque toujours accompagné des indications sur la date à laquelle celui-ci a été émis. Ce qui permet d'un point de vue téléologique de situer l'activité des juridictions constitutionnelles dans le temps.

2- La variabilité du contenu des avis

Les avis émis par les juridictions constitutionnelles ont un contenu pluriel. Tout est fonction de l'objet de la consultation. Cette pluralité de contenus trouve son fondement dans les dispositions des textes constitutionnels. Ainsi, après avoir énuméré les attributions du Conseil constitutionnel en matière de contrôle de constitutionnalité et de régulation [588], la Constitution camerounaise dispose que « *le Conseil Constitutionnel donne des avis sur des matières relevant de sa compétence* »[589]. Cette formulation a la particularité d'étendre le domaine matériel de la consultation et par ricochet, de diversifier le contenu des avis.

Dans le cadre de l'exercice de la fonction consultative, l'avis de la juridiction constitutionnelle peut reposer sur un rejet de la requête. Il peut aussi s'agir d'une proclamation de la constitutionnalité ou de l'inconstitutionnalité. Il peut enfin porter sur l'exercice du pouvoir en termes de structuration. Dans le premier cas, le juge constitutionnel africain procède souvent au rejet de certaines requêtes ou donne un avis défavorable pour inconstitutionnalité. Au Niger, le président de l'Assemblée nationale a saisi la Cour constitutionnelle par requête n° 0021/PAN/SG conformément à l'article 114 de la Constitution afin d'obtenir son avis sur un projet de loi initié par le gouvernement[590]. La Cour constitutionnelle rejette la requête en affirmant que « *rien ne justifie juridiquement la saisine de la Cour, car elle ne connaît que de l'interprétation de la Constitution et non des projets de loi* »[591]. La juridiction constitutionnelle peut aussi rejeter la requête parce que l'organe qui l'a saisie n'était pas habileté à le faire. Ainsi, au Congo, la Cour constitutionnelle va déclarer irrecevable une requête au motif que la Constitution limite la saisine aux pouvoirs publics. Par conséquent : « *la demande d'avis de monsieur **Victorien Zalima** est irrecevable* »[592].

Le contenu de l'avis peut aussi avoir pour objet, la déclaration ou la confirmation de la constitutionnalité ou de l'inconstitutionnalité. Dans le premier cas, il est question pour la juridiction constitutionnelle d'affirmer dans son avis, la conformité d'une norme à la Constitution. C'est le cas au Niger où le Premier ministre a saisi la Cour constitutionnelle par lettre n° 0093/PM/SG en date du 12 septembre 2017 pour requérir son avis sur le projet d'ordonnance portant sur la prorogation de l'état d'urgence dans la région de DIFFA. Dans son avis, la Cour constitutionnelle va simplement

---

588 Article 47 de la Constitution du 18 janvier 1996 modifiée.
589 Article 47 alinéa 4 de la Constitution du 18 janvier 1996.
590 Il s'agit d'un projet de loi initié par le gouvernement sur la légalisation des signatures et la certification des actes déposé sur le bureau de l'Assemblée nationale.
591 *Avis n° 03/06/CC du 7 avril 2006.*
592 *Avis n° 001-ACC-SVC/15 de 2015.*

indiquer que « *le projet d'ordonnance portant prorogation de l'état d'urgence dans la région de DIFFA est conforme à la Constitution* »[593].

L'avis peut aussi déclarer l'inconstitutionnalité d'un texte en projet. Au Bénin, la Cour constitutionnelle n'a pas hésité à déclarer contraire à la Constitution, un projet d'ordonnance du président de la République[594]. En l'espèce, l'exécutif présidentiel voulait prendre par ordonnance, une loi de finances en s'appuyant sur l'article 68 de la Constitution qui régit les conditions de recours aux pouvoirs de crise. La juridiction constitutionnelle béninoise déclare que « *ne sont pas réunies, les conditions exigées par la Constitution pour l'application de son article 68* »[595]. Il s'agit là d'une déclaration implicite d'inconstitutionnalité du projet d'ordonnance.

Enfin, pour ce qui est du contenu, l'avis de la juridiction constitutionnelle peut avoir un lien avec des questions relatives au pouvoir politique. C'est le cas d'un avis du juge constitutionnel en matière électorale. Au Gabon, le Premier ministre a saisi la Cour aux fins de savoir, si lors des opérations électorales, l'on peut remettre un exemplaire des procès-verbaux aux représentants des candidats. En tant que régulateur constitutionnel, la Cour a émis l'avis selon lequel « *les représentants des candidats à une élection ne figurent pas au nombre des destinataires des procès-verbaux des opérations électorales prévues par la loi* »[596]. On peut donc le constater, le contenu des avis émis par les juridictions constitutionnelles africaines est assez diversifié. Cependant, cette diversité n'altère en rien, l'obligation de publication qui pèse sur eux.

B- La publication des avis

Dans le nouveau constitutionnalisme des États d'Afrique noire francophone, les avis émis par les juridictions constitutionnelles font en principe l'objet de publication. Le fondement juridique de cette publication réside dans les textes organiques qui régissent les juridictions en question. La preuve nous est donnée dans la loi portant Règlement intérieur du Conseil constitutionnel burkinabé dispose que « *les décisions et avis du Conseil constitutionnel sont publiés au journal officiel du Burkina Faso et, le cas échéant, notifiés aux parties concernées* »[597]. Dans la même logique, la loi n° 2011/06/CNT du 4 octobre 2011 portant organisation et fonctionnement de la Cour constitutionnelle de Guinée énonce que « *les avis consultatifs de*

[593] *Avis n° 19/CC du 15 septembre 2017.*
[594] *Avis CC-001/94 du 14 septembre 1994.*
[595] *Avis CC-001/94 du 14 septembre 1994.*
[596] *Avis n° 003/CC du 29 août 2001.*
[597] Article 44 de la loi portant Règlement intérieur du Conseil constitutionnel du Burkina Faso.

la Cour constitutionnelle (...) sont publiés au journal officiel »[598]. C'est dire que l'obligation de publication des avis est formalisée par les textes, d'où la généralisation de la pratique en Afrique noire francophone.

À la lecture des avis des juridictions constitutionnelles, le dispositif contient un article 2 ou 3 qui fait mention de l'obligation de publication. Pour preuve, dans son avis n° 04/CC du 2 juillet 2002, la Cour constitutionnelle du Niger, après avoir déclaré un projet d'ordonnance conforme à la Constitution[599] ajoute que « *le présent avis sera notifié à monsieur le Premier ministre et publié au journal officiel de la République du Niger* »[600]. Dans la même logique, la Cour constitutionnelle du Gabon, après avoir déclarée conforme à la loi fondamentale l'établissement d'une liste électorale[601], ajoute que « *le présent avis sera notifié au requérant, au président de la République, au président du Sénat, au président de l'Assemblée nationale et publié au journal officiel de la République gabonaise ou dans un journal d'annonces légales* »[602]. Cependant, cette obligation de publication n'est pas absolue. Dans certains États à l'instar du Cameroun, la publication ne vise que les décisions[603]. Dans d'autres États, il n'y a aucune précision sur la question. Aussi on peut voir certains avis sans aucune mention portant obligation de publication. Nonobstant ces quelques cas, il est important de souligner que les avis font en principe, l'objet de publication.

C'est le professeur **Michel Verpeaux** qui résume clairement l'intérêt de la publication des décisions et avis. Selon cet éminent constitutionnaliste, « *outre qu'elle permet la connaissance, l'étude* »[604], elle « *contribue aussi à en asseoir l'autorité et à en permettre l'exécution* »[605]. Dans le premier cas, il s'agit de rendre les avis accessibles pour une meilleure connaissance du droit. Dans le second cas, la prise en compte des avis est tributaire de leur connaissance et donc, de leur publication. Un pouvoir public ne peut considérer l'avis du juge constitutionnel que s'il lui a été notifié et si ce dernier est publié. C'est dire en tout état de cause que la publication des avis est loin d'être anodine.

---

[598] Article 35 de la loi n° 2011/06/CNT du 4 octobre 2011 portant organisation et fonctionnement du Conseil constitutionnel.

[599] *Avis n° 04/CC du 2 juillet 2002.*

[600] *Idem.*

[601] *Avis n° 005/CC du 28 juin 2007.*

[602] *Idem.*

[603] Article 15 alinéa 2 de la loi n° 2004/004 du 21 avril 2004 modifiée en 2012 portant organisation et fonctionnement du Conseil constitutionnel.

[604] Verpeaux (M.), *Contentieux constitutionnel, op. cit.* p. 118.

[605] *Idem.*

Au total, l'énonciation procédurale de la fonction consultative a permis d'analyser d'une part, la dimension temporelle du processus de consultation, et d'autre part, son déroulement pour déboucher sur son dénouement. De ces développements se dégagent deux lignes de force. Premièrement, les textes qui régissent les juridictions constitutionnelles africaines n'ignorent pas l'importance du temps dans la procédure. Sa prise en compte permet de déterminer le moment de la consultation et d'envisager l'encadrement temporel de la procédure de la consultation. Secondement, il est important d'indiquer que le déroulement de la procédure s'opère en deux phases à savoir, le déclenchement et le déroulement qui débouchent sur l'émission de l'avis.

CONCLUSION DE LA PREMIÈRE PARTIE

L'objectif de cette première partie était d'analyser à la fois, les acteurs et la procédure de la consultation. C'est la raison pour laquelle l'énonciation de cette fonction a permis de mettre en exergue ses aspects organiques et procéduraux. Pour ce qui est de la dimension organique, les précédents développements ont permis d'identifier les acteurs de la consultation en opérant une distinction entre les organes consultants et les organes consultés. Aussi, la conclusion à laquelle nous sommes parvenus est que les pouvoirs publics sont les acteurs principaux de la consultation. En outre, on a pu constater que la consultation vise soit le président de la juridiction, soit la juridiction elle-même prise dans son entièreté. Au plan procédural, il s'est avéré que la procédure de la consultation fait l'objet d'un encadrement temporel et repose sur trois étapes à savoir, le déclenchement, le déroulement et le dénouement. Toutefois, il convient d'indiquer que cette énonciation de la fonction consultative facilite son appréciation au regard des avis qui sont édictés et du sort qui leur est réservé.

DEUXIÈME PARTIE : L'APPRÉCIATION DE LA FONCTION CONSULTATIVE

L'attribution d'une fonction consultative aux juridictions constitutionnelles africaines n'est pas hasardeuse. La précision mérite d'être faite dans une étude consacrée à une fonction longtemps éclipsée par le contrôle de constitutionnalité. En Afrique noire francophone, cette fonction est à l'image de la juridiction constitutionnelle, d'apparition récente. Pourtant, elle est de plus en plus mobilisée par les pouvoirs publics qui vont vers le juge constitutionnel afin d'obtenir un éclairage ou un avis. Si l'on s'appuie sur les deux décennies qui correspondent au nouveau constitutionnalisme africain, on pourra affirmer qu'elle a une portée ambivalente. En effet, autant cette fonction est valorisante (Chapitre 1), autant elle est controversée à plusieurs égards (Chapitre 2).

CHAPITRE 1 : UNE FONCTION VALORISANTE

À l'époque contemporaine, la science constitutionnelle se conçoit mal sans une prise en compte de l'activité du juge constitutionnel[606]. Passé le temps où ce dernier existait sans juge, il a subi des transformations dues en partie, à l'émergence de la juridiction constitutionnelle[607]. Deux arguments permettent de justifier son importance en matière constitutionnelle. Le premier tient au fait que désormais, il s'agit d'un droit sanctionné par le juge. On assiste ainsi de nos jours à la juridictionnalisation du droit constitutionnel. Le développement du contrôle de constitutionnalité des lois a contribué à la résurrection de la Constitution[608] et par extension, à la revanche du droit constitutionnel[609]. Le juge constitutionnel est désormais un rempart contre la violation ou l'application abusive de la Constitution et sa présence est surtout indispensable dans une Afrique qui s'est longtemps démarquée par la banalisation de la loi fondamentale[610].

Le second argument qui rend le juge constitutionnel indispensable est lié au fait que ce dernier est l'interprète authentique de la Constitution. Certes, il n'en a pas le monopole, mais dans le constitutionnalisme contemporain, il se présente comme la bouche de la Constitution[611] ou du moins, comme son

---

606 Favoreu (L.), « Le Droit constitutionnel, droit de la Constitution et constitution du droit », *RFDC*, n° 1, 1990, p. 83.

607 Maus (D.), « Où en est le droit constitutionnel ? », in *Mouvement du droit public*, mélanges en l'honneur de Franck Moderne, Dalloz, 2005, p. 694.

608 Rousseau (D.), « Une résurrection : la notion de Constitution », *RDP*, 1990, pp. 3-22.

609 La revanche du droit constitutionnel est liée à sa juridictionnalisation du fait du développement du contrôle de constitutionnalité. À l'époque contemporaine, le droit constitutionnel n'est plus dépourvu de juge et les différents cas de violation sont de plus en plus sanctionnés par ce dernier. On peut donc considérer comme révolu, l'époque de la forte emprise du politique sur le droit, car de plus en plus, c'est l'inverse qui prévaut à savoir, la politique saisie par le droit. Sur la revanche du droit constitutionnel, lire : Avril (P.), « Une revanche du droit constitutionnel ? », *Pouvoirs,* n° 49, 1989, pp. 5-13.

610 Conac (G.), « Les Constitutions des États d'Afrique et leur effectivité », in *Dynamique et finalité des droits africains,* Paris, Economica, 1979, pp. 385-413 ; on peut aussi se référer à : Gonidec (P-F), « À quoi servent les Constitutions africaines ? Réflexion sur le constitutionnalisme africain », *RJPIC*, n° 4, 1988, pp. 849-866.

611 Galbât (A.), « La pédagogie du Conseil constitutionnel dans le discours doctrinal », in Véronique Champeil-Desplats, *Pédagogie et droit de l'homme*, Nanterre, Presses universitaires de Paris, 2014, p. 182 ; lire également : Duffy-Meunier (A.), « Pédagogie et interprétation du juge constitutionnel », in Philippe Raimbault et Maryvonne Hecquard-Théron (Dir.), *la pédagogie au service du droit, Toulouse*, Presses de l'Université de Toulouse 1 Capitole, 2011, p. 187.

interprète authentique. C'est cet attribut qui justifie l'exercice par ce dernier de la fonction consultative. Il est important de souligner que les textes constitutionnels ne brillent pas toujours par leur clarté. Suivant les propos de **Dominique Rousseau,** « *la Constitution (...) pose en effet le problème de notion claire, elle devient incertaine, flottante et personne ne sait plus exactement quel ensemble de textes et de règles elle recouvre* »[612]. Face à cette situation, le rôle de l'interprète est primordial, car, il ne faut pas perdre de vue le fait que le recours à l'interprétation constitutionnelle est la conséquence du caractère équivoque [613] et vague [614] des textes constitutionnels.

L'affirmation selon laquelle la fonction consultative est valorisante n'est donc pas vide de sens. Elle dérive de l'analyse des avis qui sont émis par les juridictions constitutionnelles. Certes, ils ne sont pas toujours valorisés par la doctrine, mais dès qu'on décide de s'y intéresser, on se rend compte que leur contenu est riche et intéressant. À bien des égards, le constat qui se dégage est que les avis tendent soit à faire rehausser le positionnement du juge constitutionnel dans le paysage institutionnel, soit à renforcer l'autorité et le prestige de la Constitution. La présente étude a pour vocation de montrer l'importance et l'utilité de la fonction consultative des juridictions constitutionnelles. Il s'agit d'insister sur l'idée selon laquelle sa consécration ne constitue pas une fantaisie. Le juge constitutionnel en émettant des avis joue à la fois le rôle d'éclaireur, d'expert et de conseiller à l'endroit des pouvoirs publics. Le contenu des différents avis analysés atteste surtout de ce que cette fonction ne doit pas être sous-estimée. Non seulement les avis sont quantitativement importants, mais leur importance qualitative est aussi frappante.

Dans les États d'Afrique noire francophone, le recours à la juridiction constitutionnelle pour avis tend à devenir une pratique constante. L'analyse des différents avis émis a conduit à qualifier la fonction consultative de valorisante. Cela est lié au fait qu'elle valorise à la fois, les juridictions constitutionnelles (Section 1) et la Constitution (Section 2).

---

612 Rousseau (D.), « Les transformations du droit constitutionnel sous la Ve République », *op. cit.* p. 1780.
613 Gustini (R.), « L'interprétation de la Constitution », *op. cit.* p. 467.
614 *Ibid.* p. 468.

Section 1 : La valorisation des juridictions constitutionnelles

Le recours en interprétation de la Constitution [615] donne au juge constitutionnel une place centrale dans le constitutionnalisme contemporain. Dès lors qu'il est admis que la Constitution est l'âme de l'État[616], on déduit que son interprète joue un rôle majeur dans l'interprétation et l'application de celle-ci. Du fait de la mobilisation de la fonction consultative, les juges constitutionnels peuvent être assimilés à des « *sages* » constitutionnels (P1) et à des instances de légitimation des actions des pouvoirs publics (P2).

Paragraphe 1 : La considération de la juridiction constitutionnelle comme « *sage* » constitutionnel

Deux arguments font de la juridiction constitutionnelle un « *sage* » constitutionnel[617]. En premier lieu, par le biais de l'exercice de la fonction consultative, il se présente comme la bouche de la Constitution (A). En second lieu, le recours constant à celle-ci pour avis lui permet de revêtir et d'assumer réellement sa casquette de consultant juridique des pouvoirs publics (B).

A- La considération de la juridiction constitutionnelle comme bouche de la Constitution

L'affirmation selon laquelle la juridiction constitutionnelle est la bouche de la Constitution n'est pas fortuite. En effet, elle s'appuie sur le fait que celle-ci en exerçant la fonction consultative, concrétise son statut d'interprète authentique de la Constitution (1) ce qui lui permet d'opérer des révisions jurisprudentielles (2).

1- Un interprète authentique de la Constitution

On parle d'interprétation authentique pour désigner l'interprétation « *à laquelle l'ordre juridique fait produire des effets, qui ne peut être valablement contestée et qui s'incorpore par conséquent au texte*

[615] Lath (Y-S), « L'évolution des modalités du contrôle de constitutionnalité des lois dans les États d'Afrique noire francophone », in Oumarou Narey (dir.), *la justice constitutionnelle*, Paris, l'harmattan, 2016, p. 163.
[616] Ahanhanzo Glélé (M.), « La Constitution ou loi fondamentale », in *Encyclopédie juridique d'Afrique. Tome premier, L'État et le Droit*, 1982, p.37.
[617] Sur la considération du juge constitutionnel comme sage, lire utilement : Braconnier (C.), « Les sages interpellés », *RFSP*, n° 2, 2008

interprété »[618]. Dans ce cas, l'interprétation produit des normes constitutionnelles[619] en attribuant à une disposition constitutionnelle, une signification spécifique. C'est dire que l'avis émis par la juridiction constitutionnelle n'est pas négligeable dès lors qu'il repose sur l'interprétation de la Constitution. On peut se rendre compte que l'interprétation prend l'allure d'une fonction de connaissance[620]. Ainsi, l'avis peut consister à indiquer la signification d'un énoncé exprimant en matière constitutionnelle des normes juridiques. À travers ces actes non juridictionnels qui visent à déterminer ou à expliciter le sens d'une disposition constitutionnelle, le juge joue le rôle d'éclaireur à l'égard des organes qui le consultent. Ce rôle est fondamental au regard de la perfectibilité et des lacunes des lois fondamentales[621] en Afrique noire francophone. Le rôle du juge est alors de parachever, voire de bonifier l'œuvre constituante étant entendu que celle-ci n'est pas épuisée par le texte initial[622].

La plupart des textes constitutionnels africains désignent la juridiction constitutionnelle comme interprète authentique de la Constitution. C'est d'ailleurs à partir de cette désignation qu'on peut déduire le fondement constitutionnel du recours en interprétation. Par définition, le recours en interprétation désigne une « *demande par laquelle les pouvoirs publics constitutionnels (...) sollicitent du juge constitutionnel, une précision sur la signification d'une disposition de la Constitution* »[623]. D'un point de vue téléologique, ce recours vise essentiellement à obtenir la signification des dispositions constitutionnelles. À l'épreuve des faits, on peut répertorier dans les États africains, les avis du juge constitutionnel dans le sens de l'interprétation de la Constitution.

Au Congo, le président de la République a saisi la Cour constitutionnelle afin d'obtenir son avis sur le sens de l'article 110 alinéa 3 de la Constitution. L'objectif de la saisine était de savoir si ce dernier pouvait recourir au référendum pour amorcer la réforme visant l'évolution des institutions de la République. Le chef de l'État voulait alors bien cerner la signification de la formule « *le parlement a l'initiative des référendums concurremment avec le*

---

[618] Troper (M.), « L'interprétation constitutionnelle », *op. cit.* p.15.
[619] Guastini (R.), « L'interprétation de la Constitution », *op. cit.* p. 469.
[620]Pfersmann (O.), « Le sophisme onomastique : changer au lieu de connaître. L'interprétation constitutionnelle », in Ferdinand Mélin-Soucramanien (dir.), *l'interprétation constitutionnelle*, Paris, Dalloz, 2005, p. 37.
[621] Jeanneney (J.), *les lacunes constitutionnelles*, Paris, Dalloz, 2016, 782 p.
[622] Pactet (P.), « Le Conseil constitutionnel et l'œuvre constituante », in *Renouveau du droit constitutionnel, mélange en l'honneur de Louis Favoreu,* Paris, Dalloz, 2007, P. 1374.
[623] Lath (Y-S), « L'évolution des modalités du contrôle de constitutionnalité des lois dans les États d'Afrique noire francophone », *op. cit.* p. 163.

président de la République»[624]. À titre de rappel, dans la Constitution congolaise de 2002 comme dans la plupart des textes constitutionnels africains, l'affirmation du partage de l'initiative des lois et des révisions constitutionnelles est assez explicite. Seulement, l'adverbe «*concurremment*» n'est pas toujours explicité et pas évident à cerner. C'est ce qui justifie le recours au juge constitutionnel aux fins de clarification.

Dans ses considérants, la Cour constitutionnelle va d'abord expliquer le contenu de cette disposition constitutionnelle. Ainsi, elle affirme d'abord que «*le terme initiative employé à l'article 110 alinéa 3 précité de la Constitution renvoie, en l'espèce, s'agissant du référendum, au pouvoir dont dispose le président de la République d'engager la procédure dont la finalité est de soumettre à l'ensemble des citoyens, pour l'approuver ou le rejeter, un texte ou toute autre question d'intérêt national*»[625]. Si elle ne fait pas allusion à l'initiative parlementaire, on peut néanmoins constater qu'elle a esquissé la définition du vocable «*initiative*» en précisant sa finalité en matière référendaire. L'avis de la Cour constitutionnelle a ainsi une vertu pédagogique en ce qu'il permet de mieux cerner un terme qui est constamment employé dans le langage constitutionnel sans que son contenu soit suffisamment clair. On peut tirer la conclusion selon laquelle dans l'État en question, la volonté constituante est matérialisée par le président de la République et le parlement, du moins en ce qui concerne le déclenchement de la consultation référendaire.

Dans un autre considérant, la Cour constitutionnelle donne un contenu à l'adverbe «*concurremment*» employé par l'article 110 alinéa 3 de la Constitution. Elle indique ainsi que «*l'adverbe concurremment utilisé au même article 110 alinéa 3 renferme l'idée du partage du droit d'initiative des référendums entre le président de la République et le parlement*»[626]. Il s'en suit qu'aucun pouvoir public ne détient un droit d'initiative exclusif en matière référendaire. Aussi, autant le parlement est en mesure d'initier un référendum, autant l'exécutif présidentiel est en mesure de le faire. La Cour constitutionnelle assimile ainsi l'adverbe «*concurremment*» à un terme dont le but est de consacrer un partage égalitaire de l'initiative référendaire entre le président de la République et le parlement. Cependant, le juge s'est cantonné au texte sans envisager l'hypothèse de l'initiative populaire. Nonobstant ce constat, c'est en tant qu'éclaireur que ce dernier a procédé à la détermination du sens de l'adverbe «*concurremmen*t».

Enfin, dans un autre considérant, la Cour constitutionnelle congolaise a tenu à clarifier le sens de la formule «*texte ou toute autre question d'intérêt*

[624] Article 110 alinéa 3 de la Constitution de 2002.
[625] *Avis n° 002-ACC-SVC/15 du 17 septembre 2015.*
[626] *Avis n° 002-ACC-SVC/15 du 17 septembre 2015.*

national contenu non pas dans la Constitution, mais plutôt dans la loi électorale »[627]. Elle déclare ainsi que « *l'expression texte ou toute autre question d'intérêt national, usitée à l'article 43 de la loi électorale suscitée, est très large, ouverte et recouvre un ensemble aussi divers que varié de normes ou de préoccupations qui, par leur importance fondamentale, sont susceptibles de justifier le recours au référendum (...)* »[628]. C'est après avoir interprété ces dispositions que la Cour va émettre l'avis en direction du président de la République. Elle indique *in fine* que « *le président de la République est sur le fondement de l'article 110 alinéa 3 de la Constitution du 20 janvier 2002, en droit de consulter le peuple, par voie de référendum, sur l'évolution des institutions de la République* »[629]. À bien y regarder, en tant qu'interprète authentique de la Constitution, la Cour constitutionnelle a non seulement procédé à l'interprétation littérale de la loi fondamentale, mais a aussi indiqué l'action que pourrait mener le président de la République en matière constituante.

Au Gabon, le Premier ministre a saisi la juridiction constitutionnelle[630] afin d'obtenir l'interprétation de l'article 40 de la Constitution qui dispose que « *Chaque chambre du parlement se réunit de plein droit le premier jour ouvrable suivant le quinzième jour après son élection. Son ordre du jour comprend alors exclusivement l'élection de son président et de son bureau. Les présidents et les autres membres des bureaux de l'Assemblée nationale et du Sénat sont élus par leurs pairs pour toute la durée de la législature, au scrutin secret, conformément aux dispositions du règlement de la chambre concernée. À tout moment, après leur entrée en fonction, la chambre concernée peut relever le président et les autres membres du bureau de leur mandat à la suite d'un vote de défiance, à la majorité absolue* ». Concrètement, ce dernier voulait savoir si le député qui succède à un membre du bureau de l'Assemblée nationale dont le mandat est écourté achève le mandat de son prédécesseur ou bien bénéficie directement du mandat constitutionnel de trente mois prévu audit article[631]. La Cour constitutionnelle, après avoir rappelé dans son avis que « *le président de l'Assemblée nationale et les autres membres du bureau sont élus par leurs pairs au suffrage secret, pour une durée de trente mois renouvelable conformément aux dispositions du Règlement intérieur de l'Assemblée nationale* »[632] va émettre l'avis selon lequel « *le député élu au bureau de l'Assemblée nationale pour combler une vacance de poste achève le mandat*

[627] *Idem.*
[628] *Idem.*
[629] *Avis n° 002-ACC-SVC/15 du 17 septembre 2015.*
[630] Le Premier ministre a saisi la Cour constitutionnelle par une lettre en date du 21 avril 1993.
[631] Article 40 de la Constitution.
[632] *Avis n° 2/93/CC du 23 avril 1993.*

commencé par son prédécesseur »[633]. À travers cet avis, la Cour a précisé le sens de l'article 40 de la Constitution en insistant sur la continuité du pouvoir législatif en tant que corollaire de la continuité de l'État.

Au Burkina Faso, le président de la République a saisi la chambre constitutionnelle afin que celle-ci esquisse une définition de la notion de « *majorité absolue* ». L'acte de saisine du président de la République est compréhensible au regard de la confusion qui peut parfois être entretenue entre la majorité simple et la majorité absolue. Évidemment, le juge constitutionnel burkinabé a revêtu sa casquette d'interprète pour procéder à l'interprétation connaissance en explicitant la distinction entre ces deux termes. Dans son avis, il va indiquer que « *s'il s'agissait de donner une simple définition de la notion de majorité absolue, elle serait (...) la moitié des suffrages exprimés plus un* »[634].

Au Niger, la juridiction constitutionnelle procède également de manière récurrente à l'interprétation de la Constitution dans le cadre de l'exercice de la fonction consultative. La juridiction en question avait été saisie aux fins d'interprétation de l'article 89 de la Constitution qui dispose que « *l'Assemblée nationale est dirigée par un président assisté par un bureau. La composition du bureau doit refléter la configuration politique de l'assemblée* ». Concrètement, l'objectif des saisissants était d'avoir une idée claire de l'expression « *configuration politique de l'assemblée* ». Le juge constitutionnel nigérien affirme dans son avis que « *la configuration politique est déterminée proportionnellement au nombre des élus de chaque groupe parlementaire et est fonction de la taille des groupes parlementaires ; elle ouvre de ce fait droit à l'ordre de préséance des vice-présidents* »[635]. Dans la même logique, le juge constitutionnel nigérien a donné un contenu à la notion de majorité des deux tiers requise pour la mise en accusation du président de la République devant la Haute Cour de Justice. Consulté par le président de l'Assemblée nationale sollicitant l'interprétation de l'article 119 de la Constitution au sujet de la responsabilité pénale du chef de l'État, ce dernier va affirmer que : « *le terme majorité énoncé à l'article 119 de la Constitution s'apprécie sur l'ensemble des sièges pourvus à l'Assemblée nationale, y compris les députés membres de la Haute Cour de Justice* »[636]. On peut donc le constater, dans le cadre de l'exercice de la fonction consultative, les juridictions constitutionnelles africaines jouent constamment le rôle d'interprète authentique de la Constitution. Elles n'hésitent pas d'ailleurs à procéder à la révision jurisprudentielle des textes constitutionnels.

---

633 *Idem.*
634 *Avis n° 04/78 du 15 juin 1978.*
635 *Avis n° 002/CCT/2011.*
636 *Avis n° 015/2006/CC du 26 septembre 2006.*

2- Un auteur de la révision jurisprudentielle de la Constitution

Le juge constitutionnel peut-il procéder à la révision de la Constitution ? On peut répondre à cette question par l'affirmative. Deux arguments sous-tendent notre position. Le premier est relatif au fait que la jurisprudence constitutionnelle fait partie des instruments qui procèdent aux changements constitutionnels informels. Concrètement, il s'agit d'un changement de l'énoncé normatif de la Constitution sans que la procédure de révision ait été enclenchée[637]. Pour reprendre la formule du professeur **Bertrand Mathieu**, il y a changement constitutionnel, lorsque « *tout change, mais rien ne bouge* »[638]. Ce sont les pratiques et la jurisprudence constitutionnelle qui rendent possible l'existence des changements constitutionnels. Le juge peut ainsi dans son office, procéder à la modification de l'énoncé normatif de la Constitution.

Le second argument est relatif au pouvoir créateur du juge constitutionnel. Ainsi que le martèle la professeure **Anne Marie Le Pourhiet** « *c'est précisément par leur interprétation des textes, parfois très constructive et audacieuse que les juges participent à la confection du droit* »[639]. On peut ainsi parler de la jurisprudence créatrice des juridictions constitutionnelles[640] en considérant celles-ci comme pouvoir constituant supplétif[641]. Il convient de préciser qu'autant le pouvoir créateur se manifeste dans les décisions, autant on peut le vérifier à partir des avis émis par le juge constitutionnel.

À la question de savoir qu'est-ce qui fonde la révision jurisprudentielle de la Constitution ou du moins, le pouvoir créateur du juge constitutionnel ? On peut répondre à la suite du professeur **Dodzi Kokoroko** que celui-ci est la conséquence « *des ratés de la mécanique* »[642] constitutionnelle, lesquels

---

637 Altweg-Boussac (M.), *les changements constitutionnels informels*, Paris, Institut Universitaire Varenne, 2013, p. 16.

638 Mathieu (B.), *La Constitution : rien ne bouge et tout change*, Paris, Lextenso éditions, coll. Forum, 2013, p.192p.

639 Le Pourhiet (A-M), *Droit constitutionnel*, Paris, Economica, 2007, p. 67.

640 Mathieu (B.), « Les décisions créatrices du Conseil Constitutionnel », in Colloque du cinquantenaire du Conseil constitutionnel, 13 novembre 2008, pp. 1-16.

641 Le pouvoir constituant est dit « supplétif », car, il s'agit d'un pouvoir de modification informelle de la Constitution. À titre principiel, la révision de la Constitution incombe au pouvoir constituant dérivé lequel réside dans le peuple. Cependant, l'incidence de la jurisprudence constitutionnelle sur le texte constitutionnel autorise la doctrine à considérer que le juge constitutionnel procède par ses décisions et avis, à la révision de la Constitution et par ricochet, il est susceptible d'être considéré comme un pouvoir constituant supplétif. Lire dans ce sens : Andzoka Atsimou (S.), « La participation des juridictions constitutionnelles au pouvoir constituant en Afrique », *RFDC*, n° 110, vol.2, 2017, p. 300.

642 Kokoroko (D.), « L'idée de Constitution en Afrique », *AC*, n° 242, 2012, p. 117.

sont récurrents et abîment la majesté de la loi fondamentale[643]. Tantôt, les textes contiennent des ambiguïtés, tantôt ils sont silencieux. Or, le silence d'une disposition constitutionnelle ne dispense pas le juge de l'obligation de se prononcer[644]. C'est d'ailleurs pour cette raison qu'il lui est reconnu, la faculté de créer des normes[645]. Pour reprendre la terminologie de **Dmitri Georges Lavroff,** « *le juge ne se contente pas d'appliquer les textes constitutionnels, de les interpréter pour leur donner une signification nouvelle, il les crée parfois* » [646]. Son action vise ainsi à réparer les imperfections[647] de la Constitution en créant des normes constitutionnelles.

Depuis le début des années 1990, la jurisprudence constitutionnelle est créatrice des normes constitutionnelles. Le juge africain ne se contente plus de dire le droit, il procède à sa sécrétion. Si les décisions créatrices sont beaucoup plus valorisées par la doctrine[648], il faut souligner que les avis méritent aussi une attention particulière en la matière. Dès lors qu'ils reposent sur l'interprétation de la loi fondamentale ou sur son application, le juge n'hésite pas à mettre en avant son pouvoir créateur dans l'exercice de la fonction consultative.

Au Mali, c'est par le biais d'un avis que la juridiction constitutionnelle a procédé à l'extension du bloc de constitutionnalité[649]. Cette expression sert à désigner le domaine de référence du juge pour procéder à la protection de la Constitution [650]. Ainsi, on va se rendre compte qu'en dehors de la Constitution, le bloc s'étend à d'autres textes. En l'espèce, il était question pour la Cour constitutionnelle de se prononcer sur la constitutionnalité du projet de loi constitutionnelle [651]. Cette dernière va affirmer que « *l'article 61, nouveau en prévoyant l'élection des députés selon un*

643 *Idem.*

644 D'ailleurs, le fait pour le juge de refuser de statuer dans le silence du droit est constitutif de déni de justice. Par définition, il s'agit du « *refus fait par un juge de rendre la justice qui lui est demandée* ». Le déni de justice est formalisé, car, « *ne pas rendre la justice qui lui est due, c'est de la part du juge trahir ses devoirs, manquer à ses concitoyens et tromper le souverain qui se repose sur lui de la portion la plus noble de son autorité* », lire dans ce sens : Encyclopédie méthodique (jurisprudence), Tome II, Paris, Panckoucke, 1723, p. 621. On peut aussi se référer à : Dutheillet de Lamothe (O.), « Les juges face au silence du droit », *RDP*, n° 4, 2012, P. 1055.

645 Rossantaga-Rignault (G.), « Quand le juge fait la loi. À propos du pouvoir normatif du juge constitutionnel au Gabon », *Palabres actuelles*, n° 6, 2013, p. 168.

646 Lavroff (D-G), « Le Conseil constitutionnel et la norme constitutionnelle », *Mélanges Gustave Peiser, Grenoble,* Presses universitaires de Grenoble, 1995, p. 359.

647 Pluen (O.), « La cohérence de l'écriture constitutionnelle », *LPA*, n° 136, 2018, p. 68.

648 Aïvo (F-J), « La Cour constitutionnelle du Bénin », *Annuaire béninois de justice constitutionnelle*, 2014, p.25.

649 *Avis n° 01-001 du 4 octobre 2001.*

650 Le Divellec (A.) et De Villiers (M), *Dictionnaire du droit constitutionnel, op. cit.* p. 27.

651 Il s'agit du projet n° 0054/AN-RM portant révision de la Constitution du 25 février 1992.

système combinant le scrutin majoritaire et la représentation proportionnelle, est en contradiction avec l'article 2 de la Constitution et les dispositions de la Déclaration universelle des Droits de l'Homme en son article 21 et la Charte africaine des droits de l'Homme et des peuples en son article 13 qui font partie du bloc de constitutionnalité au Mali »[652]. Il en résulte que suivant cet avis, le bloc de constitutionnalité s'étend désormais aux textes internationaux de protection des droits de l'homme. C'est dire que le juge ne s'est pas contenté d'émettre un avis, dans le silence de la Constitution, il a procédé à l'extension du bloc de constitutionnalité.

En Côte d'Ivoire, c'est grâce à un avis que le Conseil constitutionnel a fait de la séparation des pouvoirs, un principe de valeur constitutionnelle[653]. En l'espèce, le président de la République a saisi la juridiction constitutionnelle ivoirienne pour avis sur le point de savoir si le défaut d'élection dû à la crise que connaît le pays entraîne la dissolution et la fin des pouvoirs de l'Assemblée nationale. La question se pose au moment où le mandat des députés a expiré et le pays est divisé en deux avec comme principale conséquence, l'impossibilité d'organiser une consultation électorale. Le Conseil constitutionnel va affirmer dans son avis que « *toutefois qu'à défaut d'élection dans les délais, les pouvoirs de l'Assemblée nationale ne peuvent prendre fin sans porter atteinte à des principes et règles de valeur constitutionnelle, qu'il en va ainsi : de la séparation et l'équilibre des pouvoirs auxquels le peuple de Côte d'Ivoire exprime son attachement dans le préambule de la Constitution, la cessation des fonctions du parlement pouvant rompre cet équilibre* »[654]. C'est ainsi qu'elle va proroger le mandat des membres de l'Assemblée nationale et faire en sorte qu'ils demeurent en fonction.

Au Gabon, la Cour constitutionnelle a, dans le cadre de l'exercice de la fonction consultative, fait de la continuité de l'État, un principe de valeur constitutionnelle. En l'espèce, le président de l'Assemblée nationale a saisi la juridiction constitutionnelle afin d'obtenir son avis sur la validité des ordonnances prises par le gouvernement en application de la loi d'habilitation du 29 décembre 2006 au regard du changement intervenu le 24 janvier 2007 avec la mise en place de la nouvelle législature. Le problème se posait parce que l'habilitation avait été donnée par l'ancienne législature. La Cour va ainsi rappeler que : « *la République gabonaise fonctionne selon le principe de la continuité de l'État* » [655] et affirmer la validité des

---

[652] *Avis n° 01-001 du 4 octobre 2001.*

[653] Un principe à valeur constitutionnelle est un principe non contenu dans la Constitution, mais qui est élevé à la dignité constitutionnelle par le juge.

[654] *Avis n° 2005-013/CC/SG du 15 décembre 2005.*

[655] *Avis n° 004/CC du 26 juin 2007.*

ordonnances gouvernementales. Par le biais de cet avis, la continuité de l'État a été élevée au rang de principe à valeur constitutionnelle.

En définitive, il ressort de ces quelques illustrations que la fonction consultative exercée par les juridictions constitutionnelles justifie le qualificatif de bouche de la Constitution qui lui est souvent attribué. Selon les différents avis, non seulement elles procèdent à l'interprétation authentique de la Constitution, mais elles s'illustrent aussi par leur pouvoir créateur. C'est d'ailleurs en vertu de leurs prouesses qu'on les assimile à des consultants juridiques des pouvoirs publics.

B- Un consultant juridique des pouvoirs publics

Dans le constitutionnalisme contemporain, il n'est pas exagéré de considérer les juridictions constitutionnelles comme des éclaireurs des pouvoirs publics[656]. Cela est consécutif au fait qu'en exerçant la fonction consultative, ce dernier adopte la posture d'un expert juridique (1) qui accompagne les pouvoirs publics dans l'exercice de leurs fonctions (2).

1- Un expert juridique

Le recours à l'expertise est de plus en plus fréquent[657]. Tantôt, les experts sont mobilisés dans la résolution des conflits internes[658], tantôt ils sont pris en compte pendant les réformes constitutionnelles. Ainsi, il est possible de distinguer l'expertise formelle de celle qui est informelle. La première est prévue par les textes constitutionnels, lesquels font de certaines institutions, les conseillers des pouvoirs publics. C'est le cas du Conseil Économique et Social est créé pour accompagner les autorités étatiques à travers des conseils, avis et recommandations. Dans le second cas, il s'agit d'une expertise spontanée qui est commandée par les circonstances. En considérant le juge constitutionnel comme expert, on le classe dans la première

---

[656] La considération du juge constitutionnel comme éclaireur des pouvoirs publics est légitimée par la Constitution puisque la plupart des textes constitutionnels font de lui, l'expert juridique des questions constitutionnelles. Cette considération est surtout confortée par le profil des membres des juridictions constitutionnelles qui sont pour l'essentiel, des enseignants de droit de rang magistral, des avocats et magistrats. L'éclairage peut être sollicité par les pouvoirs publics dans deux hypothèses soit aux fins d'obtenir une clarification du contenu de la Constitution, soit pour apprécier une situation prévue par la Constitution à l'épreuve des faits. Voir : Richir (I.), *le président de la République et le Conseil constitutionnel, op. cit.* p. 199.

[657] Magnon (X.), « La composition de la commission Balladur : brèves réflexions sur l'expertise en matière constitutionnelle », *RFDC*, n° 2/HS, 2008, p. 40.

[658] Conac (G.), « L'insertion des processus constitutionnels dans les stratégies de paix », in *Études en l'honneur de Gérard TIMSIT*, Bruxelles, Bruylant, 2004, p. 63.

catégorie, car ce sont les lois fondamentales qui font de lui, l'expert des pouvoirs publics et les actes qu'il édicte confortent ce statut.

En disposant que « *le Conseil constitutionnel est l'instance compétente en matière constitutionnelle* »[659], le texte constitutionnel camerounais fait de la juridiction constitutionnelle, l'instance la mieux indiquée pour parler des questions constitutionnelles. Cette formule que l'on retrouve dans quasiment toutes les Constitutions africaines a la particularité d'ériger la juridiction en question au rang d'expert constitutionnel. Sur la base de cette disposition, on peut considérer que le juge constitutionnel dispose d'un certain savoir constitutionnel qu'il cherche à transmettre à travers ses décisions et avis[660]. Du fait de ce savoir, il peut aussi revêtir la casquette d'expert pour apprécier certaines situations et orienter les pouvoirs publics quant à la conduite à tenir. On peut conclure que le juge constitutionnel n'est pas un juge comme les autres[661]. Sa singularité est liée aux textes qu'il interprète et surtout à la qualité des destinataires à l'égard desquels il se comporte comme un expert. L'apport du juge constitutionnel est donc indispensable. La professeure **Anne Marie Le Pourhiet** résume clairement la situation lorsqu'elle affirme que « *les Constitutions sont souvent des textes courts, sommaires, se bornant à dire l'essentiel de l'organisation des pouvoirs et de leurs limites, le pouvoir d'interprétation des juges qui appliquent la Constitution est évidemment très important* » [662]. Il en ressort que l'expertise du juge constitutionnel est incontournable.

Il ne faut pas perdre de vue le fait que la Constitution est avant tout un texte qui peut révéler plusieurs sens. Il s'agit aussi d'un texte qui peut être vague de par son contenu. Voilà pourquoi dans les États d'Afrique noire francophone, les textes constitutionnels ont consacré la fonction consultative en attribuant l'exercice aux juridictions constitutionnelles. Certaines situations et prérogatives prévues par la Constitution nécessitent une appréciation concrète à l'épreuve des faits. On peut citer dans ce sens, les conditions de mise en œuvre des pouvoirs de crise. Le rôle de celui-ci sera justement d'apprécier la situation avec son œil d'expert si elle nécessite la mise en œuvre des mesures exceptionnelles. Au-delà de l'appréciation, il arrive souvent qu'en cas de crise ou face à une incertitude, que les pouvoirs publics fassent recours au juge pour solliciter l'éclairage et le conseil quant à

---

[659] Article 46 de la Constitution du 18 janvier 1996.
[660] Galbât (A.), « La pédagogie du Conseil constitutionnel dans le discours doctrinal », in Véronique Champeil-Desplats, *Pédagogie et Droit de l'Homme*, Nanterre, Presses universitaires de Paris, 2014, p. 182.
[661] Brunet (P.), « Le juge constitutionnel est-il un juge comme les autres ? Réflexions méthodologiques sur la justice constitutionnelle », in Olivier Jouanjan, Constance Grewe, Éric Maulin et Patrick Wachmann (dir.), *la notion de justice constitutionnelle*, Paris, Dalloz, 2005, pp. 115-135.
[662] Le Pourheit (A-M), *Droit constitutionnel, op. cit.* p. 68.

la conduite à tenir. Une analyse des avis émis par les juridictions en question conforte le qualificatif d'experts constitutionnels qui leur est attribué dans cette étude.

En République centrafricaine, la Cour constitutionnelle s'est appuyée sur la loi portant règlement intérieur de l'Assemblée nationale pour expliciter la répartition des compétences entre le président de l'Assemblée nationale et le bureau. Saisie par le président de l'Assemblée nationale, la juridiction constitutionnelle a revêtu sa casquette d'expert pour clarifier les articles 14, 15 et 16 de la loi organique n° 17-011 du 14 mars 2017. Dans son avis, elle affirme que « *Conformément aux dispositions de l'article 14 de la loi organique, le bureau, organe de l'Assemblée nationale, détermine, dans un esprit de collaboration entre ses membres et dans le respect des dispositions constitutionnelles ainsi que de la loi organique, l'organigramme de l'Assemblée nationale et les missions de tous les services de l'Assemblée nationale, par arrêté du président de l'Assemblée nationale* »[663]. Elle ajoute au sujet de l'article 15 que « *les attributions prévues à l'article 15 de la loi organique sont celles réservées au président de l'Assemblée nationale qui les assume en tant que chef de l'institution et ne peuvent être exercées par les autres membres du bureau que dans le cadre de la suppléance et en vertu d'une délégation expresse du président* »[664]. Enfin, elle précise au sujet de la délégation des attributions par le président au bureau que « *les attributions dévolues aux membres du bureau en vertu de l'article 16 de la loi organique sont des attributions déléguées qui sont exercées sous l'autorité du président avec obligation de rendre compte* »[665].

Au Niger, la Cour constitutionnelle a été saisie par le président de l'Assemblée nationale dans l'optique d'obtenir son avis sur la continuité de l'activité législative du parlement. En l'espèce, il faut souligner que conformément à la Constitution, la durée de la session ordinaire est de quatre-vingt-dix (90) jours[666], or ; au moment de la saisine de la juridiction constitutionnelle, il y a le risque que le mandat des parlementaires expire en milieu de session. En tant qu'expert, la Cour constitutionnelle a indiqué dans son avis que « *le président de l'Assemblée nationale a l'obligation de convoquer la première session ordinaire du parlement pour la première semaine du mois de mars, avec les députés de la législature en cours jusqu'à la fin de leur mandat fixée au 16 mars 2016 à minuit ; cette session se poursuit avec les députés nouvellement élus sans toutefois excéder le délai constitutionnel de quatre-vingt-dix (90) jours, lequel court à partir de la*

---

[663] *Avis n° 007/CC/18 du 19 septembre 2018.*
[664] *Avis n° 007/CC/18 du 19 septembre 2018.*
[665] *Idem.*
[666] Article 91 de la Constitution.

date d'ouverture des travaux de ladite session»[667]. On peut constater ici que l'expertise de la Cour a permis d'assurer la continuité du pouvoir législatif au Niger en ce sens qu'elle a trouvé une formule qui permet à l'Assemblée nationale de travailler sans interruption malgré l'expiration et le renouvellement du mandat en pleine session.

Toujours au Niger, le Conseil constitutionnel de transition s'est comporté comme un véritable pédagogue dans un avis émis en direction du Premier ministre[668]. En l'espèce, le Premier ministre l'a saisi afin d'obtenir son avis sur la conformité à la Constitution des propositions d'amendement de l'ordonnance n° 1010-31 du 27 mai 2010 portant code électoral. Dans cet avis, le juge constitutionnel a tenu à corriger la syntaxe, l'orthographe et le fond du texte en projet. S'agissant de la syntaxe et de l'orthographe, il a procédé à la correction de nombreuses dispositions. On peut ainsi lire qu'« *afin de préciser l'instance devant laquelle les présidents et les secrétaires des bureaux de vote prêtent serment, il y a lieu d'ajouter les groupes de mots : devant les tribunaux de Grande Instance ou les tribunaux d'instance selon les cas* »[669]. Il ajoute que « *la rédaction de cet article ne fait pas ressortir l'idée selon laquelle la compétence et l'intégrité sont les critères de sélection qui doivent s'appliquer à l'ensemble des présidents des commissions électorales* »[670].

S'agissant des ajustements substantiels, le Conseil constitutionnel de transition n'hésite pas à orienter le gouvernement sur le contenu à donner au texte en question. Il émet dans ce sens l'avis ainsi qu'il suit « *cette formulation ne tient compte que des élections présidentielles et législatives qui relèvent de la compétence de la Cour constitutionnelle. Il y a lieu de prévoir la transmission desdites pièces au tribunal de Grande Instance en ce qui concerne les élections locales* »[671]. Dans la même logique, il affirme que « *les alinéas 5, 6 et 7 de cet article ne sont pas à leur place parce qu'ils traitent des élections présidentielles et législatives. Il faut par conséquent les reporter dans leur contexte. L'alinéa 8 est à supprimer parce que la matière dont il est traité est réglée à l'alinéa 4 du même titre* »[672]. On peut se rendre compte que c'est en véritable pédagogue que le juge constitutionnel nigérien s'est « *comporté* ».

---

[667] *Avis n° 03/CC du 2 février 2016.*
[668] *Avis n° 001/CCT/2010 du 21 décembre 2010.*
[669] Il s'agit de la correction de l'article 13 alinéa 3 du projet d'amendement de l'ordonnance n° 1010-31 du 27 mai 2010 portant code électoral.
[670] C'est la correction de l'article 17 du projet d'amendement de l'ordonnance n° 1010-31 du 27 mai 2010 portant code électoral.
[671] Il s'agit de la correction de l'article 89 du projet d'amendement de l'ordonnance n° 1010-31 du 27 mai 2010 portant code électoral.
[672] Il est question de la correction de l'article 146 du projet d'amendement de l'ordonnance n° 1010-31 du 27 mai 2010 portant code électoral.

Au Bénin, le président de la République a saisi la Cour constitutionnelle dans l'optique d'obtenir son avis sur la possibilité pour ce dernier de prendre deux ordonnances dont l'une porte loi de finances et l'autre, programme d'investissement public. La saisine intervient au moment où jusqu'au 31 décembre 1999, l'Assemblée nationale n'avait pas voté la loi de finances conformément à la Constitution[673]. En tant qu'expert, le rôle de la Cour constitutionnelle était de dire si le président de la République est fondé à prendre de telles ordonnances sans violer la Constitution. La juridiction constitutionnelle béninoise va affirmer dans son considérant que : « *les deux projets sous examen ne sont pas élaborés sur le fondement d'une loi d'habilitation par l'Assemblée nationale, qu'ils portent non sur l'exécution du programme du gouvernement, mais sur la loi de finances et la loi du programme d'investissement public pour la gestion 2000* » [674] . Par conséquent, elle va indiquer dans son avis que « *l'article 102 de la Constitution ne saurait recevoir application dans le cas d'espèce* »[675]. En se comportant comme un expert, la juridiction constitutionnelle béninoise a clairement déterminé le champ matériel des ordonnances présidentielles.

Enfin, au Gabon, la Cour constitutionnelle a été saisie par le Premier ministre afin d'examiner un projet de décret décidant de soumettre au référendum, un projet de loi. La Cour constitutionnelle va indiquer que « *s'agissant du gouvernement pour la démocratie, dans un souci de clarté et de précision, il apparaît judicieux de reprendre la même formulation que celle des clauses correspondantes des Accords de Paris* »[676]. On peut se rendre compte à travers cet avis qu'en tant qu'expert, le juge constitutionnel gabonais a procédé à la correction du texte qui lui a été soumis afin de lui donner plus de cohérence. Au final, tous ces avis tendent à démontrer que dans l'exercice de la fonction consultative, les juridictions constitutionnelles n'hésitent pas à se comporter comme de véritables experts. C'est d'ailleurs ce qui leur permet d'accompagner les pouvoirs publics dans leur fonctionnement interne.

2- Un accompagnateur des pouvoirs publics

On peut considérer un accompagnateur comme celui-là qui appuie les pouvoirs publics dans l'exercice de leurs fonctions. Dans les États d'Afrique noire francophone, les décisions et avis du juge constitutionnel ont pour but de faciliter le fonctionnement harmonieux des institutions étatiques. Cela est lié au fait que non seulement il encadre l'exercice du pouvoir, mais il

[673] Article 102 de la Constitution du 11 décembre 1990.
[674] *Avis n° CC00-01 du 7 janvier 2000.*
[675] *Avis n° CC00-01 du 7 janvier 2000.*
[676] *Avis n° 002/95/CC.*

accompagne aussi les différentes institutions dans le cadre de l'exercice des compétences. Dans le premier cas, pour reprendre le professeur **Ismaela Madior Fall** « *le juge a fini de conquérir une place de censeur attitré des dérives (...) grâce à l'autorité qui s'attache à ses décisions* »[677]. Mais au-delà de la sanction constitutionnelle qu'il mobilise, il arrive souvent que ce dernier, par le biais de ses avis, indique aux autorités étatiques, la conduite qu'elles doivent tenir face à telle ou telle situation. En le faisant, il les accompagne dans l'exercice de leurs compétences respectives et c'est par le biais de la fonction consultative qu'il assure cet accompagnement.

Les textes constitutionnels des États d'Afrique noire francophone attribuent aux juridictions constitutionnelles, la fonction de régulation[678]. S'il s'agit d'une fonction qui est principalement contentieuse. Il est important de souligner que les avis émis par les juridictions en question peuvent s'inscrire dans la logique d'accompagner les pouvoirs publics dans leur fonctionnement. Il ne s'agit pas d'ailleurs d'une spécificité africaine, car même dans le constitutionnalisme occidental, le juge constitutionnel est considéré à la fois comme le régulateur de l'activité des pouvoirs publics et le régulateur du système politique[679]. Le problème est que derrière l'idée de régulation, on voit souvent la médiation, la résolution des conflits entre pouvoirs publics et même le contrôle desdits pouvoirs. Or au-delà de la posture de pacificateur de la vie politique, le juge constitutionnel du fait de ses interventions peut aussi émettre des avis dans l'optique d'éviter des situations de paralysie[680].

En se demandant à quoi sert la fonction consultative des juridictions constitutionnelles ? On peut affirmer que les avis émis par les juridictions dans l'exercice de cette fonction facilitent le déroulement de l'activité des pouvoirs publics. L'accompagnement est visible en matière électorale. Ainsi, au Gabon, le Premier ministre a saisi la Cour constitutionnelle sur la question de savoir, lors des futures élections, s'il était possible de remettre un exemplaire des procès-verbaux aux représentants des candidats. Dans son considérant, le juge constitutionnel a indiqué le risque de falsification des procès-verbaux. Il affirme ainsi que « *si le législateur a ainsi énuméré de façon limitative les destinataires des procès-verbaux des opérations électorales, c'est dans le but de prévenir tout risque de falsification et d'exploitation partisane desdits procès-verbaux incompatible avec la*

---

677 Madior Fall (I.), 'La construction des régimes politiques en Afrique : insuccès et succès', *Afrilex*, 2014, p. 12.

678 À titre d'illustration, on peut lire l'article 47 de la Constitution camerounaise du 18 janvier 1996.

679 Gicquel (J.) et Gicquel (J-E), *Droit constitutionnel et Institutions Politiques, op. cit.* p. 825.

680 Narey (O.), « La régulation des institutions par le juge constitutionnel », *op. cit.* p. 36.

sécurité du scrutin»[681]. C'est la raison pour laquelle il a répondu par la négative à la question du Premier ministre. Grâce à cet avis, on peut affirmer que le juge constitutionnel a aidé le gouvernement à poser les bases d'un scrutin sincère.

Au Togo, le Premier ministre a saisi le président de la Cour constitutionnelle dans le but d'obtenir son avis sur la question de savoir, si la date du 7 juin 1998 annoncée pour le premier tour de l'élection présidentielle est conforme à la Constitution. Le problème soumis au juge constitutionnel togolais était de déterminer le jour exact de la tenue de l'élection étant donné que l'élection ne se tient pas un dimanche. Dans son raisonnement, le juge va s'appuyer sur la Constitution pour se prononcer[682]. Dans un considérant, la Cour constitutionnelle va affirmer que : « *les élections présidentielles ont eu lieu le 25 août, que le mandat légal de cinq (5) ans du président en exercice expire le 25 août 1998, qu'en application de l'article susvisé, le premier tour de l'élection présidentielle pour l'année 1998 doit avoir lieu entre le soixantième jour soit, le 26 juin et le soixante quinzième jour soit le 11 juin 1998*»[683]. Elle ajoute dans un autre considérant que « *la date du 11 juin étant un jour ouvrable il conviendrait de retenir le dimanche 14 juin pour le premier tour*»[684]. C'est sur la base de ces deux considérants qu'elle va déclarer non conforme à la Constitution, la date du 7 juin initialement prévue pour la tenue de l'élection présidentielle[685]. On peut le constater, c'est grâce à l'expertise du juge constitutionnel togolais qu'on a pu déterminer le jour approprié pour le déroulement d'une élection.

Au-delà des élections ou des questions électorales, les juridictions constitutionnelles assistent aussi les pouvoirs publics dans leur fonctionnement. Au Niger, la Cour constitutionnelle a été saisie par douze (12) députés, lesquels posaient la question de savoir si le premier vice-président de l'Assemblée nationale peut convoquer l'assemblée à sa guise en session ordinaire à une date autre que celle prévue par le président de l'Assemblée nationale sans violer la Constitution. La Cour constitutionnelle va émettre son avis en deux temps. *Primo*, elle affirme que : « *les vice-présidents, dans l'ordre de préséance, exercent les pouvoirs et prérogatives du président de l'Assemblée nationale lorsque celui-ci est absent ou empêché*»[686]. En d'autres termes, en cas d'empêchement du président de l'Assemblée nationale, ses fonctions sont exercées par l'un de ses vice-présidents à titre temporaire suivant l'ordre de préséance. *Secundo*, l'avis de

[681] *Avis n° 003/CC du 29 août 2001.*
[682] Article 61 de la Constitution du 14 octobre 1992.
[683] *Avis n° AV002-98 du 23 avril 1998.*
[684] *Idem.*
[685] *Idem.*
[686] *Avis n° 25/CC/MC du 9 octobre 2014.*

la Cour va indiquer les barrières temporaires érigées pour encadrer l'activité du vice-président. Elle déclare ainsi que : « *en cas d'absence ou d'empêchement du président, le premier vice-président peut convoquer l'Assemblée nationale en session ordinaire sans violer la Constitution. La tenue d'une session ordinaire doit obligatoirement s'inscrire dans les délais prévus par la Constitution* »[687].

Enfin, en Côte d'Ivoire, le président de la République a consulté le Conseil constitutionnel sur la question de savoir si le défaut d'élection entraîne automatiquement la dissolution de l'Assemblée nationale. Dans le but de consolider la continuité du pouvoir législatif, ce dernier va affirmer dans son avis que : « *l'Assemblée nationale demeure en fonction et conserve ses pouvoirs* »[688]. Il faut noter qu'au moment où le président de la République fait recours au Conseil constitutionnel pour avis, le pays est coupé en deux ce qui hypothèque l'organisation de l'élection sur l'ensemble du territoire national. Or il se trouve que le mandat des députés avait expiré et il fallait trouver une solution afin de garantir à cette assemblée parlementaire, une certaine continuité. Cet avis s'appuie d'ailleurs sur le nécessaire équilibre entre les pouvoirs. Il ressort de ces analyses que les avis émis par les juridictions constitutionnelles ont pour but de faciliter leurs activités et de réguler leur fonctionnement. La complexité des questions constitutionnelles rend indispensable la consultation du juge constitutionnel. Cela est vrai dans la mesure où grâce aux avis, ce dernier légitime les actes des pouvoirs publics.

Paragraphe 2 : la considération des juridictions constitutionnelles comme instance de légitimation

La consécration de la fonction consultative participe de la volonté des constituants africains de démocratiser l'exercice du pouvoir. Cette démocratisation se traduit par la légitimation des actes des gouvernants. Aussi, à l'analyse des textes et des pratiques constitutionnels, on peut affirmer que les avis émis par les juridictions constitutionnelles légitiment les réformes juridiques (A) et les actes des pouvoirs publics (B).

[687] *Avis n° 25/CC/MC du 9 octobre 2014.*
[688] *Avis n° 2005-13/CC/SG du 15 décembre 2005.*

A- La légitimation des réformes juridiques

Le vocable « *légitimation* » dérive du mot légitimité qui a une consonance juridique et désigne la qualité d'un pouvoir. Il a la particularité d'insister sur l'adhésion des membres de la société aux réformes juridiques[689]. En donnant un avis favorable à une réforme au regard de sa conformité à la Constitution, le juge constitutionnel légitime à la fois, les réformes constitutionnelles (1) et infraconstitutionnelles (2).

1- La légitimation des réformes constitutionnelles

Lorsqu'on procède à l'analyse de la temporalité constitutionnelle, on se rend bien compte que le temps de la révision constitutionnelle occupe une place centrale. En effet, la révision de la Constitution a pour but de permettre l'adaptation du texte constitutionnel à l'évolution de la société. Il s'ensuit que le recours à l'opération de révision constitutionnelle constitue une étape normale dans la vie d'une Constitution. Cependant, l'Afrique noire francophone se démarque par une forte instabilité constitutionnelle[690] qui consolide le révisionnisme. On note une pluralité de révisions abusives et frauduleuses. Aussi le rôle du juge constitutionnel est primordial. Si le contrôle de constitutionnalité des lois constitutionnelles permet de faire blocus contre des révisions inconstitutionnelles et abusives, le recours à l'avis du juge vise à légitimer l'opération de révision.

Malgré la tendance du nouveau constitutionnalisme africain vers la démocratie et l'État de droit, la rébellion du politique est constante[691]. Elle se manifeste au sens du professeur **Koffi Ahadzi** d'une part « *par l'instrumentalisation des révisions constitutionnelles, d'autre part, par la*

---

[689] Rivéro (J.), « Consensus et légitimité », *Pouvoirs*, n° 5, 1978, p. 61.

[690] Depuis le début des années 1990, on note une intense activité constituante dans les États d'Afrique noire francophone. En effet, le retour en force des anciens partis uniques a favorisé un révisionnisme constitutionnel de grande ampleur dans les États africains. Il y a ainsi un contraste entre la rigidité constitutionnelle proclamée et l'instabilité qui est constatée dans la pratique. La principale conséquence de cette instabilité est le reflux constitutionnel puisque les réformes en question remettent en cause, les options constitutionnelles du renouveau constitutionnel. Voir : Aïvo (F-J), « La crise de normativité de la Constitution en Afrique », *RDP*, n° 1, 2012, p.151 ; Meledje Djedjro (F.), « Faire, défaire et refaire la Constitution en Côte-d'Ivoire : un exemple d'instabilité chronique », Communication présentée à *African network of constitutionnal law conférence on fostering constitutionnalism Africa Nairobi*, 2007, p.10 ou encore, Sambou (S.), « Afrique subsaharienne francophone. Des textes constitutionnels en vigueur à leur (s) révision(s) », *Afrique contemporaine*, n° 242, 2012, p. 116.

[691] Ahadzi Nonou (K.), « Constitution, démocratie et pouvoir en Afrique », in Frédéric Joël Aïvo (Dir.), *La Constitution béninoise du 11 décembre 1990 : un modèle pour l'Afrique ? Mélanges en l'honneur de Maurice Ahanhanzo Glélé*, Paris, l'harmattan, 2014, p. 70.

mise en veilleuse de la Constitution au terme des accords politiques »[692]. La première modalité qui est celle qui va retenir l'attention des présentes analyses se traduit à la fois par l'inflation révisionniste et surtout par la multiplication des révisions abusives et frauduleuses de sorte qu'à l'épreuve du temps, la légitimité de la Constitution est entamée. Le recours à l'avis du juge constitutionnel pendant la révision peut ainsi avoir pour finalité de renforcer la légitimité de l'opération constituante, en ce sens que son avis favorable peut être assimilé à une caution à une éventuelle modification de la Constitution. Ce qui donne le sentiment au peuple que la révision est normale et n'a rien de pernicieux.

Au Gabon, la Cour constitutionnelle a été consultée par le président de la République afin qu'elle lui donne son avis sur un projet de révision de la Constitution du 26 mars 1991 conformément aux dispositions des articles 116 de la Constitution et de l'article 57 de la loi organique sur la Cour constitutionnelle. Après avoir indiqué la conformité de la procédure de révision à la Constitution[693], la juridiction constitutionnelle gabonaise va émettre son avis à travers un double raisonnement. Dans un premier temps, la Cour va identifier et indiquer les dispositions inconstitutionnelles. Elle déclare ainsi que « *la dernière phase de l'article 112 bis est contraire à l'article 84 de la Constitution* »[694]. Dans un second temps, elle va légitimer l'opération de révision. On peut ainsi lire que « *les autres dispositions du projet soumis à examen de la cour ainsi que la procédure de révision aux articles 116 de la Constitution, 57 et 58 de la loi organique sur la Cour constitutionnelle ne sont pas contraires à la Constitution* »[695]. Cet avis constitue ainsi une caution à l'opération de révision et légitime l'initiative présidentielle d'amender le texte constitutionnel.

Toujours au Gabon, la Cour constitutionnelle a été consultée par le président de la République pour avis sur son projet de révision de la Constitution. Après avoir analysé la procédure suivie et le contenu du projet, la juridiction constitutionnelle gabonaise va émettre l'avis selon lequel « *la révision est compatible à l'ensemble des dispositions constitutionnelles* »[696]. En déclarant la révision compatible à l'ensemble des dispositions de la Constitution, la Cour a donné à l'organe qui a initié la révision, son quitus pour poursuivre cette opération constituante. L'avis de la Cour est ainsi indispensable pour faciliter l'adhésion de l'ensemble de la société à la réforme constitutionnelle, car un avis défavorable de la juridiction

---

692 Ahadzi Nonou (K.), « Constitution, démocratie et pouvoir en Afrique », *op. cit.* p. 70.
693 *Avis n° 001/94/CC de 1994.*
694 *Avis n° 001/94/CC de 1994.*
695 *Idem.*
696 *Avis n° 001/97/CC du 20 mars 1997.*

constitutionnelle est susceptible d'entacher la légitimité de l'opération constituante.

Au Sénégal, le Conseil constitutionnel a donné sa caution à l'initiative présidentielle de réviser la Constitution en 2016. Concrètement, le président de la République a saisi la juridiction constitutionnelle afin que celle-ci se prononce sur son projet de loi constitutionnelle. Dans son avis, le juge sénégalais tout en appelant à la réécriture de certaines dispositions et en affirmant sa compétence minimale affirme que « *La procédure de révision, initiée hors les cas d'interdiction fixés par la Constitution, est régulière en l'état et peut être poursuivie* »[697].

Au Tchad, le Conseil constitutionnel est également mobilisé par les organes détenteurs du pouvoir d'initiative[698] de l'opération constituante pour légitimer à travers ses avis, l'opération de révision de la Constitution. Ainsi, en 2004, le Conseil constitutionnel a été consulté par le président de République sur la proposition de loi constitutionnelle et surtout sur l'opportunité d'une consultation référendaire. Le Conseil va donner l'avis suivant *« le président de la République peut soumettre ladite proposition au référendum »*[699]. Par conséquent, il donne un avis favorable à la réforme. Il suit de ce qui précède que le recours à l'avis du juge constitutionnel vise à donner plus de légitimité aux réformes constitutionnelles. On peut en dire autant au sujet des autres réformes juridiques.

2- La légitimation des réformes infraconstitutionnelles

Les textes qui régissent les juridictions constitutionnelles africaines leur permettent d'intervenir dans les réformes juridiques entreprises par les pouvoirs. Si à titre principal, elles interviennent pour contrôler la constitutionnalité des textes en question, il n'est pas exclu qu'elles soient aussi consultées pour avis. C'est le cas en ce qui concerne la ratification des traités et accords internationaux. Pour reprendre la terminologie du professeur **Alain Ondoua** « *le juge constitutionnel devrait participer, par son office, au processus d'insertion des normes internationales et communautaires dans les ordres juridiques internes des États d'Afrique noire francophone* »[700]. Il peut le faire à travers ses décisions, mais aussi par le biais de ses avis.

---

[697] *Décision n° 1-C-2016 du 12 février 2016.*
[698] Lire l'article 223 de la Constitution du 14 avril 1996.
[699] *Avis n° 01/CC/SG/04 du 18 novembre 2004.*
[700] Ondoua (A.), « La jurisprudence internationale des juridictions constitutionnelles des États d'Afrique noire francophone », *op. cit.* p. 295.

Le Niger fait partie de ces États où la ratification d'un traité ou d'un accord est soumise à l'avis préalable du juge constitutionnel. Dans la pratique, on dénombre une pluralité d'avis émis par la juridiction constitutionnelle nigérienne en la matière. En 2007 par exemple, la Cour constitutionnelle a été consultée par le Premier ministre afin qu'elle donne son avis sur le projet d'ordonnance autorisant la ratification de l'accord H320-NIR destiné au projet de financement des ressources en eau et de gestion durable des écosystèmes du bassin du fleuve Niger. Il s'agit d'un accord signé un mois avant[701] et qui portait sur un montant de 9900000Fcfa. Après avoir analysé le projet d'ordonnance, la Cour constitutionnelle va indiquer que « *le projet d'ordonnance est conforme à la Constitution* »[702].

Au Burkina Faso, le Premier ministre a saisi le Conseil constitutionnel dans le but d'obtenir son avis sur la conformité à la Constitution du statut de Rome de la Cour Pénale Internationale adopté le 17 juillet 1998. La juridiction constitutionnelle burkinabé va d'abord réaffirmer l'attachement aux textes internationaux de protection des droits de l'Homme. On peut ainsi lire dans son considérant que « *dans le préambule, partie intégrante de la Constitution du 2 juin 1991, le Burkina Faso a souscrit à la déclaration universelle des droits de l'homme de 1948 et aux instruments internationaux traitant les problèmes économiques, politiques, sociaux et culturels* »[703]. C'est sur cette base qu'elle va légitimer la ratification du statut de Rome en affirmant que « *le statut de la CPI adopté à Rome le 17 juin 1998 n'est pas contraire à la Constitution du 2 juin 1991* »[704]. Il ressort de ces deux avis que la fonction consultative des juridictions constitutionnelles facilite l'insertion des textes internationaux dans les ordres juridiques internes. En émettant un avis favorable, elles légitiment la ratification.

Les actes règlementaires font aussi l'objet de légitimation par la juridiction constitutionnelle. Concrètement, celle-ci est consultée par les pouvoirs publics sur les projets de décrets et d'ordonnances et son avis favorable peut être considéré comme une sorte de caution. Au Gabon, la juridiction constitutionnelle[705] a été saisie par le gouvernement dans le but d'obtenir son avis sur le projet de décret fixant les probabilités d'exercice du recensement général de la population. La Cour va émettre l'avis selon lequel « *la mission de surveillance directe du rec*ensement général doit

---

[701] L'accord a été signé le 26 juillet 2007.

[702] *Avis n° 05/07/CC du 28 août 2007.*

[703] *Avis n° 2003-08/CC de 2003.*

[704] *Avis n° 2003-08/CC de 2003.*

[705] C'est à travers la lettre n° 00688/MJ/GS/CAB du 21 octobre 1992 que le gouvernement a saisi la Cour constitutionnelle.

revêtir à la fois un caractère administratif et un caractère juridictionnel »[706]. Par conséquent, « *la réserve prévue à l'article 5 doit être supprimée* »[707].

Toujours au Gabon, le président de l'Assemblée nationale a consulté la Cour constitutionnelle sur la validité des ordonnances prises par le gouvernement en application de la loi d'habilitation[708] du 29 décembre 2006 lors de la 10e législature. La question est posée parce que le 24 janvier 2007 marquait le début de la nouvelle législature et lesdites ordonnances étaient soumises à la ratification de la nouvelle assemblée. La Cour va indiquer dans son avis que « *les ordonnances prises par le gouvernement, conformément à la loi d'habilitation du 29 décembre 2006 autorisant le président de la République à légiférer par ordonnance pendant l'intersession parlementaire, sont parfaitement valables* »[709]. Il convient de relever que les juridictions constitutionnelles africaines émettent des avis pour légitimer les réformes juridiques en Afrique noire francophone. Dans le même ordre d'idées, elles sont mobilisées pour légitimer les actes des pouvoirs publics.

B- La légitimation des actes des pouvoirs publics

Pour mieux cerner la portée de la légitimation des actes des pouvoirs publics, il convient de se référer à l'histoire constitutionnelle africaine pour se rendre compte que pendant longtemps, l'exercice du pouvoir était caractérisé par une floraison d'actes abusifs. Cela était favorisé par le fait que le pouvoir s'exerçait en dehors des règles constitutionnelles[710]. Le besoin d'encadrer le pouvoir se posait donc avec une certaine acuité et l'un des mécanismes consacrés par les constituants dans ce sens a été, le recours au juge constitutionnel pour avis et ceci, préalablement à l'édiction d'un acte ou à l'adoption d'une mesure. En donnant sa caution à une mesure prise par un pouvoir public, le juge constitutionnel suscite l'adhésion du peuple et donne le sentiment que l'acte en question ne relève pas de l'arbitraire. La consultation correspond ainsi à une exigence démocratique dont le but est de légitimer les actes des autorités et de démocratiser le processus décisionnel.

Comme il a été souligné dans la première partie, certains actes des pouvoirs publics pour être exécutoires doivent être soumis à l'avis du juge

---

706 *Avis n° 001/CC de 1992.*

707 *Idem.*

708 Jusqu'ici, les ordonnances en question n'avaient pas encore été ratifiées par l'institution parlementaire. C'est la raison pour laquelle elles sont considérées comme des actes règlementaires. En droit constitutionnel, c'est la ratification qui est censée leur donner, une nature législative.

709 *Avis n° 004/CC du 26 juin 2007.*

710 Madior Fall (I.), « La construction des régimes politiques en Afrique : insuccès et succès », *op. cit.* p. 30.

constitutionnel. C'est le cas en matière de dissolution de l'Assemblée nationale, de recours aux pouvoirs de crise ou encore de mobilisation par le président de la République d'un pouvoir disciplinaire à l'encontre des organes décentralisés. Dans toutes ces hypothèses, le recours au juge constitutionnel consolide le pouvoir de l'organe qui est appelé à agir. C'est ce qui conduit à le considérer comme instance de légitimation des actes des pouvoirs publics.

L'exemple nigérien est assez illustratif. Deux avis permettent de considérer la Cour constitutionnelle comme un organe qui légitime les actes des pouvoirs publics. Dans la première hypothèse, la Cour a été saisie par le Premier ministre dans l'optique de requérir son avis sur les projets de décret portant création respectivement de l'ordre national des médecins, de l'ordre national des pharmaciens et de l'ordre national des chirurgiens-dentistes. Après avoir analysé lesdits projets, elle va cautionner l'initiative primoministérielle. C'est ainsi qu'elle va affirmer que *« la création (...) peut se faire par voie règlementaire »*[711]. En donnant un avis favorable à cette création, le juge constitutionnel nigérien a ainsi donné plus de poids à l'initiative prise par le chef du gouvernement.

Toujours au Niger, le Premier ministre a saisi la Cour constitutionnelle dans le but d'obtenir son avis sur un projet d'ordonnance. La saisine en question s'est faite suivant la procédure d'urgence et il était question pour la haute juridiction de prononcer sur la conformité dudit projet à la Constitution. Il faut aussi indiquer que le projet d'ordonnance en question avait pour but, la prorogation de l'état d'urgence dans la région de **Diffa**. Dans son avis, la Cour constitutionnelle va indiquer que « *le projet d'ordonnance portant prorogation de l'état d'urgence dans la région de* ***Diffa*** *est conforme à la Constitution* »[712]. Si *a priori*, l'objet de la saisine est interprété comme la recherche d'une caution de la Cour constitutionnelle à l'initiative *primo* ministérielle, la question qu'on est en voie de se poser est de savoir quel est l'acte qui a été légitimé par la Cour constitutionnelle nigérienne ? En réponse à cette interrogation, on peut affirmer que la juridiction constitutionnelle a renforcé la légitimité de l'acte de prorogation de l'État d'urgence. Il convient de rappeler que la mise en œuvre des pouvoirs de crise soulève souvent des problèmes compte tenu du fait qu'elle renfonce les pouvoirs de certains organes, l'exécutif en particulier et entraîne la restriction des droits et libertés des citoyens. Aussi, afin que les citoyens n'aient pas le sentiment de subir les actes des pouvoirs publics pendant cette période, l'apport du juge constitutionnel s'avère intéressant non seulement

[711] *Avis n° 18/CC du 6 septembre 2017.*
[712] *Avis n° 19/CC du 15 septembre 2017.*

pour apprécier l'ampleur de la situation, mais aussi pour donner sa caution aux mesures qui sont prises. C'est ce qui a été fait par le juge nigérien.

Au Gabon, la Cour constitutionnelle a donné un avis favorable à une décision prise par le Conseil national de la communication relative à la répartition du temps d'antenne et l'espace d'insertion dans les médias de l'État pendant la campagne pour l'élection présidentielle de décembre 1998. En l'espèce, le Conseil national a saisi la Cour constitutionnelle pour avis sur son projet de décision. La juridiction constitutionnelle gabonaise va indiquer que « *la décision soumise à l'examen de la Cour constitutionnelle ne comporte aucune disposition contraire à la Constitution et ne donne lieu non plus à aucune observation* »[713]. En affirmant la conformité à la Constitution de ce projet de décision, la Cour constitutionnelle a cautionné l'initiative de cette institution. Ce qu'il convient de retenir, c'est que l'avis favorable de la juridiction constitutionnelle n'est pas sans importance. Il confère la légitimité aux initiatives des pouvoirs. On peut ainsi constater que la fonction consultative des juridictions constitutionnelles contribue à leur valorisation. Elle participe aussi à la valorisation des Constitutions.

Section 2 : La valorisation des Constitutions

En recourant à l'interprétation de la Constitution dans le cadre de l'exercice de la fonction consultative, les juridictions constitutionnelles africaines contribuent à véhiculer l'idée de Constitution. C'est dans ce sens qu'on peut valablement formuler le postulat de la valorisation de la loi fondamentale. En effet, les avis émis par les juridictions en question valorisent non seulement le contenu (P1), mais également, l'autorité de la loi fondamentale (P2).

Paragraphe 1 : La valorisation du contenu de la Constitution

Le contenu des Constitutions africaines est hétérogène. On y décèle en effet des dispositions qui encadrent le pouvoir, celles qui font référence aux droits fondamentaux ou encore celles qui font référence à la forme de l'État et aux principes républicains. C'est ce contenu que le juge constitutionnel est appelé à défendre contre toute forme d'atteintes. L'analyse des avis émis par les juridictions constitutionnelles africaines permet d'affirmer que ces derniers valorisent à la fois la lettre (A) et l'esprit de la Constitution (B).

---

[713] *Avis n° 0001/CC du 23 octobre 1998.*

A- La valorisation de la lettre

La valorisation de la lettre de la Constitution relève de ce qu'on appelle communément l'interprétation littérale[714]. En effet, lorsque le texte est vague, flou ou ambigu[715], le recours au juge constitutionnel a pour objectif de le rendre intelligible[716]. Au-delà du fait que l'avis vise à rendre le texte intelligible, la valorisation de la lettre peut aussi être entendue comme le fait pour le juge de consolider le contenu des dispositions constitutionnelles. Dans les deux hypothèses, l'objectif est de valoriser l'œuvre du pouvoir constituant. En effet, la complexité des questions et de la sémantique constitutionnelles rend indispensable le recours au juge constitutionnel. L'interprétation constitutionnelle qui en découle peut être considérée comme un remède aux défaillances de l'écriture de la Constitution.

De nombreux avis ont permis au juge constitutionnel de valoriser la lettre des textes constitutionnels. Au Bénin, la Cour constitutionnelle a dans un avis[717], affiné la distinction entre le domaine de la loi et le domaine du règlement opéré par la Constitution du 11 décembre 1990. Notons que dans les Constitutions des États d'Afrique noire francophone, la distinction entre le domaine de la loi et celui du règlement est clairement affirmée. Cependant, il arrive des situations dans lesquelles une autorité empiète sur le champ de compétence d'une autre. Dans une telle hypothèse, l'apport du juge constitutionnel s'avère indispensable pour faire prévaloir la lettre de la Constitution. En l'espèce, le président de la République a saisi la Cour en 1997 pour solliciter son avis sur son projet de décret instituant les fêtes en République du Bénin[718]. L'objectif de cette réforme règlementaire était d'instaurer une fête annuelle des religions traditionnelles. La Cour constitutionnelle va indiquer dans son avis que « *l'institution des journées des fêtes en République du Bénin relève du domaine de la loi* »[719]. Pour justifier cet avis, la juridiction constitutionnelle béninoise va préciser dans un considérant que « *cette matière, bien qu'elle ne figure pas expressément dans celles énumérées à l'article 98 de la Constitution, relève par nature du droit du travail qui en revanche est formellement mentionné dans cet article* »[720]. Elle ajoute dans un autre considérant que « *(...) l'institution d'une fête annuelle des religions traditionnelles touche à l'exercice d'une liberté publique, celle de religion et de culte consacré par l'article 23 de la Constitution et dont la garantie relève du pouvoir législatif, conformément à*

---

714 Guastini (R.), « L'interprétation de la Constitution », *op. cit.* p.486.

715 Troper (M.), « L'interprétation constitutionnelle », *op. cit.* p. 14.

716 *Ibid.* p. 22.

717 *Avis CC-001/94 du 14 septembre 1994.*

718 Lire dans ce sens la lettre n° 09/PR/CAB du 30 août 1994.

719 *Avis n° CC-001/97 du 5 août 1997.*

720 *Idem.*

l'article 98 de la Constitution susvisé en son alinéa premier »[721]. Cet avis a la particularité de renforcer la frontière entre le domaine de la loi et le domaine règlementaire consacré par la Constitution du 11 décembre 1990.

Au Sénégal, le Conseil constitutionnel a fait prévaloir la lettre de la Constitution dans l'appréciation de sa compétence. Il s'est ainsi déclaré compétent à émettre des avis dans un champ non prévu par la loi fondamentale. Il avait été saisi par le président de la République afin qu'il lui donne son avis sur le projet de loi modifiant l'article 60 de la Constitution et le projet de loi ordinaire repoussant la date des élections au jour du premier tour du scrutin de l'élection présidentielle de 2007. Dans son avis, le juge constitutionnel sénégalais affirme dans un premier considérant que « *la Constitution et la loi organique susvisées ont strictement délimité la compétence du Conseil constitutionnel ; que celui-ci ne saurait être appelé à statuer ou à émettre un avis dans d'autres cas que ceux qu'ils ont expressément prévus* »[722]. Il indique dans un autre considérant que « *le Conseil constitutionnel ne peut être saisi par le président de la République pour avis que, lorsqu'en vertu de l'article 51 de la Constitution, il décide de soumettre tout projet de loi constitutionnelle ou sur proposition du Premier ministre tout projet de loi, au référendum* »[723]. Sur la base de cette motivation, il émet finalement l'avis selon lequel le « *Conseil constitutionnel n'a pas de compétence pour répondre en l'espèce à la demande d'avis du président de la République* »[724].

Dans le même ordre d'idées, au Niger, le Premier ministre a saisi la Cour constitutionnelle dans l'optique d'obtenir son avis sur la conformité à la Constitution du projet gouvernemental de modification par décret, de l'ordonnance portant création d'un établissement public à caractère scientifique, culturel et technique dénommé Université de **Maradi**[725] modifiée par l'ordonnance de 2010[726]. À travers ledit projet, le gouvernement a envisagé de donner à cette institution universitaire, la dénomination d'Université **Dan Dicko Dankoulodo** pour rendre hommage à cet illustre scientifique. En s'appuyant sur la Constitution, la Cour constitutionnelle va réaffirmer la distinction entre le domaine de la loi et le domaine du règlement. Elle va ainsi affirmer « *l'impossibilité du changement de dénomination sans recours à une loi dans la mesure où la création d'un*

[721] *Avis n° CC-001/97 du 5 août 1997.*
[722] *Décision n° 1-2005 du 7 septembre 2005.*
[723] *Décision n° 1-2005 du 7 septembre 2005.*
[724] *Idem.*
[725] Il s'agit précisément de l'ordonnance n° 2010-040 du 1er juillet 2010 portant création d'un établissement public à caractère scientifique, culturel et technique.
[726] Lire utilement l'ordonnance n° 2010-79 du 9 décembre 2010.

établissement public relève du domaine de la loi »[727]. À travers cet avis, la Cour constitutionnelle a fait prévaloir la lettre de la Constitution en précisant les compétences respectives des autorités règlementaires et législatives. L'objectif était surtout d'empêcher qu'un organe n'empiète sur le champ de compétence d'un autre.

Enfin, toujours au Niger, la Cour constitutionnelle a valorisé la lettre de la Constitution en expliquant une disposition vague. En effet, cette dernière a été saisie par vingt-huit (28) députés aux fins d'interprétation de l'article 89 de la Constitution. L'objectif de cette demande était d'expliciter le contenu de la loi fondamentale notamment dans son contenu qui indique que : « *le bureau de l'Assemblée nationale doit refléter la configuration politique*[728] *de l'assemblée* ». Dans son avis, la juridiction constitutionnelle va indiquer que « *la configuration politique est déterminée proportionnellement au nombre des élus de chaque groupe parlementaire et est fonction de la taille des groupes parlementaires et qu'elle ouvre droit de préséance des vice-présidents* »[729]. On peut ainsi se rendre compte que la Cour constitutionnelle nigérienne a rendu intelligible, une disposition de la Constitution. Cet avis conforte la considération des juridictions constitutionnelles en instance de valorisation de la lettre des textes constitutionnels. Non seulement elles consolident ce qui est prescrit par la Constitution, mais elles éclairent également les dispositions au contenu ambigu. Cependant, le constat qui se dégage est qu'elles font aussi prévaloir l'esprit de la Constitution.

B- La valorisation de l'esprit de la Constitution

La Constitution a-t-elle un esprit ? En opérant une interprétation téléologique des textes constitutionnels, on peut répondre à cette interrogation par l'affirmative. Il convient d'indiquer que l'esprit de la Constitution est déterminé à partir de l'identification du but poursuivi par le constituant[730]. Comme le martèle **Michel Troper**, on assiste à l'époque contemporaine « *au recours fréquent (...) à l'argument de l'esprit de la Constitution* »[731]. Certes, suivant la formule du professeur **Stéphane Pierre — Caps** « *il peut paraître bien étrange, sinon incongru voire suspect, d'évoquer aujourd'hui l'esprit des Constitutions, en un temps où la notion de Constitution se veut exclusivement normative* »[732]. Il est important

---

[727] *Avis n° 008/CC du 10 février 2014.*

[728] Article 86 de la Constitution du 25 novembre 2010.

[729] *Avis n° 002/CCT/2011.*

[730] Pierré-Caps (S.), « L'esprit de la Constitution », in *l'esprit des Institutions, l'équilibre des pouvoirs. Mélanges en l'honneur de Pierre Pactet*, Paris, Sirey, 2003, p. 375.

[731] Troper (M.), « L'interprétation constitutionnelle », *op. cit.* p.21.

[732] Pierré-Caps (S.), « L'esprit de la Constitution », in, *l'esprit des institutions, l'équilibre des pouvoirs, mélanges en l'honneur de Pierre Pactet*, Paris, Sirey, 2003, P. 375.

d'indiquer que les textes constitutionnels ont bel et bien un esprit[733] qu'on peut cerner ou identifier à partir d'un certain nombre de principes et de la finalité de la loi fondamentale. D'ailleurs, la problématique de l'esprit de la Constitution est au cœur de la politique jurisprudentielle et le juge constitutionnel a pour mission de préserver à la fois, la lettre et l'esprit de l'acte constituant à travers ses décisions et avis. En effet, il revient au juge constitutionnel de défendre et de véhiculer les valeurs que consacre la Constitution. Le professeur **Demba Sy** est assez incisif à ce sujet. Selon lui, « *le juge en disant le droit, en contrôlant la constitutionnalité des normes est en même temps vecteur d'inculcation des croyances* »[734]. Aussi, ce dernier n'hésite pas à diffuser les valeurs constitutionnelles[735] dans ses décisions et avis.

La jurisprudence constitutionnelle est quantitativement riche dans les États d'Afrique noire francophone. Cependant, sa richesse n'a pas essentiellement une dimension quantitative. On peut aussi l'apprécier au plan qualitatif. La dimension qualitative de la jurisprudence constitutionnelle se traduit non seulement par l'audace du juge à créer des normes, mais également par le souci de préserver les valeurs constitutionnelles. Il faut rappeler dans ce sens que le juge constitutionnel est le gardien des valeurs consacrées par la Constitution et il en assure la garantie aussi bien dans le cadre du contrôle de constitutionnalité qu'en matière de consultation. Ainsi, dans le cadre de cette étude, on peut recenser un nombre important d'avis dont la finalité est de valoriser l'esprit des lois fondamentales contribuant ainsi à donner à la fonction consultative des juridictions constitutionnelles, un certain intérêt.

Au Bénin, la Cour constitutionnelle a exprimé sa désapprobation au projet présidentiel de mettre en œuvre, les pouvoirs de crise. Ainsi, le président de la République a saisi la juridiction constitutionnelle en question dans le but d'obtenir son avis sur le projet de déclenchement des états de crise constitutionnalisés au motif que la non-exécution de la loi de finances menace l'exécution des engagements internationaux. La Cour va donner un avis défavorable à l'initiative présidentielle. Concrètement, elle va affirmer que « *ne sont pas réunies les conditions exigées par la Constitution pour l'application de son article 68* »[736]. Pour justifier sa position, elle affirme

---

733 Ribert (L.), *Esprit de la Constitution*, Paris, Librairie Germer Baillière, 1875, P. 312p.

734 Sy (D.), « Les fonctions de la justice constitutionnelle en Afrique », *op. cit.* p. 62.

735 L'analyse des décisions et avis des juridictions constitutionnelles africaines permet de se rendre compte que celles-ci diffusent à la fois, les valeurs de la démocratie et de l'État de droit. On dénombre une jurisprudence qui promeut les valeurs telles que : le consensus, la légitimité, le respect des droits fondamentaux et la suprématie juridique de la Constitution. Cette diffusion permet ainsi d'apprécier la dimension qualitative de la jurisprudence constitutionnelle dans les États d'Afrique noire francophone.

736 *Avis n° CC-001/94 du 14 septembre 1994.*

dans un premier considérant que « *la loi de finances votée le 28 juillet 1994 n'étant pas toujours promulguée pour devenir exécutoire, celle-ci ne saurait constituer une menace grave et immédiate pour l'exécution des engagements internationaux* »[737]. Elle ajoute dans un second considérant que « *dans la situation actuelle, il n'apparaît pas qu'il y a menace pour l'exécution des engagements internationaux ni pour le fonctionnement régulier des pouvoirs publics constitutionnels* ».[738] Cet avis a permis au juge constitutionnel de barrer la voie à l'usage abusif des pouvoirs de crise étant entendu que la Constitution du 11 décembre 1990 a posé les bases de l'État de droit qui s'opposent à l'arbitraire.

Au Burkina Faso, le juge constitutionnel a valorisé l'esprit de la Constitution en interpellant la bonne conscience des parlementaires. En l'espèce, le président de la République a saisi la chambre constitutionnelle afin que celle-ci lui donne une définition de la notion de « *majorité absolue* ». Le problème se posait alors parce qu'il y avait blocage à l'Assemblée nationale précisément en matière de désignation de son président. Non seulement la chambre constitutionnelle a esquissé la définition sollicitée par l'institution présidentielle[739], mais elle a aussi interpellé les parlementaires. On peut ainsi lire dans son avis que « *cependant, le problème semble être essentiellement politique et pourrait trouver sa solution au sein de l'Assemblée nationale même, si chacun y mettait du sien* »[740]. Le juge constitutionnel burkinabé est conscient du fait que le sort de la Constitution et de son contenu est tributaire de l'application dont elle fait l'objet. Aussi, elle interpelle la bonne conscience des parlementaires afin de préserver les valeurs que promeut la loi fondamentale.

Au Sénégal, la juridiction constitutionnelle a fait prévaloir l'esprit de la Constitution en garantissant à titre exceptionnel, le droit de vote des citoyens en partant du postulat selon lequel, la souveraineté appartient au peuple. Les faits de l'espèce sont les suivants, le président de la République avait saisi le Conseil constitutionnel en matière consultative sur l'éventualité de « *permettre aux citoyens inscrits sur les listes électorales, mais n'ayant pu retirer leur carte d'électeur biométrique CEDEAO, de voter sur présentation de leur récépissé d'inscription et de tout autre document administratif permettant de les identifier, à savoir : une carte d'identité nationale numérisée, une carte d'électeur numérisée ; un passeport ; un permis de conduire (...)* »[741]. Après avoir indiqué que le droit de vote est consacré par la Constitution, la juridiction constitutionnelle sénégalaise émet l'avis selon

[737] *Idem.*

[738] *Idem.*

[739] *Avis n° 04/78 du 15 juin 1978.*

[740] *Avis n° 04/78 du 15 juin 1978.*

[741] Lire la lettre n° 0372 du 24 juillet 2017.

lequel « *À titre exceptionnel, pour les élections législatives prévues le 30 juillet 2017, l'électeur n'ayant pu retirer sa carte d'identité CEDEAO faisant office de carte d'électeur, mais dont l'inscription sur les listes électorales est vérifiée, peut voter sur présentation de son récépissé d'inscription accompagné de l'un des documents ci-après dès lors que celui-ci permet de s'assurer de son identité : une carte d'identité nationale numérisée, une carte d'électeur numérisée ; un passeport ; un document d'immatriculation pour les primo-inscrits non-détenteurs d'un des trois premiers documents administratifs* »[742]. Cet assouplissement exceptionnel des conditions de participation au scrutin vise essentiellement à valoriser l'esprit de la Constitution qui est celui de la consécration du droit de vote.

Toujours au Sénégal, le Conseil constitutionnel a fait prévaloir l'esprit de la Constitution dans l'avis émis en 2016 au sujet de la révision constitutionnelle en appelant à la suppression de certains fragments de l'article 27 du projet de loi constitutionnelle. Il convient de préciser que l'article en question faisait passer le mandat présidentiel de sept (7) à cinq ans (05) en indiquant que cette mesure s'appliquerait aussi au mandat en cours en toute méconnaissance du principe de la non-rétroactivité de la règle de droit. Dans son avis, la juridiction constitutionnelle va indiquer que « *la disposition transitoire prévue à l'article 27 (...) doit être supprimée ; elle n'est conforme ni à l'esprit de la Constitution ni à la pratique constitutionnelle, la loi nouvelle sur la durée du mandat du président de la République ne pouvant s'appliquer au mandat en cours* »[743].

Au Niger, deux avis émis par la Cour constitutionnelle lui ont permis de consolider l'unité nationale consacrée par la Constitution. Dans le premier avis, le Premier ministre a saisi cette juridiction sur la question de savoir, s'il existe une disposition de la Constitution qui interdirait au président de la République et au Premier ministre d'appeler aux fonctions gouvernementales, les ressortissants d'un parti d'opposition. En s'appuyant sur le texte constitutionnel[744], la juridiction constitutionnelle va déclarer « *(...) qu'aucune disposition contraire ne formule cette interdiction* »[745]. Le principe est donc celui de l'intégration de tous les citoyens au sein de l'institution gouvernementale. En d'autres termes, la Cour constitutionnelle va admettre l'hypothèse d'une collaboration entre les acteurs politiques dans la direction de l'État, nonobstant les clivages idéologiques. L'objectif de cet avis est d'encourager une coexistence paisible entre les partis et formations politiques pour une pacification du jeu démocratique. Tout au plus, cet avis

[742] *Décision n08-2017 du 26 juillet 2017.*
[743] *Décision n° 1-C-2016 du 12 février 2016.*
[744] *Décision n° 1-C-2016 du 12 février 2016.*
[745] *Avis n° 15/CC du 2 avril 2013.*

renforce l'égalité des citoyens et l'interdiction des discriminations fondées sur des clivages politiques ou idéologiques.

Dans le second avis, le Premier ministre a saisi la même juridiction selon la procédure d'urgence afin que celle-ci se prononce sur la question suivante : la formation d'un gouvernement d'union nationale est-elle conforme à la Constitution ? Une fois de plus dans sa réponse, la juridiction constitutionnelle va prendre appui sur le texte pour valoriser l'esprit de la Constitution. C'est ainsi qu'elle va affirmer que « *la Cour est d'avis que la formation d'un gouvernement d'union nationale n'est pas contraire à la Constitution* »[746]. Une fois de plus, cet avis a valorisé l'esprit de la Constitution, en l'occurrence le principe de l'unité nationale qu'elle promeut. À titre de rappel, la Constitution nigérienne ne donne pas un contenu précis à l'unité nationale. À travers cet avis, la Cour constitutionnelle va exprimer son adhésion pour un gouvernement inclusif. Il en ressort que la fonction consultative des juridictions constitutionnelles africaines a pour finalité de valoriser le contenu de la loi fondamentale et les valeurs que celle-ci promeut. Concrètement, elle met en avant la lettre et l'esprit de la Constitution. Bien plus, l'importance de cette fonction est telle que les avis font prévaloir l'autorité de la Constitution sur les autres normes juridiques.

Paragraphe 2 : La valorisation de l'autorité de la Constitution

En droit constitutionnel, l'idée communément admise est que l'autorité de la Constitution est garantie par la juridiction constitutionnelle à travers le contrôle de constitutionnalité des normes. Sans toutefois se démarquer de cette idée, on peut néanmoins ajouter que les avis émis par les juridictions constitutionnelles tendent aussi à renforcer l'autorité de la Constitution en ce sens qu'ils sont la résultante d'un contrôle préventif de constitutionnalité des normes. Cela se justifie d'une part, par la rigidification de la Constitution (A) et par l'affirmation de la suprématie constitutionnelle d'autre part (B).

A- Une fonction contribuant à la rigidification de la Constitution

L'apport des juridictions constitutionnelles pendant les révisions constitutionnelles est de grande importance et leur utilité dans la rigidification de la Constitution n'est plus à démontrer. Dans les États d'Afrique noire francophone, les avis du juge constitutionnel garantissent le respect de la procédure (1) et réaffirment l'existence des limites au pouvoir de révision (2).

---

[746] *Avis n° 27/CC du 26 juillet 2013.*

1- La garantie du respect de la procédure de révision

L'élément procédural est le critère utilisé pour opérer la distinction entre la Constitution souple et la Constitution rigide. En effet, une Constitution est dite rigide lorsque la procédure de révision est différente, plus complexe et contraignante que la procédure législative ordinaire[747]. L'un des traits caractéristiques du renouveau constitutionnel africain est la généralisation de l'option pour des Constitutions rigides[748]. L'objectif des constituants africains étant la recherche de la stabilité dans un contexte fortement marqué par la frénésie révisionniste. Pour ainsi rendre les textes constitutionnels rigides, les constituants ont prévu la consultation du juge constitutionnel en matière de révision constitutionnelle. L'objectif est de permettre à ce dernier de se prononcer à la fois sur la procédure et sur le projet ou la proposition de loi constitutionnelle.

En Côte d'Ivoire, le président de la République **Laurent Gbagbo** a saisi le Conseil Constitutionnel aux fins d'obtenir son avis sur la question de savoir si le président de la République peut transmettre un projet de révision de la Constitution sans que cette transmission ne donne lieu à un examen et ne soit analysée comme l'engagement de la procédure de révision de la Constitution. En clair, le chef de l'État voulait réviser la Constitution sans recourir à la procédure prévue à cet effet par la Constitution en évitant surtout que le texte soit amendé. La juridiction constitutionnelle ivoirienne va donner un avis défavorable à cette réforme. Dans l'avis qu'elle émet à ce sujet, on peut lire que « *toute transmission ou dépôt à l'Assemblée nationale par le président de la République d'un projet de loi portant révision d'une disposition constitutionnelle, en l'espèce, de l'article 35 engage nécessairement la procédure de révision constitutionnelle* »[749]. Pour justifier son avis, le Conseil constitutionnel indique que « *le président de la République, en élaborant et en transmettant à l'Assemblée nationale le projet de loi portant révision constitutionnelle, exécute intégralement la phase de la procédure de révision à lui réservée et engage conséquemment et nécessairement la procédure de révision* »[750]. On peut ainsi affirmer à la lecture de cet avis que le juge constitutionnel ivoirien tient au respect scrupuleux de la procédure de révision. Il y a là, une consolidation de la procédure prévue par la Constitution.

---

[747] Constantinesco (V.) et Pierré-Caps (S.), *Droit constitutionnel*, 7e éd., Paris, PUF, 2016, p. 188.

[748] Atangana Amougou (J-L), « Rigidité et instabilité constitutionnelles dans le nouveau constitutionnalisme africain », *Afrique Juridique et politique*, n° 2, vol2, 2006, p. 49.

[749] *Avis n° 006/AC/CC du 24 juillet 2004.*

[750] *Avis n° 006/AC/CC du 24 juillet 2004.*

Dans le même ordre d'idées, la même juridiction a dans un avis exprimé son opposition à la tentative présidentielle d'assouplissement de la Constitution. Le président de la République avait alors saisi le Conseil constitutionnel pour solliciter son avis sur deux questions : la première est de savoir si l'expression « *tout texte ou toute question* »[751] contenue dans l'article 43 alinéa 1 de la Constitution peut s'étendre à la révision de la Constitution. La seconde question était de savoir, si en cas de rejet par l'Assemblée nationale du projet de révision, le président de la République peut passer outre et consulter directement le peuple ?[752] À ces deux interrogations, le Conseil constitutionnel va émettre son avis en deux temps. *Primo*, il va restreindre le champ de compétence des normes visées par l'expression « *tout texte ou toute question* ». Il va ainsi indiquer que : « *l'expression tout texte ou toute question contenue dans l'article 43 alinéa 21 de la Constitution, ne peut s'entendre également de la révision de la Constitution* »[753].

Secundo, la juridiction constitutionnelle ivoirienne va également insister sur la nécessité de prendre en compte, le veto opposé par l'Assemblée nationale à l'initiative présidentielle. On peut lire dans ce sens que « *le président de la République ne peut invoquer les dispositions de l'article 43 alinéa 1 pour passer outre le rejet du projet de révision par l'Assemblée nationale dans les conditions de l'article 125, et consulter directement le peuple* »[754]. Il se dégage de cet avis que le Conseil constitutionnel ivoirien a affirmé la nécessité voire l'obligation pour les organes impliqués dans la procédure de révision de la Constitution de respecter la procédure en question. Sur la base de ces deux avis, on peut affirmer qu'à travers l'exercice de la fonction consultative, les juridictions constitutionnelles africaines consolident la rigidité constitutionnelle. Cela est surtout vrai dans la mesure où elles n'hésitent pas à affirmer l'existence des limites au pouvoir de révision.

2- La consolidation des limites au pouvoir de révision

En droit constitutionnel, le pouvoir de révision est l'organe chargé de réviser la Constitution. C'est un pouvoir qui existe et travaille selon les modalités et limites fixées par la loi fondamentale[755]. Contrairement au pouvoir constituant originaire, il s'agit d'un pouvoir secondaire, conditionné

---

[751] *Idem.*
[752] Lire utilement la lettre n° 0037 du 26 novembre 2003
[753] *Avis n° 004/CC/SG du 17 décembre 2003.*
[754] *Avis n° 004/CC/SG du 17 décembre 2003.*
[755] Gösler (K), *le pouvoir de révision constitutionnelle.* Thèse de doctorat en droit public, Université Montesquieu, Bordeaux-IV, 1995, p. 92.

et limité[756]. Il est secondaire dans son fondement, car il trouve sa source dans la Constitution déjà existante. Il est conditionné en ce sens qu'il exerce son activité suivant les modalités qui sont définies et prévues par la Constitution. Enfin, il s'agit d'un pouvoir limité dans le temps et dans son activité. Ce qui signifie en d'autres termes qu'il ne peut pas tout faire. Non seulement son activité est limitée, mais dans certains États, le juge constitutionnel veille au respect des prescriptions constitutionnelles par le pouvoir de révision.

Dans le constitutionnalisme contemporain, les limites au pouvoir de révision permettent d'établir un *distinguo* entre le pouvoir constituant et le pouvoir de révision[757]. Cela est lié au fait que le premier est souverain et exerce des fonctions quasi illimitées tandis que le second n'échappe pas à l'encadrement normatif et au contrôle du juge. Les limites constitutionnelles font partie des critères d'identification des Constitutions rigides. La notion de rigidité constitutionnelle recouvre deux réalités selon qu'on fait référence à la rigidité formelle ou à la rigidité matérielle[758]. Dans le premier cas, il est question de la complexification de la procédure de révision. La seconde variante quant à elle fait référence à la partie essentielle de la Constitution qui ne peut faire l'objet de révision c'est à dire, aux limites constitutionnelles. Aussi, en garantissant le respect des limites en question, le juge constitutionnel se présente comme un acteur de rigidification de la loi fondamentale.

Toutes les Constitutions africaines contiennent les limites au pouvoir de révision. Lesdites limites sont susceptibles d'être classées en deux catégories à savoir, les limites matérielles et les limites temporelles. La première catégorie concerne les limites tenant à l'objet de la révision. C'est dans cette catégorie qu'on répertorie souvent les dispositions interdites de révision. La seconde catégorie quant à elle concerne les périodes pendant lesquelles la révision est interdite. Dans les deux hypothèses, le juge constitutionnel africain se présente comme un rempart contre le non-respect des limites au pouvoir de révision aussi bien dans le cadre du contrôle de constitutionnalité des lois constitutionnelles qu'en matière de mise en œuvre de la fonction consultative.

L'analyse des avis émis par les juridictions constitutionnelles africaines permet de constater que celles-ci ont tendance à protéger les limites au pouvoir de révision. On peut le démontrer à partir des limites temporelles et au regard des limites matérielles. Les exemples ivoiriens et nigériens sont

---

756 Le Pourhiet (A-M), *Droit constitutionnel, op. cit.* p. 54.

757 Calamo Speechia (M.), « Les limites à la révision de la Constitution en France et perspectives comparées », *VIIe Congrès français de droit constitutionnel*, Paris, 25, 26 et 27 septembre 2008, p. 1.

758 *Ibid.* p. 7.

assez illustratifs dans le cadre de cette étude. En Côte-d'Ivoire, le président de la République a saisi le Conseil constitutionnel dans l'optique d'obtenir son avis sur trois questions liées à la révision constitutionnelle. La première était de savoir si la situation qui prévalait correspondait à une atteinte à l'intégrité du territoire. La deuxième était de savoir si cette situation constitue un obstacle à la révision de la Constitution. Enfin, la troisième question était de savoir si malgré cette situation, une consultation populaire est possible. À ces questions, la juridiction constitutionnelle ivoirienne va donner une triple réponse. Premièrement, elle précise que « *la situation que connaît la Côte-d'Ivoire depuis le 19 septembre 2002 est une atteinte à l'intégrité du territoire en ce qu'une partie du pays est occupée par une force politico-militaire, indépendamment du pouvoir central* »[759]. Deuxièmement, elle indique que « *le peuple ne peut être consulté sur une partie seulement du territoire* ».[760] Pour finir, elle va émettre l'avis selon lequel « *il y a bien atteinte à l'intégrité du territoire ; qu'en conséquence, il ne peut ni être engagé ou poursuivi une révision constitutionnelle, ni être procédé à une consultation du peuple sur tout ou partie du territoire* »[761]. Cet avis a ainsi permis au juge constitutionnel de consolider les limites conjoncturelles ou temporelles au pouvoir de révision particulièrement, celle relative à l'atteinte à l'intégrité du territoire.

Au Niger, la Cour constitutionnelle a plutôt consolidé la limite matérielle au pouvoir de révision en l'occurrence, la disposition portant sur la limitation du nombre de mandats présidentiels. Les faits de l'espèce sont les suivants : la juridiction constitutionnelle a été saisie par un groupe de députés pour interpréter un certain nombre d'articles de la Constitution[762]. En toile de fond, l'objectif des parlementaires était d'avoir l'avis du juge constitutionnel sur l'initiative présidentielle. L'avis émis par la Cour constitutionnelle va barrer la voie à la manœuvre du président de la République. Dans un premier temps, elle va indiquer que « *le maintien en fonction du président de la République au-delà du terme de son mandat n'est pas conforme à la Constitution* »[763]. Dans un second temps, pour protéger la clause limitative du nombre de mandats présidentiels, elle va préciser que « *le président de la République ne saurait engager ou poursuivre le changement de la Constitution sans violer son serment* »[764]. Il s'en suit qu'autant les avis permettent aux juridictions constitutionnelles de consolider la procédure de révision, autant ils leur permettent de renforcer

---

[759] *Avis n° 003 du 17 décembre 2003.*
[760] *Idem.*
[761] *Idem.*
[762] La demande d'interprétation des parlementaires nigériens portait précisément sur les articles 1ers, 5, 6, 36, 37, 49 et 136 de la Constitution.
[763] *Avis n° 02/CC du 25 mai 2009.*
[764] *Idem.*

les limites constitutionnelles. C'est dire que la fonction consultative contribue à la rigidification de la Constitution et qui renforce par la même occasion, la suprématie de la Constitution.

B- Le renforcement de la suprématie constitutionnelle

Dans le constitutionnalisme contemporain, la Constitution est l'acte qui possède la plus haute autorité dans l'ordre juridique étatique[765]. C'est **Georges Burdeau** qui explique clairement le fondement de la suprématie constitutionnelle. Selon ce dernier, cette suprématie est liée au fait que « *l'ordre juridique tout entier est conditionné par les règles constitutionnelles et qu'aucune des autorités étatiques n'a d'autres pouvoirs que ceux qu'autorise la Constitution* »[766]. Concrètement, non seulement la constitution fonde juridiquement l'idée de droit[767], mais elle a aussi la particularité d'organiser les compétences[768]. Certes de nos jours, la place centrale de la Constitution est remise en cause à l'épreuve du droit international et du droit communautaire[769], mais il ne faut pas perdre de vue le fait que la place de ces normes dans la hiérarchie de l'ordre juridique est déterminée par la loi fondamentale.

Cependant, il est important de faire remarquer que la place de la Constitution ou du moins sa suprématie est tributaire de la garantie dont elle fait l'objet[770]. La juridiction constitutionnelle a d'ailleurs été conçue et créée pour protéger la Constitution contre toute sorte d'atteintes. Le principal mécanisme dont dispose cette juridiction est le contrôle de constitutionnalité des lois. Mais il ne faut pas penser que ce soit l'unique mécanisme. En matière consultative, le juge constitutionnel n'hésite pas à déclarer

[765] Ardant (P.) et Mathieu (B.), *Droit constitutionnel et Institutions politiques*, 28e éd. Paris, LGDJ, 2016, p. 101.
[766] Burdeau (G.), *Traité de Science politique, op. cit.* p. 191.
[767] C'est ce qui fait de la Constitution, la norme fondamentale de l'État. En effet, la Constitution est l'acte créateur du droit et du pouvoir dans l'État. Ce qui revient à dire que l'ensemble du dispositif normatif trouve sa source dans le texte constitutionnel. C'est en effet la Constitution qui crée les actes législatifs et règlementaires. C'est aussi elle qui aménage l'introduction des normes d'origine externe dans la nomenclature des normes camerounaises.
[768] La Constitution est le texte qui procède à la structuration du pouvoir dans l'État. Mais, au-delà de cette structuration, c'est aussi elle qui détermine et fixe le champ de compétence des différentes institutions. Ainsi, c'est le texte constitutionnel qui donne un contenu à la fonction présidentielle. C'est aussi la Constitution qui décline le champ de compétence du parlement et des institutions juridictionnelles.
[769] Ardant (P.) et Mathieu (B.), *Droit constitutionnel et Institutions politiques, op. cit.* p. 102.
[770] *Ibid.* p. 103.

inconstitutionnels certains textes. On peut le démontrer à partir de quelques exemples des États d'Afrique noire francophone.

Au Burkina Faso, le Premier ministre a saisi le Conseil constitutionnel afin que celui-ci se prononce sur la conformité à la constitution de l'accord signé entre cet État et la banque islamique de développement. Cet accord portait sur le financement du projet de Constitution de section urbaine de la route nationale n° 1. Dans son avis, la juridiction constitutionnelle burkinabé va affirmer que « *l'accord de prêt n° UV0087 (...) est contraire à la Constitution du 2 juin 1991* »[771]. Pour justifier son avis, elle va indiquer dans l'un de ses considérants que « *le présent accord est soumis, pour son exécution et son interprétation, aux principes de la charia islamique* »[772]. Elle ajoute que « *cette prescription ou cette règle ainsi énoncée est contraire avec celle de l'article 31 de la Constitution qui dispose que le Burkina Faso est un État démocratique, unitaire et laïc (...)* »[773]. Cet avis a permis au juge constitutionnel de réaffirmer la suprématie de la Constitution sur les autres normes.

En Côte-d'Ivoire, le Conseil constitutionnel a conditionné l'entrée en vigueur d'une loi à sa constitutionnalité. Saisi par le président de l'Assemblée nationale aux fins de vérification de la conformité à la Constitution de la loi fixant les conditions du travail domestique et portant organisation des agences de placement des travailleurs, la juridiction constitutionnelle ivoirienne va émettre un avis qui conditionne la constitutionnalité à la loi en question à sa réécriture. On peut ainsi lire que « *la proposition de loi fixant les conditions du travail domestique (...) est conforme à la Constitution, sous les conditions suivantes : la proposition de loi, conformément à l'article 71 de la Constitution, doit s'en tenir aux principes fondamentaux et laisser au pouvoir règlementaire le soin de fixer dans les détails les règles du travail domestique ; les droits omis, tels que le droit syndical et le droit de grève, doivent faire l'objet d'un renvoi du Code du travail* »[774].

Au Niger, le Conseil constitutionnel de transition a par un avis, prononcé la non-conformité à la Constitution d'un projet d'ordonnance. En l'espèce, il a été saisi par le Premier ministre afin de se prononcer sur le projet d'ordonnance portant régime général des contrats publics-privés en République du Niger. Dans son avis, la juridiction constitutionnelle de transition constate d'abord que la loi d'habilitation ne figure pas sur les visas. Tout au plus, il va déclarer que « *l'article 28 du projet d'ordonnance*

---

771 *Avis n° 2007-03/CC de 2007.*

772 *Idem.*

773 *Idem.*

774 *Avis n° CI-2014-A-137/10-06/CC/SG du 10 juin 2014.*

portant régime général des contrats de partenariat public-privé en République du Niger n'est pas conforme à la Constitution»[775]. Il ressort de cet avis que le Conseil constitutionnel de transition a émis un avis constatant l'inconstitutionnalité d'un projet d'ordonnance.

Toujours au Niger, c'est par un avis que le Conseil constitutionnel de transition a déclaré inconstitutionnel, un projet d'ordonnance portant code électoral[776]. En l'espèce, ce dernier avait été saisi par le Premier ministre afin qu'il se prononce dans le cadre de sa fonction consultative sur la conformité à la Constitution du projet de Code électoral. Après avoir apporté des ajustements audit projet d'ordonnance, le Conseil constitutionnel de transition va préciser que « *l'article 43 du code électoral viole l'article 47 de la Constitution en imposant la condition de diplôme aux candidats à l'élection présidentielle* »[777]. Une fois de plus, on peut se rendre compte de ce que l'avis du juge constitutionnel consolide la suprématie de la Constitution. On peut ainsi affirmer que la fonction consultative valorise l'autorité des lois fondamentales.

En définitive, les précédents développements ont tenu à démontrer que la fonction consultative des juridictions constitutionnelles africaines n'est pas anodine. En effet, une analyse des différents avis permet de conclure qu'il s'agit d'une fonction valorisante. Cette fonction valorise en premier lieu la juridiction constitutionnelle elle-même en ce qu'elle fait d'elle, un sage constitutionnel et une instance de légitimation des réformes juridiques. En second lieu, cette fonction valorise la Constitution non seulement parce qu'elle promeut son contenu et les valeurs qu'elle diffuse, mais également parce qu'elle met en avant l'autorité de la Constitution. Cependant, il faut souligner que cette importance de la fonction consultative contraste avec la controverse entretenue autour de son utilité.

---

775 *Avis n° 008/CCT de 2011.*

776 Il s'agit précisément de l'ordonnance n° 1010-31 du 27 mai 2010 portant code électoral.

777 *Avis n° 001/CCT du 21 décembre 2010.*

CHAPITRE 2 : UNE FONCTION CONTROVERSÉE

L'analyse de l'activité des juridictions constitutionnelles dans les États d'Afrique noire francophone depuis le début des années 1990 permet de se rendre compte que les difficultés auxquelles elles font face sont tributaires de la façon dont elles sont perçues dans la société[778]. Elles ne sont pas directement perçues comme de véritables remparts contre l'arbitraire. Pour les gouvernants, il s'agit des instruments dont on peut se servir pour mieux dominer. Ainsi, le recours au juge constitutionnel est toujours sous-tendu ou motivé par un intérêt qui n'a rien à voir avec la volonté de consolider le constitutionnalisme et ses idéaux. Pour les gouvernés, le juge constitutionnel est institué pour légitimer les initiatives déconsolidantes des pouvoirs publics au détriment de la volonté populaire. Il y a ainsi une connivence entre les gouvernants et le juge constitutionnel dans l'imagerie populaire, ce qui renforce la remise en question des décisions et avis que ce dernier est capable de produire.

Sur la base de ce qui vient d'être dit, la fonction consultative des juridictions constitutionnelles africaines est au cœur de nombreuses controverses. S'il est avéré qu'il s'agit d'une fonction valorisante, son acceptation ou du moins l'adhésion et la soumission des pouvoirs publics à ses avis posent problème. Tantôt, les avis sont considérés comme de simples gadgets juridiques destinés à légitimer les actes abusifs des pouvoirs publics. Tantôt, cette fonction est contestée compte tenu de la proximité[779] avérée entre le juge constitutionnel et les détenteurs du pouvoir.

Ainsi que le souligne monsieur **Daouda Dia,** « *bien de juridictions constitutionnelles ont délibérément offert aux chefs d'État en quête d'absolutisme politique, le support constitutionnel et l'argument politique le*

[778] Bastien (F.), « La perception du Conseil constitutionnel par la classe politique, les médias et l'opinion », *Pouvoirs*, n° 105, 2003, pp.133-142.

[779] Cette proximité trouve sa source dans la prévalence de la désignation politique des membres des juridictions constitutionnelles. Dans la pratique, ceux-ci se comportent comme s'ils étaient redevables à l'égard de l'autorité de nomination et exercent leurs fonctions avec en toile de fond, l'idée de satisfaire à ses attentes. Il en découle une proximité entre le juge constitutionnel et le pouvoir politique puisque tout se passe comme si le premier était au service du second. Brun (H.) et Lemieux (D.), « Politisation du pouvoir judiciaire et judiciarisation du pouvoir politique : la séparation traditionnelle des pouvoirs a-t-elle vécu ? », *Les Cahiers de Droit*, n° 18, Vol.2-3, 1977, p. 269.

plus solide utile à leur visée»[780]. Autrement dit, pour orchestrer de manœuvres «*indignes*» de la démocratie et de l'État de droit, les gouvernants n'hésitent pas à recourir aux juridictions constitutionnelles. C'est le cas pendant les réformes constitutionnelles où cette fonction est utilisée pour favoriser le révisionnisme. On note ainsi, une accentuation de la primauté de la lettre sur l'esprit des Constitutions du fait du recours à la consultation. Cet état de choses a pour incidence ; la contestation des avis émis par le juge constitutionnel, car la perception qu'on a de lui est celle de l'allié juridictionnel[781].

Par ailleurs, il faut ajouter que dans les États d'Afrique noire francophone « *le juge constitutionnel agit dans une vaste pièce obscure* »[782]. De manière générale, l'autorité de l'interprétation constitutionnelle est précaire. Déjà, l'autorité de la chose jugée des décisions pourtant proclamées par les textes est très relative, mais la situation prend plus d'acuité pour ce qui est des avis. À l'observation, le respect ou du moins la considération dont bénéficient les avis dépend de leur contenu. Tout dépend du caractère favorable ou défavorable de la réponse du juge constitutionnel à la demande formulée par le pouvoir politique. Tout ceci fait de la fonction consultative des juridictions constitutionnelles africaines, une fonction largement controversée. En effet, non seulement l'autorité des avis est discutée (Section 1), mais la contestation de cette fonction dérive aussi de son instrumentalisation (Section 2).

Section 1 : L'autorité discutée des avis

Quasiment tous les textes constitutionnels africains posent le principe de l'autorité des décisions des juridictions constitutionnelles. La question qu'on est en voie de se poser est de savoir : cette autorité est-elle aussi valable en ce qui concerne les avis ? À cette interrogation, il se dégage une division de

---

780 Dia (D.), *les dynamiques de la démocratisation en Afrique noire francophone*, *op. cit*, p. 220.

781 Il peut paraître exagéré de considérer le juge constitutionnel comme l'allié du pouvoir exécutif en général et du président de la République en particulier, mais cette affirmation s'appuie simplement sur la politique jurisprudentielle du juge constitutionnel. Dans de nombreux cas, ses décisions et avis ont servi à légitimer les initiatives présidentielles quand bien même celles-ci étaient contestées par le peuple. Le juge constitutionnel revêt ainsi dans certaines hypothèses, la casquette de l'instance de légitimation des actes abusifs du Chef de l'État. Lire dans ce sens : Kanté (B.), « Le juge constitutionnel dans le processus de sortie de crise et de transition en Afrique noire francophone », Colloque international sur le rôle des juridictions constitutionnelles dans la consolidation de l'État de droit. Bamako, 26 et 27 avril 2012, p. 11.

782 Mastor (W.), « La part prudentielle dans l'œuvre jurisprudentielle (Aristote au palais royal) », in *Renouveau du droit constitutionnel, mélange en l'honneur de Louis Favoreu* ; Paris, Dalloz, 2007, p. 258.

la doctrine constitutionnelle africaine sur la question. En présentant les arguments de la discussion (P1), l'option sera faite en faveur de la thèse de l'autorité renforcée des avis (P2).

Paragraphe 1 : Les arguments de la discussion

C'est au Sénégal que la controverse autour de l'autorité des avis des juridictions constitutionnelles a atteint son apogée divisant par la même occasion, la doctrine juridique sénégalaise[783]. Suite à un avis du Conseil constitutionnel à l'endroit du président de la République, la doctrine sénégalaise ne s'est pas entendue sur l'autorité de l'acte ainsi émis. Cette controverse a opposé deux tendances à savoir, la thèse de la normativité des avis (A) et celle qui soutient l'idée de leur souplesse (B). À ces deux thèses, il convient de prendre en compte celle qu'on peut qualifier d'intermédiaire et qui admet selon les cas, la souplesse et l'obligatoriété (C).

A- La thèse de la normativité des avis

L'idée de normativité fait référence ici à celle de l'obligatoriété[784] des avis. C'est dire que cette tendance est celle qui soutient l'idée selon laquelle, les pouvoirs publics sont tenus de prendre en compte les avis émis par les juridictions constitutionnelles. Il s'agit d'une thèse qui est soutenue principalement par le professeur **Ismaëla Madior Fall**. Il convient au préalable de rappeler les faits avant de présenter la position de cet éminent constitutionnaliste. En effet, le président de la République a initié une révision constitutionnelle visant à la modernisation des institutions de la République du Sénégal. L'option du chef de l'État au plan procédural était de recourir au référendum. Or, l'adoption de la loi constitutionnelle par voie référendaire est subordonnée à la consultation du président de l'Assemblée nationale et du Conseil constitutionnel[785]. Le président de la République va donc saisir la juridiction constitutionnelle sénégalaise pour avis et celle-ci va se prononcer sur le projet de révision en affirmant que « *la procédure de*

---

783 Il est important de préciser que la doctrine sénégalaise ne s'est pas exprimée dans les revues scientifiques, mais plutôt par médias interposés et par lettre collective. Cependant, quels que soient les canaux utilisés, la question centrale était celle de l'autorité des avis du Conseil Constitutionnel.
784 L'obligatoriété constitue le critère fondamental de la règle de droit. Elle repose sur deux idées majeures à savoir que la règle de droit est essentiellement contraignante. Soit elle impose une attitude, soit elle interdit une action. Elle est donc prescriptive ou prohibitive. La seconde idée qui découle de ce caractère est que la violation de la règle de droit fait l'objet d'une sanction socialement organisée. C'est ce qui la distingue des autres règles sociales. Bien vouloir se référer à : Albiges (C.), *Introduction au Droit*, Bruxelles, Paradigmes, 2014, pp.36-37.
785 Lire utilement l'article 51 de la Constitution modifiée de 2001.

révision initiée hors les cas d'interdiction fixés par la Constitution est régulière en l'état et peut être poursuivie »[786].

Une fois l'avis émis par le Conseil constitutionnel, le professeur **Ismaëla Madior Fall**, en tant que conseiller du président de la République, va s'exprimer sur les ondes de la RADIO Futur Media pour donner son opinion sur la nature de l'avis ainsi émis. Selon cet enseignant de droit constitutionnel « *les avis rendus par le Conseil constitutionnel lient le président de la République. Il ne peut pas se soustraire à son avis. Il est donc obligé de suivre l'instruction du Conseil, quelle qu'elle soit* »[787].

Pour soutenir son opinion, l'éminent constitutionnaliste sénégalais indique clairement que le Conseil constitutionnel n'est pas un organe consultatif, mais plutôt une juridiction constitutionnelle[788]. À bien y regarder, on peut affirmer que l'avis est l'apanage des organismes consultatifs, tandis que les décisions sont rendues par les organes juridictionnels. Par conséquent, le Conseil constitutionnel a bel et bien rendu une décision qui a autorité de la chose jugée et qui s'impose au président de la République.

Tout au plus, le tenant de la thèse de la normativité des avis du Conseil Constitutionnel donne à la compétence consultative du juge constitutionnel sénégalais, un champ restrictif. Il affirme ainsi que « *le Conseil constitutionnel n'a pas de compétence consultative, mais une seule compétence consultative* »[789]. Il s'agit en fait de l'hypothèse prévue par l'article 51 de la Constitution qui régit le recours au référendum. Cette disposition constitutionnelle énonce que « *le président de la République peut, après avoir recueilli l'avis du président de l'Assemblée nationale et du Conseil constitutionnel, soumettre tout projet de loi constitutionnelle au référendum* »[790]. Pour le professeur **Madior Fall**, on ne peut envisager la fonction consultative en dehors de l'hypothèse du recours au référendum en droit constitutionnel sénégalais. Il est plus incisif dans sa déclaration à la radio Futur Media lorsqu'il affirme qu'« *en règle générale, le Conseil constitutionnel du Sénégal n'a pas d'attributions consultatives* »[791]. L'objet

---

[786] Il s'agit en fait d'un avis qui prend curieusement la dénomination d'une décision. Il s'intitule ainsi : *Décision n° 1/C/2016 du 12 février 2016.*

[787] Il s'agit d'une opinion du professeur Madior FALL à la Radio Futurs Media (RFM) le 6 mars 2016.

[788] *Idem.*

[789] Lire dans ce sens, l'opinion du professeur Ismaëla Madior FALL en réponse au professeur Sérigne DIOP intitulé : « Mon avis sur l'avis du professeur Serigne DIOP ».

[790] Article 51 de la Constitution de 2001 modifiée.

[791] Opinion du professeur Ismaëla Madior Fall le 6 mars 2016 sur la Radio Futurs Média (RFM).

de cette affirmation est de dire que si le Conseil n'a pas d'attributions consultatives, l'essentiel de ses avis a une nature décisionnelle.

Dans son argumentation, le constitutionnaliste sénégalais formule deux postulats. *Primo*, le Conseil constitutionnel du Sénégal ne rend que les décisions. Il affirme ainsi qu'« *aujourd'hui, la nomenclature des actes que rend le Conseil constitutionnel est univoque. Il rend des décisions quand on le consulte en matière consultative* »[792]. L'auteur développe ainsi la théorie de l'interprétation construction du droit[793]. Aussi, lorsque la juridiction constitutionnelle émet un avis, les destinataires doivent s'y conformer, car il s'agit en fait d'une décision. Il confirmera d'ailleurs sa position dans sa réponse au professeur **Sérigne Diop** en affirmant que « *le Conseil constitutionnel du Sénégal ne rend pas d'avis, mais des décisions* »[794]. Une position qui peut être confortée par le style rédactionnel de la juridiction constitutionnelle sénégalaise. En effet dans la rédaction, il transparaît que le Conseil constitutionnel rend des décisions bien qu'au niveau du dispositif, le terme employé est celui de l'« *avis* ». En d'autres termes qu'il émette un avis ou alors qu'il rende une décision, le juge constitutionnel sénégalais considère que tous ses actes sont des actes juridictionnels. Ainsi, saisi en matière consultative par le président de la République, le Conseil constitutionnel va rendre la décision no 8-2017 du 26 juillet 2017 en précisant à l'article 1 du dispositif que le Conseil est d'« *avis que (...) » et à l'article 2 que « La présente décision sera publiée au journal officiel de la République du Sénégal* ». Cette décision qui n'est pas singulière[795] est révélatrice de la confusion entretenue entre l'avis et la décision par le juge constitutionnel sénégalais et qui débouche sur l'assimilation de l'avis en une décision.

Secundo, en admettant l'hypothèse de l'existence des avis, le constitutionnaliste sénégalais estime que ceux-ci sont contraignants. On peut ainsi lire qu'« *un avis peut, dans bien des cas, être aussi contraignant qu'un arrêt ou une décision* »[796]. L'auteur s'appuie alors sur le fait que le Conseil constitutionnel a « *en dernière instance, dit le droit avec une autorité et une puissance argumentative que le président de la République ne peut pas*

---

[792] Opinion du professeur Ismaëla Madior Fall le 6 mars 2016 sur la Radio Futurs Média (RFM).

[793] Cyr (H.), « L'interprétation constitutionnelle, un exemple de postpluralisme », *Revue de Droit de McGill*, n° 43, 1998, p. 602.

[794] Lire dans ce sens, l'opinion du professeur Ismaëla Madior FALL en réponse au professeur Sérigne DIOP intitulé : « Mon avis sur l'avis du professeur Serigne DIOP ».

[795] On peut aussi se référer aux décisions : *n° — C-2016 du 12 février 2016* ; *décision n° 1-2005 du 7 septembre 2005* ; *décision n° 4-2002 du 5 novembre 2002* ; *décision n° 1-2002 du 23 janvier 2002* ou encore, la *décision n° 3-2000 du 9 novembre 2000.*

[796] Lire dans ce sens, l'opinion du professeur Ismaëla Madior FALL en réponse au professeur Sérigne DIOP intitulé : « Mon avis sur l'avis du professeur Serigne DIOP ».

ignorer »[797]. En tout état de cause, ce qui importe en matière consultative, c'est le « *contenu, la teneur normative de la réponse fournie par la plus haute juridiction constitutionnelle, gardienne de la Constitution et de l'ordre démocratique* »[798].

La thèse de la normativité des avis ou de leur assimilation aux décisions est aussi défendue par **Souleymane Ndene Ndiaye**[799]. En effet, ce dernier construit son raisonnement autour de l'idée selon laquelle, en tant qu'instance juridictionnelle, le Conseil constitutionnel n'émet pas des avis, il rend des décisions. Il affirme dans ce sens que le dispositif normatif qui régit cette juridiction constitutionnelle « *n'avait pas prévu que le Conseil constitutionnel puisse avoir la compétence de donner un avis facultatif ou un avis conforme, disons quelque avis que ce soit* »[800]. D'ailleurs, il préconise le recours à une réforme constitutionnelle pour attribuer expressément la fonction consultative au Conseil constitutionnel. Il déclare ainsi qu'il faudra donc « *modifier quelques articles de la Constitution pour que le Conseil constitutionnel puisse se prononcer sur les demandes d'avis plutôt que d'avoir à rendre les décisions* »[801].

Enfin, au rang des auteurs qui soutiennent la thèse de la normativité ou de l'autorité des avis, on peut citer **Adama Issoufou**. Ce dernier développe deux idées majeures pour parvenir à la conclusion de l'autorité des avis des juridictions constitutionnelles[802]. Dans le premier cas, il considère que l'objet de l'avis et le statut de celui qui l'émet suffisent pour que cet acte soit doté d'une force juridique[803]. S'agissant de l'objet de l'avis, il repose soit sur le contrôle préventif de constitutionnalité[804], soit sur l'interprétation de la Constitution. Aussi, dès lors que c'est l'application de la Constitution qui est en cause, les organes consultés sont tenus de se soumettre à l'avis émis par le juge constitutionnel.

---

[797] *Idem.*

[798] Lire dans ce sens, l'opinion du professeur Ismaëla Madior FALL en réponse au professeur Sérigne DIOP intitulé : « Mon avis sur l'avis du professeur Serigne DIOP ».

[799] Souleymane NDENE NDIAYE est avocat au barreau du Sénégal et ancien Premier ministre.

[800] Déclaration de maître Souleymane NDENE NDIAYE.

[801] *Idem.*

[802] Issoufou (A.), « L'autorité des avis du juge constitutionnel en Afrique francophone », *Afrilex*, 2020, p. 9.

[803] *Idem.*

[804] Selon l'auteur, ce contrôle permet au juge de se prononcer sur la constitutionnalité à la Constitution d'un acte infraconstitutionnel en cours d'élaboration. Il le désigne sous le vocable de « contrôle no contentieux ». Lire dans ce sens : Issoufou (A.), « L'autorité des avis du juge constitutionnel en Afrique francophone », *op. cit.* p. 9.

Par ailleurs, monsieur **Adama Issoufou** estime que le statut du juge renforce également l'autorité de ses avis[805]. Pour étayer cette idée, il s'appuie sur la considération du juge constitutionnel comme gardien de la Constitution et comme régulateur du pouvoir pour parvenir au constat de la centralité de la place du juge dans le nouveau constitutionnalisme africain. Le contenu[806] et la dénomination de certains avis émis par le juge sont selon l'auteur, suffisamment révélateurs de la volonté de ce dernier de renforcer leur autorité. Tantôt le juge fait allusion à la décision pour émettre un avis, tantôt il donne des injonctions[807] ou consolide l'interdiction à l'endroit des pouvoirs publics. Le point commun de ces trois opinions est que tout en méconnaissant l'existence d'une fonction consultative, elles militent en faveur de l'autorité de la chose interprétée, une position qui n'est pas partagée par la tendance de la souplesse des avis.

B- La thèse de la souplesse des avis

Pour mieux cerner la tendance de la souplesse des avis, il est important de donner un contenu au droit souple. En effet, il s'agit d'un droit qui s'énonce sous forme de proposition sans être obligatoire. En d'autres termes, c'est un droit dénué de toute obligatoriètè[808]. Dans le contexte sénégalais[809], la thèse de la souplesse des avis est celle qui soutient l'idée selon laquelle les avis du Conseil Constitutionnel sont obligatoires, mais pas conformes. Or, en droit, l'avis est dit obligatoire lorsqu'il est imposé par un texte tout en laissant l'autorité décisionnelle libre de la décision finale[810]. En d'autres termes, la consultation doit être effective et complète, mais l'organe qui consulte n'est

---

805 L'auteur s'appuie en effet sur les propos de F. Zenati selon lesquels, la fonction consultative « confère à l'instance consultée une autorité qui inspire le respect et qui la rehausse aux yeux du pouvoir consultant », in Zenati (F.), « La portée du développement des avis », Revet (T.) (Dir.), *l'inflation des avis en droit*, Paris, Economica, 1998, p. 104.

806 Au rang des avis sur lesquels il s'appuie, on peut citer : l'Avis de la juridiction constitutionnelle malgache *n° 03-HCC/AV du 11 avril 2014* qui repose sur l'idée selon laquelle, dès lors que l'avis consiste pour le juge à dire le droit, il est revêtu d'une autorité renforcée.

807 Il s'appuie sur l'avis émis par le juge constitutionnel béninois interdisant au président de la République de prendre des ordonnances. Lire dans ce sens : *l'avis n° n° CC-002/94 du 14 septembre 1994.*

808 Lavergne (B.), *Recherche sur la soft law en Droit Public français*, Toulouse, Presses de l'Université de Toulouse 1 Capitole, 2013, P. 23.

809 Le cas sénégalais n'est pas néanmoins singulier, car de nombreux chercheurs africains ont affirmé l'idée de la souplesse des avis. On peut citer dans ce sens : le professeur Martin Bléou qui affirme que « le propre et le mérite de la consultation, c'est d'éclairer sans imposer », in, Bléou (M.), « Le juge constitutionnel et les révisions constitutionnelles », in, Ahadzi Nonou (K.), Kokoroko (D.), Kpodar (A.) et Aïvo (F), *Démocratie en question, mélanges en l'honneur du professeur Théodore Holo*, Toulouse, Presses de l'Université de Toulouse Capitole, 2017, p. 232.

810 Rouault (M-C), *Droit administratif et institutions administratives, op. cit.* p. 182.

pas tenu de prendre en compte l'avis qui lui est donné. Au Sénégal, cette position est soutenue par le collectif de quarante-cinq professeurs (1) et surtout par les professeurs **Serigne Diop** et **Seydou Madani** (2).

1- Les arguments du collectif des quarante-cinq professeurs

Le collectif est né au Sénégal suite à l'avis du Conseil constitutionnel donnant une position favorable à l'opération de révision de la Constitution et surtout suite à l'opinion du professeur **Ismaël Madior Fall** selon laquelle le président de la République est lié par l'avis du Conseil constitutionnel. L'objet de la déclaration du collectif est de soutenir la nature obligatoire et non conforme des avis de la juridiction constitutionnelle compte tenu du fait que celle-ci demande au président de la République de ne pas diminuer son mandat. D'entrée de jeu, le collectif des enseignants indique que « *l'avis du Conseil constitutionnel demandant au président de la République de ne pas diminuer son mandat en cours, continue de faire polémique* »[811]. Sans insister sur cette polémique, la lettre du collectif va plutôt mettre un accent sur le fait que le chef de l'État n'est pas obligé de prendre en compte cet avis et peut par conséquent diminuer son mandat dans le cadre de l'opération constituante.

Pour étayer sa thèse, le collectif des enseignants va développer plusieurs arguments. Le premier est qu'aucun texte n'affirme la nature conforme des avis du Conseil constitutionnel. On peut ainsi lire que : « *le caractère conforme d'un avis ne se présume pas* »[812]. Autrement dit, tant qu'un texte n'a pas indiqué que l'organe consulté est lié par l'avis, celui-ci garde un caractère souple. On peut penser que le collectif s'appuie sur la Constitution qui consacre l'autorité de la chose jugée des décisions et non de l'autorité de la chose interprétée des avis. Il insiste surtout sur le fait que la nature conforme d'un avis doit en principe faire l'objet d'une formalisation expresse. Ce qui revient à dire que dans le silence du texte constitutionnel, l'avis est soit obligatoire, soit facultatif.

Le second argument développé par le collectif des enseignants réside dans le fait que dans le constitutionnalisme sénégalais, la juridiction constitutionnelle s'est toujours déclarée incompétente pour connaître des lois constitutionnelles. Cette position est d'ailleurs confirmée par des décisions[813] et des avis[814] postérieurs à la réforme constitutionnelle de 2016. Le collectif des enseignants va ainsi affirmer dans sa lettre que « *le juge constitutionnel*

---

[811] Lire la lettre du collectif des quarante-cinq (45) enseignants.
[812] *Idem.*
[813] *Décision n° 1/C/2018 de l'an 2018.*
[814] *Avis n° 5 de l'an 2000.*

sénégalais (...) a toujours affirmé qu'il n'a pas de compétence pour se prononcer sur les lois constitutionnelles »[815]. Il n'aurait donc pas dû prendre position dans le cas d'espèce. La position du collectif dépasse ainsi le cadre de la normativité des avis pour interroger la compétence du Conseil Constitutionnel, lequel dans de nombreuses décisions et avis, s'est toujours refusé le droit de se prononcer sur l'activité constituante. Selon le collectif, la juridiction constitutionnelle aurait dû rester constante dans sa démarche et qu'en émettant un avis sur un projet de réforme constitutionnelle, elle est allée au-delà de son champ de compétence.

C'est au regard de ces deux arguments que ce groupe d'enseignants va clairement prendre position. Le contenu de sa thèse est le suivant « *la lecture qu'il convient d'avoir de cet article est que la consultation est obligatoire, mais l'avis que donne le Conseil ne lie pas le président de la République* »[816]. Il apparaît clairement que le collectif des quarante-cinq enseignants a pris position contre l'opinion du professeur **Madior Fall**. Selon le collectif, l'avis n'est qu'obligatoire et ne lie pas le chef de l'État. C'est aussi la position qui est soutenue par deux éminents professeurs.

2- La position des professeurs Serigne Diop et Seydou Madani

Le constitutionnaliste sénégalais **Serigne Diop** fait partie des acteurs qui ont animé le débat autour de la question de l'autorité des avis du Conseil constitutionnel en droit constitutionnel sénégalais. Dans son raisonnement, cet éminent enseignant commence par faire une précision sur les compétences de la juridiction constitutionnelle concernée. Il affirme dans ce sens que « *le Conseil constitutionnel a des compétences qui sont déterminées par la Constitution elle-même (...) ces compétences se distinguent en : compétences juridictionnelles, c'est-à-dire que le Conseil Constitutionnel règle les litiges. Et les compétences consultatives c'est-à-dire qu'il est consulté* »[817]. Bien évidemment, cette position s'appuie sur la Constitution qui détermine clairement les compétences du Conseil Constitutionnel[818]. On peut néanmoins se rendre compte que l'enseignant de droit constitutionnel a omis de faire référence à la fonction de constatation[819].

---

[815] Lire la lettre du collectif des quarante-cinq (45) enseignants.

[816] Lire la lettre du collectif des quarante-cinq (45) enseignants.

[817] Lire l'intervention du professeur Sérigne DIOP.

[818] Article 92 de la Constitution de 2001 modifiée.

[819] La fonction de constatation du Conseil constitutionnel est consacrée par l'article 41 de la Constitution qui dispose que « la démission, l'empêchement ou le décès du président de la République sont constatés par le Conseil constitutionnel saisi par le président de la

Au-delà de cette précision sur les attributions du Conseil constitutionnel, le professeur **Sérigne Diop** va clairement indiquer sa position en affirmant la souplesse des avis. Le droit souple étant un droit non obligatoire, sa position est que les avis de la juridiction constitutionnelle sénégalaise ne lient pas le président de la République. On peut ainsi lire dans sa déclaration que « *le Conseil constitutionnel dans cette affaire n'a donné qu'un avis consultatif et pas une décision comme semblent le dire certaines personnes, et le chef de l'État ne peut pas être lié par cet avis* »[820]. La thèse du constitutionnaliste sénégalais est donc celle de l'avis consultatif. À la question de savoir qu'est-ce qu'un avis consultatif? L'auteur affirme que « *quand le président veut faire un référendum, l'article 51 de la Constitution lui demande de consulter le président de l'Assemblée nationale et le Conseil constitutionnel (...) cet avis est ce qu'on appelle un avis consultatif (...) quand quelqu'un demande un avis, on lui donne un avis* »[821]. En d'autres termes, un avis est dit consultatif lorsqu'il est demandé par un organe qui a juste besoin d'un avis et non pas d'une décision.

En affirmant que l'avis du Conseil constitutionnel est consultatif, l'auteur voulait insister sur le fait que celui-ci ne lie pas le président de la République. Aussi, pour prendre le contre-pied de son collègue **Madior Fall**, il va déclarer que *« le président peut décider de suivre l'avis pour des raisons tirées de l'avis qui lui est donné* »[822]. Il ajoute dans le même ordre d'idées que le chef de l'État «*peut suivre l'avis comme il peut ne pas le suivre (...) l'avis ne saurait lier celui qui le demande* »[823]. La position du professeur **Serigne Diop** est donc claire, le sort de l'avis dépend de l'organe consultant et de son contenu. Rien ne fait obligation à l'autorité qui consulte la juridiction constitutionnelle de prendre en compte les propositions de l'organe consulté[824]. Par ailleurs, rien n'interdit à l'organe consultant de considérer l'avis dans son contenu.

Le professeur **Seydou Madani** a emboîté le pas au professeur **Serigne Diop** pour soutenir l'idée de la souplesse des avis du juge constitutionnel. L'éminent constitutionnaliste sénégalais va construire son raisonnement autour de l'idée selon laquelle l'organe qui consulte la juridiction constitutionnelle fait ce qu'il veut de l'avis qui lui est donné[825]. À l'occasion d'une conférence qu'il a donnée en mars 2016, il déclare qu'« *un avis, on en*

République en cas de démission, par l'autorité appelée à suppléer en cas d'empêchement ou de décès ».

[820] Lire l'intervention du professeur Sérigne DIOP.

[821] Lire l'intervention du professeur Sérigne DIOP.

[822] *Idem.*

[823] *Idem.*

[824] *Idem.*

[825] Conférence du professeur Seydou MADANI sur le thème : « Appel du cercle et républicain sur les projets de réforme constitutionnelle ».

fait que ce que l'on veut, une décision, elle s'impose. Mais, le président de la République a utilisé l'article 51 qui lui permet d'avoir un avis et c'est lui qui fait de l'avis ce qu'il veut»[826]. En fait, à travers cette déclaration, l'auteur tient à démontrer que les avis du Conseil constitutionnel ne lient pas l'organe consultant. Ce dernier fait l'usage qu'il souhaite de l'avis qui lui est donné compte tenu du fait qu'il ne s'agit pas d'une décision. Au final, ces deux groupes d'enseignants ont en commun, l'affirmation de la souplesse des avis du Conseil constitutionnel sénégalais. Si le collectif parle de l'avis obligatoire, le Professeur **Serigne Diop** quant à lui développe la théorie de l'avis consultatif tout comme semble l'indiquer le professeur **Seydou Madani**. Dans les deux cas, l'objectif est de dire que le président de la République n'est pas lié par l'avis du Conseil constitutionnel. C'est dans cette mouvance que va émerger une troisième tendance qui a une position intermédiaire.

C- La thèse intermédiaire

Cette tendance est celle qui développe l'idée de l'autorité ou de la normativité variable des avis. En d'autres termes, pour le tenant de cette thèse, l'autorité des avis est fonction de leur objet selon que ceux-ci portent sur l'interprétation constitutionnelle ou non. Au sein de la doctrine constitutionnelle africaine, le professeur **Cyrille Monembou** est l'auteur de cette thèse[827]. Dans son raisonnement, l'auteur commence par rappeler l'importance des avis en droit public en général, et en droit constitutionnel en particulier. On peut ainsi lire que « *les avis constituent une catégorie d'actes bien connus en droit public dès lors qu'ils sont pris en compte aussi bien par le droit administratif que par le droit constitutionnel* »[828]. Il ajoute dans la même logique qu'en matière constitutionnelle « *l'avis occupe une place importante dans les rapports entre les pouvoirs publics constitutionnels* » [829]. Ce qu'il convient de retenir dans cette première affirmation est qu'il ne s'agit surtout pas d'un simple gadget juridique. En la consacrant, le constituant a bien voulu valoriser les avis.

Le constitutionnaliste camerounais de regrettée mémoire ne va pas manquer de prendre part au débat sur l'autorité des avis en droit constitutionnel. L'auteur a une position qui oscille entre normativité et

---

[826] *Idem*

[827] L'auteur développe sa thèse dans son article intitulé : « Les actes non juridictionnels des juridictions constitutionnelles des États d'Afrique noire francophone. Les cas du Gabon, du Bénin, du Sénégal et du Niger », *op. cit.* p. 191-193.

[828] Monembou (C.), « Les actes non juridictionnels des juridictions constitutionnelles des États d'Afrique noire francophone. Les cas du Gabon, du Bénin, du Sénégal et du Niger », *op. cit.* p. 191.

[829] *Idem.*

souplesse. Le premier pan de sa position repose sur l'affirmation suivante « *il convient néanmoins de souligner que les avis relatifs à l'interprétation de la Constitution peuvent, du point de vue de leur portée, être assimilés à des décisions participant de l'exercice de la fonction juridictionnelle dès lors que l'objet du litige, est la Constitution avec comme finalité un acte juridictionnel revêtu de l'autorité de la chose jugée* »[830]. De cette affirmation, deux principales idées méritent d'être retenues. La première est que dès lors que l'avis porte sur une interprétation de la Constitution, celui-ci est revêtu de l'autorité de la chose interprétée, ce d'autant plus qu'il peut servir à résoudre un litige[831]. En d'autres termes, les avis des juridictions constitutionnelles portant sur l'interprétation de la Constitution ou sur la constitutionnalité des lois et engagements internationaux lient l'organe consultant. La seconde idée est que l'émission des avis assimilables aux décisions ne relève pas de la fonction consultative, mais plutôt de la fonction juridictionnelle. Ce qui revient à dire suivant l'auteur que l'autorité des avis est tributaire de la fonction mobilisée par le juge constitutionnel. Si l'acte est juridictionnel, l'avis prend la nature d'une décision, dans le cas échéant, l'avis demeure consultatif.

Dans le second pan du raisonnement, l'auteur identifie la catégorie d'avis qui ne lient pas l'organe consultant. On peut ainsi lire que « *tel n'est pas le cas des avis participant du processus de prise de décisions par une autorité qui constituent inexorablement des actes non juridictionnels* »[832]. Il ressort de cette affirmation que les avis du juge constitutionnel qui conditionnent l'édiction d'un acte par un pouvoir public sont essentiellement obligatoires et non conformes. C'est le cas en matière de mise en œuvre des pouvoirs de crise ou de dissolution de l'Assemblée nationale. On peut simplement se demander si l'avis émis n'est pas en interprétation de la Constitution. Tout comme on peut se demander si l'objet de l'avis n'est pas la Constitution. Au final, la thèse défendue par le constitutionnaliste ambitionne conférer l'autorité aux avis en fonction de leur objet. Elle est donc dite intermédiaire en ce sens qu'elle adhère aux deux précédentes thèses. Cependant, il est important de préciser que dans le cadre de cette étude, notre position est favorable à la normativité des avis ou du moins, à celle de l'autorité de la chose interprétée.

---

[830] *Ibid.* p.193.

[831] *Idem.*

[832] Monembou (C.), « Les actes non juridictionnels des juridictions constitutionnelles des États d'Afrique noire francophone. Les cas du Gabon, du Bénin, du Sénégal et du Niger », *op. cit.* p.193.

Paragraphe 2 : Pour une autorité renforcée des avis

La position qui sera adoptée dans ce débat portant sur l'autorité des avis est claire, les avis des juridictions constitutionnelles ont une normativité avérée. En d'autres termes, l'avis émis par les juridictions lie l'organe consultant. On peut le démontrer à partir des arguments juridiques (A) et théoriques (B).

A- Les arguments juridiques

L'argument juridique est tiré du dispositif normatif qui régit les juridictions constitutionnelles et de la position du juge constitutionnel lui-même. Pour ce qui est des textes, il faut souligner que le droit constitutionnel congolais, gabonais, burkinabé et nigérien a une longueur d'avance sur les autres États d'Afrique noire francophone en ce qui concerne la fonction consultative des juridictions constitutionnelles. Cette longueur d'avance est consécutive à la valorisation de l'autorité des avis. Seulement, dans les États en question, l'autorité des avis est tributaire du champ dans lequel le juge les émet. Au Congo et au Niger, c'est la Constitution qui renforce l'autorité des avis en matière référendaire. Dans le cas congolais, non seulement l'article 87 oblige le président de la République à consulter la Cour constitutionnelle en cas d'initiative référendaire, mais son alinéa 2 prévoit qu'« *en cas d'avis de non-conformité, il ne peut être procédé au référendum* ». En d'autres termes, la suite de la procédure référendaire est tributaire de l'avis émis par la juridiction constitutionnelle et le président de la République est tenu de prendre en compte et même de se soumettre à cet avis.

Au Niger, l'article 60 oblige aussi l'institution présidentielle à consulter la Cour constitutionnelle préalablement au déclenchement de la procédure référendaire. Sauf que l'avis émis par la juridiction constitutionnelle est considéré comme un acte juridictionnel et est désigné sous le vocable « arrêt ». L'alinéa 2 de l'article 60 de la Constitution du 25 novembre 2010 énonce dans ce sens qu'« *à la demande du président de la République, la Cour constitutionnelle se prononce par arrêt sur la constitutionnalité de l'initiative du recours au référendum* ». Si l'on prend en compte le fait que les arrêts de la Cour constitutionnelle sont revêtus de l'autorité de la chose jugée[833], on parvient à la conclusion de la normativité des actes de la juridiction constitutionnelle issus de la consultation.

[833] Article 134 de la Constitution du 25 juillet 2010.

Au Burkina Faso, l'autorité des avis est aussi clairement affirmée par la loi organique qui régit la juridiction constitutionnelle. La loi organique n° 011-2000/AN du 27 avril 2000 portant composition, organisation, attributions et fonctionnement du Conseil constitutionnel et la procédure applicable devant lui dispose qu'« *en matière de référendum, le Conseil constitutionnel est obligatoirement consulté par le gouvernement sur l'organisation des opérations, il est informé sans délai de toutes mesures prises à cet effet. Ses avis s'imposent à tous* »[834]. Le point commun entre ces trois États réside dans le fait que l'autorité des avis est affirmée essentiellement en matière référendaire. Est-ce donc à dire qu'en dehors des questions relatives au référendum, les avis émis par le juge constitutionnel sont facultatifs ? C'est par l'affirmative qu'on peut répondre à cette interrogation, au regard de la formulation des textes.

La démarche du Gabon est aussi intéressante à plus d'un titre. D'une part, parce que la Constitution étend le champ de la consultation. Elle énonce en effet qu'« *en dehors des autres compétences prévues par la Constitution, la Cour constitutionnelle dispose du pouvoir d'interpréter la Constitution et les autres textes à valeur constitutionnelle (...)* »[835]. En d'autres termes, la fonction d'interprétation ne porte pas seulement sur la Constitution. Des textes à valeur constitutionnelle peuvent aussi être soumis à la Cour constitutionnelle pour avis.

Mais l'État gabonais se démarque véritablement au niveau de la décision qui règlemente la procédure devant la juridiction constitutionnelle[836]. En effet, cette décision dispose que « *dans le cadre de ses attributions en matière consultative, les avis émis par la Cour constitutionnelle, conformément aux dispositions des articles 26 et 116 de la Constitution et dans tous les cas où son intervention est prévue par des dispositions législatives et règlementaires, sont des avis conformes* »[837]. À travers cette décision, la décision régissant la Cour constitutionnelle a clairement indiqué la nature des avis. En un mot, il s'agit des avis conformes. En droit, l'avis est dit conforme lorsque l'organe consultant est tenu de « *suivre l'avis ou renoncer purement et simplement à la décision* »[838]. En d'autres termes, il y a avis conforme lorsque l'autorité qui édicte l'acte est obligée de recourir à

[834] Article 29 de la loi n° 011-2000/AN du 27 avril 2000 portant composition, organisation, attributions et fonctionnement du Conseil constitutionnel et la procédure applicable devant lui.
[835] Article 88 de la Constitution du 21 mars 1991.
[836] Il s'agit précisément de la décision n° 035CC du 10 novembre 2006 portant Règlement de la procédure de la Cour constitutionnelle.
[837] Article 40 de la décision n° 035CC du 10 novembre 2006 portant Règlement de la procédure de la Cour constitutionnelle.
[838] Rouault (M-C), *Droit administratif et institutions administratives, op. cit.* p. 183.

la consultation et est aussi obligée de prendre en compte les propositions qui lui sont formulées.

Cette décision régissant la juridiction constitutionnelle gabonaise a le mérite de lever l'équivoque sur la nature et l'autorité des avis. Ce n'est malheureusement pas le cas dans les autres pays visés par cette étude. Les textes qui régissent les juridictions constitutionnelles se contentent d'affirmer l'obligatoriété ou l'autorité des décisions. Au-delà de la Constitution, même les lois qui régissent les juridictions en question insistent sur les décisions. C'est le cas de la loi portant organisation du Conseil Constitutionnel camerounais[839]. Et quand elles traitent de l'autorité des avis, elles n'hésitent pas à leur donner un caractère souple. À titre d'illustration, la loi guinéenne qui régit la Cour constitutionnelle précise que l'avis ne lie pas le président de la République[840].

Par ailleurs, la décision prise par la Cour constitutionnelle semble limiter le domaine matériel des avis conformes. *Primo*, elle vise les pouvoirs de crise du président de la République[841]. En la matière, le président de la République est tenu de consulter la juridiction constitutionnelle avant tout déclenchement des mesures exceptionnelles. Il est surtout tenu de prendre en compte l'avis qui lui est donné. On peut y voir une volonté de fixer des bornes aux prérogatives présidentielles de sorte que ce dernier ne puisse pas en faire un usage abusif de l'article 26. Le pouvoir du président de la République n'est donc pas sans contre-pouvoir. On peut même parler d'une démocratisation de son pouvoir qui contraste avec l'idée de dictature constitutionnelle souvent mise en avant par la doctrine[842].

L'avis de la Cour constitutionnelle est aussi conforme en matière de révision constitutionnelle[843]. On peut y voir une volonté de limiter un recours abusif à la procédure constitutionnelle. L'avis émis par la Cour lui permet d'opérer un contrôle de constitutionnalité des lois constitutionnelles. En la matière, les organes impliqués dans la procédure de révision constitutionnelle sont liés par l'avis de la juridiction constitutionnelle. Au-delà de ces deux matières clairement déterminées par la décision de la cour,

[839] Article 4 alinéa 2 de la loi n° 2004/004 du 21 avril 2004 portant organisation et fonctionnement du Conseil Constitutionnel.
[840] Article 35 de la loi n° 2011/02/CNT portant création, organisation et fonctionnement de la Cour constitutionnelle de transition.
[841] Article 26 de la Constitution du 21 mars 1991.
[842] Leroy (P.), *l'organisation constitutionnelle et les crises, op. cit.* p. 27.
[843] Article 116 de la Constitution du 21 mars 1991.

la loi et les règlements ont la possibilité d'étendre le champ des avis conformes[844].

Dans certains États africains, le juge constitutionnel a aussi eu l'occasion d'affirmer l'autorité des avis. La Haute Cour constitutionnelle malgache a émis un avis intéressant dans ce sens. En effet, consultée par le Premier ministre sur la clarification de la portée de ses avis, elle va indiquer que « *dûment motivé et rendu en conformité à l'esprit et à la lettre de la Constitution, l'avis conserve son importance juridique* »[845] et que : « *la Haute Cour constitutionnelle, tout en exerçant ses attributions consultatives, a pu être amenée exceptionnellement et pour des raisons techniques, à dire le droit sans procéder au règlement d'un différend ; qu'ainsi l'autorité juridique des avis rendus est a priori limitée* »[846]. Deux conséquences découlent de cet acte non juridictionnel du juge malgache. La première est que l'avis du juge constitutionnel a une importance juridique avérée et ne saurait ainsi être ignoré, voire banalisé. La seconde est que l'autorité des avis est conditionnée par la démarche du juge ou du moins par leur contenu. Ainsi, elle est avérée, voire renforcée lorsque le juge dit le droit en le clarifiant ou en procédant à sa création. Dans ce cas de figure, l'organe consulté est obligé de s'y soumettre y compris l'ensemble de la société. *A contrario*, lorsqu'il ne dit pas le droit, on peut considérer qu'il s'agit d'un avis facultatif.

D'autres juges africains, sans dire clairement que l'avis est revêtu d'une autorité, emploient un langage performatif qui traduit l'intention de lier l'initiateur de la consultation[847]. Tantôt, dans le langage, le juge se sert de l'avis pour rendre une décision[848], tantôt, il prescrit ou proscrit une attitude ou un comportement à celui qui a déclenché la consultation. Au total, l'argument juridique qui permet de soutenir la thèse de l'autorité de la chose interprétée des avis nous est fourni à la fois par les textes régissant les juridictions constitutionnelles et par la jurisprudence constitutionnelle. Cette position ne fait que renforcer les arguments théoriques de notre démonstration.

---

[844] Article 40 de la *décision n° 035CC du 10 novembre 2006 portant Règlement de la procédure de la Cour constitutionnelle*.

[845] *Avis n° 03-HCC/AV du 11 avril 2014*, avis cité par : Issoufou (A.), « L'autorité des avis du juge constitutionnel en Afrique noire francophone », *op. cit.* p. 24.

[846] *Avis n° 03-HCC/AV du 11 avril 2014*, avis cité par : Issoufou (A.), « L'autorité des avis du juge constitutionnel en Afrique noire francophone », *op. cit.* p. 24.

[847] Issoufou (A.), « L'autorité des avis du juge constitutionnel en Afrique noire francophone », *op. cit.* p. 25.

[848] Au Sénégal par exemple, le juge constitutionnel rend des décisions en matière consultative.

B- Les arguments théoriques

L'affirmation de l'autorité des avis peut être soutenue par deux arguments. Le premier est relatif à notre adhésion à la théorie réaliste de l'interprétation (1), tandis que le second est lié au positionnement de la Constitution et du juge constitutionnel dans le constitutionnalisme contemporain (2).

1- L'adhésion à la théorie réaliste de l'interprétation

La théorie réaliste de l'interprétation est celle qui fait du juge ou du moins de l'interprète, l'auteur de la norme. Elle considère que l'auteur d'une norme n'est pas celui qui l'édicte, mais celui qui l'interprète. **Michel Troper** qui est la tête de proue de cette théorie affirme sans ambages que « *l'autorité compétente qui produit les règles n'est pas (...) le constituant ou le législateur, mais le juge* »[849] et que « *cette théorie réaliste peut se résumer en trois propositions : l'interprétation est une fonction de volonté et non de connaissance ; elle n'a pas pour objet des normes, mais des énoncés ou des faits ; elle confère à celui qui l'exerce un pouvoir spécifique* »[850]. Pour mieux expliciter notre adhésion à cette théorie, la démarche consistera à donner un contenu à l'interprétation et à la norme tout en établissant un lien de cause à effet entre les deux, avant de parvenir à la conclusion selon laquelle la fonction interprétative est perçue à l'époque contemporaine comme une fonction normative[851].

En théorie du droit, l'interprétation est généralement présentée comme une opération intellectuelle qui accompagne le processus d'application du droit[852]. Elle vise à donner une signification à un énoncé juridique. Si certains auteurs soutiennent l'idée selon laquelle l'interprétation est une fonction de connaissance[853], il convient de souligner que cette idée est discutable. L'interprétation qualifiée d'authentique[854] par **Hans Kelsen,** a la particularité de créer du droit et constitue de ce point de vue, un acte de volonté. Cela est consécutif au fait que la norme est la signification d'un énoncé et non pas cet énoncé. Aussi, il n'est pas exagéré d'affirmer qu'il

---

[849] Troper (M.), « Le réalisme et le juge constitutionnel », *NCCC*, n° 22, 2007, p. 2.

[850] Troper (M.), « Une théorie réaliste de l'interprétation », *Revista Opiniao Juridica*, n° 8, 2006, p. 303.

[851] Disant (M.), *l'autorité de la chose interprétée par le Conseil Constitutionnel*, Paris, LGDJ, 2010, p. 108.

[852] Magnon (X.), *Théorie (S) du droit*, Paris, Ellipse, 2008, p. 41.

[853] *Ibid.* p. 42.

[854] Hans Kelsen affirme dans ce sens que « l'interprétation par l'organe d'application du droit a toujours un caractère authentique : elle crée du droit », lire utilement Kelsen (H.), *Théorie pure du droit*, Paris, Dalloz, 1962, p. 461.

n'existe pas de norme sans interprètes c'est-à-dire « *la signification d'un énoncé prescriptif, avant l'interprétation* »[855]. La norme étant la signification d'un énoncé prescriptif [856]découlant de l'interprétation, il est évident que l'acte issu de cette opération intellectuelle n'a pas un caractère souple puisqu'il oblige ses destinataires.

De cette clarification des notions d'interprétation et de norme, il convient d'établir un lien de cause à effet entre l'interprétation et la norme, car l'un produit l'autre ou du moins, la norme est le résultat de l'interprétation. C'est en vertu de ce lien que la doctrine tire généralement la conclusion selon laquelle, la chose interprétée a un caractère contraignant[857]. On peut aussi affirmer qu'autant les décisions ont autorité de la chose jugée, autant l'interprétation est désormais revêtue de l'autorité de la chose interprétée, car elle produit des normes. **Michel Troper** affirme à ce propos que « *l'interprétation produit des normes en attribuant à une disposition de la Constitution la signification que telle conduite particulière doit avoir lieu* »[858]. C'est dire que le juge procède généralement à ce qu'il est convenu d'appeler l'interprétation création et ne se contente pas de clarifier le contenu des dispositions de la Constitution ou de la loi.

L'utilité de cette interprétation est avérée dans le constitutionnalisme contemporain. En effet « *lorsque le juge constitutionnel est en présence de notions générales et vagues, il est assez naturel qu'il les interprète, et même qu'il les concrétise, c'est-à-dire qu'il leur donne la substance nécessaire à leur mise en œuvre* »[859]. Dans une telle hypothèse, non seulement le juge procède à la clarification des dispositions vagues et inintelligibles, mais aussi il complète celles qui sont lacunaires. En le faisant, il devient co-législateur et co-constituant.

L'adhésion à la théorie réaliste de l'interprétation a pour finalité de soutenir le caractère contraignant des avis des juridictions constitutionnelles parce que pour l'essentiel, ceux-ci portent sur l'interprétation de la Constitution. En effet, le juge constitutionnel, en procédant à l'interprétation de la loi fondamentale, crée des normes constitutionnelles et comme la norme a un caractère contraignant, l'acte par lequel il procède à une telle

---

[855] Magnon (X.), *Théorie (S) du droit, op. cit.* p. 42.

[856] Au sujet du caractère prescriptif de la norme, Hans Kelsen affirme que : « *les fonctions de la norme : commandement, permission, habilitation et abrogation* ». Il ajoute que « la fonction spécifique d'une norme est le commandement ». Lire dans ce sens : Kelsen (H.), *Théorie générale des normes*, Paris, puf, Coll. « Léviathan », 1996, p. 125.

[857] Disant (M.), *l'autorité de la chose interprétée par le Conseil Constitutionnel, op. cit.* p. 134.

[858] Troper (M.), *Le Droit et la nécessité*, Paris, puf, Coll. « Léviathan », 2011, p. 165.

[859] Ronzani (E.), *l'interprétation créatrice de la Constitution par le juge constitutionnel en France et en Suisse*, Thèse de doctorat en droit public, Université de Bourgogne, 1999, p. 77.

interprétation est revêtu de l'autorité de la chose interprétée qu'il s'agisse d'une décision ou d'un avis. Dire que l'avis émis par le juge constitutionnel est facultatif revient à banaliser son pouvoir créateur. L'avis ne peut être souple dès lors qu'il permet au juge de dégager des normes. Il ne faut donc pas sous-estimer la fonction consultative des juridictions constitutionnelles ni les actes qu'elles édictent dans l'exercice de cette fonction puisque ceux-ci sont revêtus de l'autorité de la chose interprétée.

La question qu'on peut se poser est de savoir si la fonction consultative des juridictions constitutionnelles repose essentiellement sur l'interprétation de la Constitution. À l'analyse des textes constitutionnels africains, le recours à la consultation peut être envisagé soit pour interpréter un texte écrit, soit pour apprécier une situation de fait prévue par la Constitution. Dans les deux cas, il est difficile de ne pas parler de l'interprétation constitutionnelle, puisque le juge émet l'avis au nom de la Constitution et parfois, pour la Constitution. Il n'y a en principe ni conflit ni distinction possible entre le texte constitutionnel et l'interprétation[860]. La théorie réaliste de l'interprétation constitue ainsi le premier argument théorique qui permet de soutenir l'idée de normativité des avis. Au-delà de cette théorie, il faut souligner que l'autorité des avis est aussi la conséquence du positionnement de la Constitution et du juge constitutionnel à l'époque contemporaine.

2- Le rattachement de l'autorité des avis au positionnement de la Constitution et du juge constitutionnel

L'idée de base consiste à affirmer que la normativité des avis se justifie par le lien qu'ils ont avec la Constitution étant entendu que celle-ci jouit d'un certain prestige dans l'ordre juridique interne (a). En tant que bouche de la Constitution et son garant juridique, il est difficile de banaliser l'avis émis par le juge constitutionnel (b).

a- Une autorité des avis consécutive au positionnement de la Constitution dans la nomenclature des normes

Quel est le rapport entre le positionnement de la Constitution et celui des avis émis par le juge constitutionnel ? Telle est la question qui est susceptible d'être posée à la lecture de cet intitulé. En effet, l'autorité reconnue à la Constitution peut être étendue aux actes édictés par l'organe qui est désigné

[860] Disant (M.), *l'autorité de la chose interprétée par le Conseil Constitutionnel*, *op. cit.* p. 134.

comme étant son garant juridique et son interprète authentique[861]. Il est important d'affirmer que l'histoire de la Constitution ne s'arrête pas à son élaboration[862]. Elle inclut aussi fondamentalement celle de son application. Pendant cette phase, l'organe qui est chargé de clarifier le sens et le contenu des textes constitutionnels, c'est le juge constitutionnel de sorte que les avis qu'il émet dans ce sens ne peuvent être banalisés. On peut ainsi affirmer qu'étant donné que la norme de référence en matière consultative est la Constitution, les avis qui en découlent devraient être revêtus d'une autorité renforcée.

Dans le constitutionnalisme contemporain, la Constitution est considérée à la fois comme la loi fondamentale[863] et comme la norme suprême de l'État[864]. En tout état de cause, elle est une norme pas comme les autres. Afin de pérenniser son prestige et son autorité, elle prévoit désormais l'existence d'une juridiction censée garantir ou assurer sa protection. Cette juridiction a aussi la particularité d'être son interprète authentique[865]. De sorte qu'en cas de doute sur le contenu d'une disposition constitutionnelle, on se réfère à elle. On peut ainsi affirmer que le juge constitutionnel est la bouche de la Constitution. En tant que tel, l'avis qu'il donne ne peut ne pas être pris en compte étant donné qu'il s'appuie sur le texte constitutionnel.

Dans le constitutionnalisme contemporain, la Constitution est la loi fondamentale de l'État. Cela signifie qu'elle crée, institue, pose les bases du droit et du pouvoir. Le constitutionnaliste français **Georges Burdeau** est assez éloquent à ce sujet. Selon lui « *la Constitution fonde juridiquement l'idée de droit dominante* »[866]. Il ajoute dans le même ordre d'idées que la particularité de la Constitution est qu'elle « *organise des compétences* »[867]. Dans la même logique, le Professeur **Maurice Ahanhanzo Glele** souligne que « *la Constitution est dite loi fondamentale parce qu'elle est l'acte qui crée, fonde et structure l'État. La Constitution c'est la structure organisatrice fondamentale de l'institution étatique* »[868]. Qu'est-ce qu'il

---

861 Adouki (D-E), « Contribution à l'étude de l'autorité des décisions du juge constitutionnel en Afrique », *op. cit.* P. 616.

862 Rémond (R.), « La gestion de la Constitution », *Pouvoirs*, n° 50, 1989, P. 43.

863 Ahanhanzo Glélé (M.), « La Constitution ou loi fondamentale », in *Encyclopédie juridique d'Afrique. Tome premier, L'État et le Droit*, 1982, p. 37.

864 Loewenstein (K), « Réflexions sur la valeur des Constitutions dans une époque révolutionnaire. Esquisse d'une ontologie des Constitutions », *RFSP*, 2e année, n° 1, 1952, pp. 5-23.

865 Mballa Owona (R.), « L'autorité de la chose jugée des décisions du juge constitutionnel en Afrique francophone », in Oumarou Narey (dir.), *la justice constitutionnelle*, Paris, l'harmattan, 2016, p. 425.

866 Burdeau (G.), *Traité de Science politique*, *op. cit.* p.192.

867 *Ibid.* p. 193.

868 Ahanhanzo Glélé (M.), « La Constitution ou loi fondamentale », in *Encyclopédie juridique d'Afrique. Tome premier, L'État et le Droit*, 1982, P. 21.

convient de retenir à la suite de ces deux affirmations ? *Primo*, le droit n'existe dans l'État que parce qu'il est créé par la Constitution[869]. On peut ainsi dire que la loi fondamentale irrigue l'ensemble du dispositif normatif étatique parce que toutes les autres normes en vigueur découlent d'elle. *Secundo*, c'est le texte constitutionnel qui encadre l'accession, l'organisation et le fonctionnement du pouvoir. Sur cette base, il est évident que le pouvoir n'existe que parce qu'il est reconnu ou prévu par le texte constitutionnel. Cela est compréhensible si l'on part du postulat selon lequel la Constitution est la règle du jeu[870] et elle fixe des règles de conduite aussi bien en direction des gouvernants qu'à l'endroit des gouvernés.

En tant que gardien de ce qui est considéré comme étant la loi fondamentale, le juge constitutionnel peut-il donner un avis sans que celui-ci soit pris en compte ? La question se pose aussi lorsqu'on le considère comme la bouche ou l'interprète authentique de la Constitution. À cette question, nous pouvons répondre en affirmant que le respect dû à la Constitution doit trouver son prolongement dans les avis émis par son interprète. En effet, il ne faut pas perdre de vue le fait que, lorsque le juge constitutionnel est saisi pour avis, c'est la Constitution qui est en cause et son avis porte pour l'essentiel, sur le contenu des dispositions constitutionnelles. En émettant un avis, il ne fait que clarifier, expliquer, interpréter ou prolonger la volonté du constituant c'est la raison pour laquelle ses avis doivent être revêtus de l'autorité nécessaire pour ne pas être banalisée.

En la considérant comme la norme suprême, la Constitution est au sommet de la pyramide des normes kelsénienne[871]. D'ailleurs, la suprématie fait partie de ses critères de définition au plan formel de sorte que toutes les autres normes lui sont subordonnées. À partir du moment où il a été démontré que la fonction consultative peut déboucher sur l'analyse de la constitutionnalité d'une norme ou d'une réforme juridique, on ne peut que militer en faveur de l'autorité de la chose interprétée. Concrètement, l'idée de base est de dire que dès lors qu'un avis vise à renforcer la suprématie ou l'autorité de la Constitution, l'organe consultant ainsi que l'ensemble de la société doivent s'y soumettre. On peut ainsi établir un lien entre la suprématie de la Constitution et l'autorité de la chose interprétée des avis du juge constitutionnel. On peut ainsi affirmer à la suite du professeur **Mballa Owona** que *« le juge constitutionnel qui en est le gardien exerce une autorité suprême dans l'ordre juridique. Ce qu'il a fait, nul ne peut le défaire »*[872]. Aussi, dans le cadre de l'exercice de sa fonction consultative,

---

[869] Starck (C.), *La Constitution cadre et mesure du droit*, Paris, Economica, 1994, p. 16.

[870] Delpérée (F.), « La Constitution de Tintin », *RFDC*, n° 100, 2014, P. 885.

[871] Mballa Owona (R.), « L'autorité de la chose jugée des décisions du juge constitutionnel en Afrique francophone », *op. cit.* p. 425.

[872] *Idem.*

s'il déclare un texte non conforme à la Constitution, son avis devrait être pris en compte. Ainsi que cela a été souligné, l'avis du juge constitutionnel est constamment requis pendant les réformes juridiques et un avis qui est déclaré inconstitutionnel devrait être revêtu de l'autorité nécessaire. Cela se comprend aisément si l'on prend en compte le rang hiérarchique de la Constitution, un avis portant sur une disposition constitutionnelle engage à la fois les pouvoirs publics et l'ensemble de la société. Au final, en considérant la Constitution comme loi fondamentale et norme suprême, on ne peut que militer à l'autorité des avis émis par son gardien et dont l'objet porte sur son interprétation. Ce postulat peut aussi être soutenu par le positionnement du juge constitutionnel dans le nouveau constitutionnalisme contemporain.

b-Une autorité consécutive au positionnement du juge constitutionnel dans le nouveau constitutionnalisme africain

L'étude du positionnement du juge constitutionnel dans le dispositif institutionnel repose sur l'interrogation suivante : ce dernier est-il un juge comme les autres ?[873] À cette interrogation, la réponse est celle de la singularité, de la spécialité et de l'autorité du juge constitutionnel sur les autres juges. Cette place traduit d'ailleurs les offensives du juge constitutionnel béninois, lequel contrôle déjà la constitutionnalité des décisions de justice[874]. Le juge constitutionnel est l'organe juridictionnel qui a le dernier mot[875]. Certes, ce pouvoir de dernier mot est plus envisageable lorsqu'il rend des décisions, mais à l'analyse, ne peut-on pas aussi l'envisager lorsqu'il émet des avis dont l'objet est l'interprétation constitutionnelle ou la vérification de la constitutionnalité d'une norme ou de la procédure qui a conduit à son édiction ? C'est par l'affirmative qu'on peut répondre à cette interrogation, l'objectif étant d'affirmer une fois de plus, la normativité des avis.

Le positionnement du juge constitutionnel dans le nouveau constitutionnalisme africain conduit à affirmer que les avis qu'il émet doivent être revêtus d'une autorité de la chose interprétée. En effet, l'activité des juridictions constitutionnelles africaines contribue à une redéfinition de l'idée de démocratie. Ainsi que l'affirme le professeur **Demba Sy**, « *avec*

[873] Brunet (P.), « Le juge constitutionnel est-il un juge comme les autres? Réflexions méthodologiques sur la justice constitutionnelle », in Olivier Jouanjan, Constance Grewe, Éric Maulin et Patrick Wachmann (dir.), *la notion de justice constitutionnelle*, Paris, Dalloz, 2005, pp. 115-135.

[874] Djogbenou (J.), « Le contrôle de constitutionnalité des décisions de justice : une fantaisie de plus ? », *Afrilex*, 2014.

[875] Cappelletti (M.), « Nécessité et légitimité de la justice constitutionnelle », *RIDC*, n° 2, 1981, p. 639.

l'intervention du juge, la vie politique démocratique obéit davantage aux prescriptions de la norme suprême »[876]. Il en est ainsi parce que « *la justice constitutionnelle participe ainsi à une transformation de la démocratie qui passe de la démocratie parlementaire à une démocratie constitutionnelle* »[877]. En tout état de cause, les avis émis par le juge constitutionnel pour consolider cette démocratie constitutionnelle ne devraient pas être ignorés par l'ensemble de la société.

Rappelons que la démocratie constitutionnelle fait référence à la démocratie par la Constitution. Est ainsi révolu, le temps de l'essor de la démocratie représentative qui repose sur le principe majoritaire. À l'époque contemporaine, l'expression de la volonté générale s'apprécie à l'aune de la conformité des textes à la Constitution[878]. Le juge constitutionnel étant le gardien de la Constitution, il est par ricochet le garant de la démocratie constitutionnelle. Dans cette logique, ses avis ne sauraient être méprisés. Certains portent sur la conformité des textes à la Constitution tandis que d'autres interviennent en matière électorale et visent de ce point de vue à consolider la démocratie constitutionnelle.

Par ailleurs, il ne faut pas perdre de vue le fait que dans le nouveau constitutionnalisme africain, le juge constitutionnel africain est perçu comme un contre-pouvoir juridictionnel. Face aux abus des pouvoirs publics et à la montée en puissance du phénomène partisan, le seul rempart qui reste contre l'arbitraire, c'est le juge constitutionnel. **Louis Favoreu** souligne à juste titre que « *la légitimité du juge constitutionnel tient au système constitutionnel et politique dans lequel il s'insère* »[879]. Aussi, dans les États longtemps marqués par l'autoritarisme, on peut affirmer que le recours aux avis du juge constitutionnel participe à la démocratisation du pouvoir. On a d'ailleurs vu certains juges s'opposer aux initiatives présidentielles dans leurs avis. C'est le cas du juge nigérien qui, dans son avis, s'est opposé à une révision de la clause limitative du nombre de mandats présidentiels en 2009[880]. Cependant, si l'avis n'est revêtu d'aucune autorité, sa portée demeurera faible et l'intervention du juge constitutionnel sur la vie politique[881] aura une moindre importance. En revanche, avec la consécration de l'autorité ou de la normativité des avis, les pouvoirs publics sauront que tout ne leur est pas

---

876 Sy (D.), « Les fonctions de la justice constitutionnelle en Afrique », *op. cit.* p.57.
877 *Idem.*
878 *CC, 85-197 DC, du 23 août 1985, Nouvelle-Calédonie.*
879 Favoreu (L.), « La légitimité du juge constitutionnel », *RIDC*, vol.46, n° 2, 1994, p. 557.
880 *Avis n° 2/CC du 25 mai 2009.*
881 Favoreu (L) et al., *Droit constitutionnel, op. cit.* p. 382.

permis[882], car même à travers ses avis, le juge revêtira la casquette d'un censeur.

Enfin, l'affirmation de l'autorité des avis s'appuie sur le fait que le juge constitutionnel est avant tout l'interprète authentique de la Constitution. Certes, on note l'existence d'une pluralité d'interprètes, mais l'interprétation juridictionnelle prévaut sur l'interprétation politique[883]. Parce qu'elles sont «*productrices d'une culture constitutionnelle, qu'elles contribuent à diffuser, participant de la sorte, à l'acculturation des élites politiques*»[884], les juridictions constitutionnelles doivent donc être prises au sérieux lorsqu'elles exercent la fonction consultative. C'est elles qui clarifient le sens des dispositions constitutionnelles, car la Constitution est une norme générique, aussi les avis qu'elles émettent dans ce sens doivent être revêtus de l'autorité de la chose interprétée.

Évidemment, face à la thèse de la normativité des avis, on peut opposer l'idée selon laquelle, l'avis relève des petites sources du droit[885] et de ce point de vue, n'a pas vocation à être contraignant[886]. Cependant, cet argument peut être relativisé, car quand bien même on va considérer l'avis comme tel, on ne peut ignorer le fait que cette catégorie des sources influence de manière considérable, le comportement des acteurs juridiques. On peut ainsi évoquer, la fonction de régulation des avis. L'analyse de l'activité consultative des juridictions constitutionnelles dans les États d'Afrique noire francophone a révélé une dimension régulatrice des avis qui est de grande importance. Sur de nombreux points, on a vu le juge constitutionnel orienter ou indiquer une attitude aux pouvoirs publics. Il s'en suit qu'au-delà des deux arguments principaux ci-dessus développés, on peut fonder la normativité des avis sur leur vocation régulatrice.

On peut aussi mobiliser un argument stratégique en faveur de la normativité des avis émis par le juge constitutionnel. En effet, dans l'hypothèse où le texte constitutionnel oblige les pouvoirs publics à consulter la juridiction constitutionnelle préalablement à l'édiction d'un acte, il est évident que la non-prise en compte de l'avis de la juridiction en question peut biaiser l'entrée en vigueur de l'acte édicté au cas où celui-ci est soumis au contrôle de constitutionnalité. En d'autres termes, le juge constitutionnel

---

882 Ardant (P.) et Mathieu (B.), *Droit constitutionnel et Institutions politiques, op. cit.* p. 137.

883 Mballa Owona (R.), « L'autorité de la chose jugée des décisions du juge constitutionnel en Afrique francophone », *op. cit.* p. 426.

884 Sindjoun (L.), *les grandes décisions des juridictions constitutionnelles africaines, droit constitutionnel jurisprudentiel et politiques constitutionnelles au prisme des systèmes politiques africains, op. cit*, p. 5.

885 Gerry-Vernières (S.), *les petites sources du droit. À propos des sources étatiques non contraignantes*, Paris, Economica, 2012, 535 P.

886 Lavergne (B.), *recherche sur la soft law en droit public français, op. cit.* P.236.

peut, en cas de contrôle de constitutionnalité, censurer un acte dont l'édiction n'a pas pris en compte son avis au moment où son auteur l'a initié. La fonction consultative apparaît ainsi comme le moment du consensus entre le juge constitutionnel et les acteurs de production du droit. Stratégiquement, il est bon pour les pouvoirs publics de prendre en compte l'avis du juge de peur que leurs actes soient censurés et neutralisés en cas de mobilisation du contrôle de constitutionnalité.

En définitive, l'autorité des avis des juridictions constitutionnelles africaines est encore largement discutée. Face aux trois tendances qui s'opposent actuellement, nous adhérons à la thèse de l'autorité des avis. L'idée de base est donc de soutenir que les organes consultants doivent se soumettre aux avis. C'est ce qui mettra fin à la contestation de l'utilité de la fonction consultative.

Section 2 : L'utilisation instrumentalisée de la fonction consultative

Au regard de l'activité des juridictions constitutionnelles, on peut affirmer que là où le juge constitutionnel est objectif et joue pleinement son rôle, il se présente comme l'auteur de la résurrection de l'idée de Constitution[887]. Lorsqu'il est instrumentalisé, sa légitimité et son utilité sont remises en question. D'ailleurs, c'est cette instrumentalisation qui entraîne la contestation de l'utilité de ses fonctions en général et de la fonction consultative en particulier. Il convient dès lors d'analyser tour à tour, les facteurs (P1) et la traduction de l'instrumentalisation de la fonction consultative (P2).

Paragraphe 1 : Les facteurs de l'instrumentalisation de la fonction consultative

Destinée à éclairer les pouvoirs publics, la fonction consultative des juridictions constitutionnelles africaines est plutôt détournée à des fins politiques. C'est l'idée que traduit l'affirmation de son instrumentalisation. Les facteurs de cet état de choses sont de deux ordres à savoir, la faible indépendance (A) et la politisation des juridictions objet d'étude (B).

A- La faible indépendance des juridictions constitutionnelles

L'activité du juge constitutionnel est tributaire de l'environnement dans lequel il se déploie et surtout, de sa condition statutaire. Il est évident que là

[887] Bikoro (J-M), *les paradoxes constitutionnels en droit positif du Cameroun, op. cit.* p. 321.

où l'indépendance est renforcée, ce dernier se déploie avec beaucoup d'aisance. En revanche, lorsque son indépendance est faible ou de moindre importance, il se trouve sous la botte des autres pouvoirs publics. L'un des défis des constituants du début des années 1990 était donc au-delà de la création des juridictions constitutionnelles et de la diversification de leur champ de compétence, d'affirmer leur indépendance. D'un point de vue téléologique, il convient d'affirmer que l'indépendance protège le juge contre les influences du monde externe, particulièrement, du monde politique[888]. Ainsi que le souligne le professeur **Fabrice Hourquebie** « *c'est des défis du constitutionnalisme (...) que de mettre en place les mécanismes de protection du principe d'indépendance des juges et du pouvoir judiciaires ou juridictionnels* »[889]. Il convient donc d'indiquer que la question de l'indépendance ne se pose que dans un État de droit car « *plus l'État de droit est parachevé, plus la quête de l'indépendance est affichée* »[890].

Dans le nouveau constitutionnalisme africain, l'indépendance des juridictions constitutionnelles est clairement affirmée. Elle peut d'ailleurs être analysée sous le double prisme organique et fonctionnel[891]. Au plan organique, l'allongement du mandat constitue dans certains États, un gage d'indépendance. Ainsi au Burkina Faso, la Constitution dispose que « *les membres du Conseil constitutionnel sont nommés pour un mandat unique de neuf (9) ans* »[892]. Deux remarques sont susceptibles d'être faites à la lecture de cette disposition constitutionnelle à savoir, l'allongement du mandat et son caractère non renouvelable d'ailleurs, l'option du constituant burkinabé est aussi vérifiable au Burundi[893], au Tchad[894] ou encore au Congo[895].

Au plan fonctionnel, l'indépendance des juridictions constitutionnelles africaines est renforcée par la consécration des incompatibilités et des immunités. Dans le premier cas, le texte constitutionnel camerounais dispose que « *les fonctions de membre du Conseil constitutionnel sont incompatibles avec celles de membre du gouvernement, du parlement et de la Cour suprême* »[896]. Cette disposition qu'on retrouve dans d'autres lois

---

[888] Hourquebie (F.), « L'indépendance de la justice dans les États francophones », *Les Cahiers de la Justice*, n° 2, 2012, P. 41.
[889] *Ibid.* p. 43.
[890] *Ibid.* p. 44.
[891] Nguele Abada (M.), « L'indépendance des juridictions constitutionnelles dans le constitutionnalisme des États francophones postguerre froide : l'exemple du Conseil Constitutionnel camerounais », *palabres actuelles, revues de la Fondation Raponda Walker*, n° 4, 2010, p. 49.
[892] Article 53 de la Constitution du 11 juin 1991.
[893] Article 226 de la Constitution du 18 mars 2005.
[894] Article 165 de la Constitution modifiée du 14 avril 1996.
[895] Article 144 de la Constitution du 6 novembre 2015.
[896] Article 51 alinéa 1 de la Constitution du 18 janvier 1996.

fondamentales [897] a la particularité de protéger la fonction du juge constitutionnel en évitant que son impartialité soit affaiblie [898]. Dans le second cas, la consécration des immunités en faveur des membres des juridictions constitutionnelles a une incidence sur leur indépendance. En effet, elle vise à les protéger contre les poursuites arbitraires et abusives surtout lorsqu'ils sont offensifs et s'affirment comme réel contre-pouvoir.

Cependant, cette indépendance apparemment affirmée par les textes contraste dans les faits et en droit. Le professeur **Abdoulaye Soma** est assez éloquent à ce sujet. Selon le constitutionnaliste burkinabé, le juge constitutionnel « *est sujet de fascination et de consternation, comme un Janus. C'est qu'il est enserré dans les vices et vertus de son statut. Il est institué libre, mais se meut partout dans les fers* » [899]. Dans les États d'Afrique noire francophone, la juridiction constitutionnelle est placée dans une situation de dépendance à l'égard du pouvoir politique. Cela est consécutif au fait que le pouvoir en question participe largement à sa désignation des juges constitutionnels. La Constitution congolaise dispose que « *la Cour constitutionnelle est composée de neuf (9) membres nommés ainsi qu'il suit : trois (3) par le président de la République ; deux (2) par le président du Sénat ; deux (2) par le président de l'Assemblée nationale ; deux (2) par la Cour Suprême parmi les membres de cette juridiction* »[900]. Certes, certaines Constitutions optent pour l'élection des membres par leurs pairs[901], mais cette disposition qu'on retrouve aussi dans d'autres textes[902] consacre la désignation politique du juge constitutionnel. Si ce mode de désignation n'est plus considéré comme critère décisif d'appréciation de l'indépendance du juge constitutionnel dans le constitutionnalisme contemporain, il ne saurait être banalisé dans les États africains.

---

897 Lire dans ce sens, l'article 115 de la Constitution béninoise du 11 décembre 1990 ou encore, l'article 131 de la Constitution du 8 novembre 2016.

898 On dit d'un juge qu'il est impartial lorsqu'il est capable de s'affranchir complètement de son appartenance sociale, de ses convictions politiques ou religieuses pour trancher un litige qui lui est soumis. On peut ainsi considérer l'impartialité du juge comme l'absence de préjugé ou de parti pris de sa part. Cependant, bien qu'étant considérée comme la qualité essentielle du juge, l'impartialité relève d'un idéal vers lequel tendent toutes les institutions juridictionnelles. Lire utilement : David (A.), « Les variations dans la protection de l'impartialité du juge constitutionnel : du contentieux constitutionnel a priori à la QPC », *CRDF*, n° 12, 2014, pp. 123-124 ; Goyet (C.), « Remarques sur l'impartialité du tribunal », *Recueil Dalloz*, 2001, p. 328.

899 Soma (A.), « Le statut du juge constitutionnel africain », *op. cit.* p. 258.

900 Article 182 de la Constitution du 6 novembre 2015.

901 À titre d'illustration, on peut citer l'article 99 de la Constitution centrafricaine du 30 mars 2016 ou encore, l'article 121 de la Constitution du Niger.

902 C'est le cas de l'article 115 de la Constitution béninoise du 11 décembre 1990. On peut aussi citer à titre d'illustration, l'article 153 de la Constitution du Burkina Faso.

La désignation des membres des juridictions constitutionnelles par les autorités politiques a forcément une incidence sur la qualité de leur activité[903]. En effet, le juge constitutionnel a tendance à se comporter comme s'il était redevable à l'égard de l'organe de nomination au point d'éviter de le heurter dans ses décisions et avis. Tout se passe comme si ce dernier est nommé pour avaliser les actes ou les initiatives de l'autorité de nomination. C'est généralement ce qui plombe l'utilité de la fonction consultative dans les États d'Afrique noire francophone. À plusieurs occasions, le juge est intervenu non pour faire prévaloir la Constitution, mais pour donner la caution indispensable aux entreprises du président de la République. En l'état actuel du constitutionnalisme africain, il n'est pas évident que le juge constitutionnel s'autonomise à l'égard de l'autorité de nomination, toute chose qui fragilise son indépendance.

Au-delà du mode de désignation, il convient de souligner que l'aménagement du mandat par les textes constitutionnels fragilise aussi l'indépendance du juge constitutionnel. En effet, si le mandat unique soulève moins de difficultés ou d'inquiétudes, c'est la formule du mandat renouvelable qui est redoutable. Au Cameroun, depuis la réforme constitutionnelle du 14 avril 2008, on assiste à une altération de l'indépendance des membres du Conseil constitutionnel. Le texte constitutionnel dispose désormais que « *le Conseil constitutionnel comprend onze (11) membres désignés pour un mandat de six (6) ans éventuellement renouvelables* »[904]. La formule « *éventuellement* » subordonne la continuité de l'exercice des fonctions à la volonté de l'autorité de nomination. Ce qui rend vulnérable le juge constitutionnel dans ses rapports avec les autres pouvoirs publics constitutionnels. C'est ce qui explique d'ailleurs sa politisation.

B-La politisation des juridictions constitutionnelles dans l'exercice de la fonction consultative

L'idée de politisation permet de mettre en exergue l'emprise du politique sur le juge constitutionnel en général, et sur sa fonction consultative en particulier. Concrètement, il y a politisation de la fonction consultative à partir du moment où le juge constitutionnel officie non pas pour faire prévaloir l'idée de Constitution, mais plutôt pour préserver les intérêts des organes politiques en l'occurrence, le président de la République. C'est généralement le cas lorsque le juge est, non pas au service du droit, mais des calculs égoïstes de l'autorité de nomination. C'est davantage dans les États

---

[903] Dia (D.), *les dynamiques de la démocratisation en Afrique noire francophone*, op. cit. p. 220.
[904] Article 51 alinéa 1 de la Constitution du 18 janvier 1996.

d'Afrique noire francophone que la politisation des juridictions constitutionnelles est perceptible. Celles-ci se mettent sous la botte du politique aussi bien dans le cadre de leur activité contentieuse que dans l'exercice de la fonction consultative.

« *Le juge constitutionnel africain se retrouve parfois dans le statut d'un outil de réalisation, de validation ou de légitimation d'une certaine méthode de gestion du pouvoir d'État par les autorités politiques* »[905]. Ainsi formulée, cette affirmation du professeur **Abdoulaye Soma** résume clairement l'activité du juge constitutionnel dans les États d'Afrique noire francophone. C'est que, à bien y regarder, le juge constitutionnel est plutôt utilisé par les autorités étatiques pour légitimer leurs initiatives ou pour les faciliter. C'est ce que traduit l'idée de politisation. Dans le cadre de l'exercice de la fonction consultative, le juge constitutionnel peut être considéré comme une « *institution technique à la disposition des autorités politiques (...) à cause d'elles, le formel l'emporte sur le fond* »[906].

En consacrant la fonction consultative, le constituant africain du début des années 1990 a voulu ériger des barrières aux abus des pouvoirs publics en général et de l'exécutif présidentiel en particulier. Mais, à l'épreuve des faits, le juge constitutionnel a cédé à la remontée du pouvoir exécutif. Ainsi, en matière de révision constitutionnelle, de nombreuses juridictions constitutionnelles n'hésitent pas à donner un quitus aux initiatives présidentielles quand bien même celles-ci entraînent le reflux constitutionnel[907]. On peut illustrer la politisation de la fonction consultative à partir des exemples du Burkina Faso et de la Côte-d'Ivoire.

Au Burkina Faso, le Conseil constitutionnel a été instrumentalisé par le président de la République au point d'opérer un revirement spectaculaire en matière consultative. En l'espèce, la juridiction constitutionnelle a été consultée par le Premier ministre afin qu'elle donne son avis sur la conformité à la Constitution d'un accord de prêt. Après avoir rappelé que l'accord en question est régi par les principes de la charia islamique[908], elle va indiquer dans son avis que « *l'Accord de prêt (...) est contraire à la Constitution du 2 juin 1992* »[909]. Curieusement, sans être saisie une fois de plus, la juridiction constitutionnelle va se dédire dans un autre avis. Dans l'un de ses considérants, le juge constitutionnel burkinabé déclare que « *le projet pour le financement duquel il a été conclu présente une utilité*

905 Soma (A.), « Le statut du juge constitutionnel africain », *op. cit.* p. 463.
906 Bikoro (J-M), Thèse *op. cit.* p. 325.
907 Mouangue Kobila (J.), « Peut-on parler d'un reflux du constitutionnalisme au Cameroun ? », in *R.A.S.J.*, vol 6 n° 1, 2009, pp. 267-306.
908 *Avis n° 2007-03/CC du 20 avril 2007.*
909 *Idem.*

certaine ; que l'Accord soumis à contrôle vise à mettre en œuvre les objectifs fixés par la Constitution dans son préambule ; que dès lors, il est conforme à la loi fondamentale »[910]. Aussi, il va émettre l'avis selon lequel « *l'Accord de prêt (...) est conforme à la Constitution du 2 juin 1991* »[911]. Il n'est pas sans intérêt de rappeler que ce second avis intervient après l'audience accordée par le président de la République aux membres du Conseil Constitutionnel juste après le premier avis de non-conformité.

En Côte-d'Ivoire, le Conseil constitutionnel a également fait preuve de politisation lors de l'élection présidentielle de 2010. En effet, à l'instar de son homologue burkinabé, il va également opérer un revirement qui est influencé par des considérations politiques[912]. En l'espèce, le président de la République **Laurent Gbagbo** a saisi la juridiction constitutionnelle[913] à l'effet de recevoir son avis sur les points suivants : la prestation de serment par courrier faite par monsieur **Alassane Dramane Ouattara** est-elle valable ?[914] Tout au plus, quelle est la valeur juridique des actes posés par ce dernier excipant de la qualité de président de la République ?[915] À ces deux interrogations, le Conseil Constitutionnel va émettre un avis avec une double réponse. *Primo*, il souligne que « *la prestation de serment par écrit de monsieur **Alassane Dramane Ouattara** est nulle et de nul effet* »[916]. *Secundo*, il ajoute que « *les actes posés par monsieur **Alassane Dramane Ouattara** sont nuls et de nul effet et ne sauraient engager l'État de Côte-d'Ivoire* »[917]. Le problème est que juste après le changement de rapport de forces, la même juridiction va se dédire en déclarant **Alassane Dramane Ouattara** élu à l'élection présidentielle[918]. Ces deux exemples attestent de ce que la fonction consultative est parfois politisée. Il s'en suit, une forte instrumentalisation du juge constitutionnel dans son office.

Paragraphe 2 : La traduction de l'instrumentalisation de la fonction consultative

Les avis des juridictions constitutionnelles ne vont pas toujours dans le sens de faire prévaloir le droit ou l'idée de Constitution. Des fois, les

---

910 *Avis n° 2007-011/CC du 20 juillet 2007.*

911 *Idem.*

912 Bikoro (J-M), Thèse *op. cit.* p. 326.

913 Le président de la République Laurent GBAGBO a saisi le Conseil constitutionnel pour avis par une lettre n° 083 en date du 16 décembre 2010.

914 *Idem.*

915 *Idem.*

916 *Avis n° CI-2010-A-035/22-12/CC/SG du 22 décembre 2010.*

917 *Idem.*

918 *Décision n° CI-2011-EP-34/03-12/CC/SG* portant proclamation de monsieur Alassane DRAMANE OUATTARA en qualité de président de la République de Côte-d'Ivoire.

juridictions en question renoncent à assumer leurs fonctions (A), tantôt aussi, elles sont utilisées pour légitimer les réformes juridiques déconsolidantes de la démocratie et l'État de droit (B).

A- La démission du juge constitutionnel

Les textes constitutionnels africains attribuent aux juridictions constitutionnelles une pluralité de fonctions. Pour les exercer, elles peuvent soit rendre des décisions, soit émettre des avis. Mais il arrive souvent que le juge constitutionnel refuse d'exercer des fonctions qui lui sont assignées par la Constitution, c'est l'idée que traduit la renonciation. D'après certains avis, on peut se rendre compte que le juge constitutionnel renonce soit à sa fonction de régulation (1), soit à celle d'interprète ou de gardien de la Constitution (2).

1- La renonciation à la régulation de l'activité des pouvoirs publics par les avis

On peut appréhender la renonciation comme le refus par les juridictions constitutionnelles d'assumer les fonctions qui leur sont dévolues par la Constitution[919]. Elle se traduit par le fait que le juge refuse soit de rendre une décision ou d'émettre un avis, soit de se prononcer dans le sens autre que celui qui tend à faire prévaloir les valeurs constitutionnelles. En Afrique noire francophone, le juge constitutionnel est parfois coupable de déni de justice constitutionnelle[920] ou d'injustice constitutionnelle[921], simplement parce que son activité ne tend pas toujours vers ce à quoi il est institué. En matière consultative, on peut le démontrer à partir des exemples du Togo et du Niger.

La fonction de régulation des juridictions constitutionnelles peut être analysée dans un double sens. Dans une première assertion, il peut s'agir pour elle de régler les différends entre pouvoirs publics[922]. Dans une seconde appréhension, cette fonction fait référence comme son nom l'indique à la régulation de l'activité des pouvoirs en question. Dans les deux cas, du fait de l'intervention du juge constitutionnel, c'est la politique qui est saisie par

[919] Bikoro (J-M), Thèse *op. cit.* p. 327.

[920] Mélin-Soucramanien (F.), « Du déni de justice constitutionnel en droit public français », in *Renouveau du droit constitutionnel, mélanges en l'honneur de Louis Favoreu,* Paris Dalloz, 2004, pp. 278.

[921] Le Pourhiet (A-M), « L'injustice constitutionnelle », in *Renouveau du droit constitutionnel, mélanges en l'honneur de Louis Favoreu,* Paris Dalloz, 2004, p. 224.

[922] Carpentier (E.), « La résolution juridictionnelle des conflits entre organes constitutionnels », *RIDC*, n° 4, 2007, pp. 805-832.

le droit[923]. On peut même étendre la fonction de régulation aux questions électorales étant entendu que le juge constitutionnel assure la régulation du jeu électoral.

Au Togo, la Cour constitutionnelle a, par le biais d'un avis, refusé d'arbitrer les opérations électorales de 1997. Les faits de l'espèce sont les suivants : le président de la République a saisi la juridiction constitutionnelle sur le point de savoir si les compétences autrefois dévolues à la Cour suprême en matière électorale sont automatiquement transférées à la Cour constitutionnelle, compte tenu de sa mise en place effective. À titre de rappel, la juridiction constitutionnelle togolaise est créée à la suite de la réforme constitutionnelle du 14 octobre 1992. Mais sa mise en place effective est intervenue en 1997. En attendant, la Constitution a conféré à la Cour suprême d'exercer à titre transitoire, les attributions de la juridiction constitutionnelle[924]. La Cour constitutionnelle va indiquer dans son avis que « *les compétences autrefois dévolues à la Cour suprême ne sont pas transférables de plein droit à la Cour constitutionnelle ; qu'une modification conséquente du code électoral pourrait attribuer la compétence en matière électorale à la Cour constitutionnelle* »[925]. Deux constats méritent d'être faits, à la lecture de cet avis. Premièrement, la Cour constitutionnelle refuse d'exercer la compétence qui lui est clairement attribuée par la Constitution[926]. Secondement, elle rabaisse la Constitution en faveur de la loi électorale qui selon elle, devrait l'habiliter à exercer une compétence préalablement attribuée par la loi fondamentale.

Au Niger, le Conseil constitutionnel de transition a été saisi par le Premier ministre en vue d'obtenir son avis sur le contenu de l'article 83 d'une loi constitutionnelle non promulguée. Le juge constitutionnel de transition va déclarer la requête irrecevable au motif que la loi en question n'avait pas encore été promulguée et qu'il n'y a pas lieu de procéder à son interprétation[927]. Le problème posé par la position du juge est que la loi fondamentale n'ayant pas prévu de palliatif en cas de retard en matière de promulgation des lois constitutionnelles, il aurait pu faire recours de son pouvoir créateur pour demander au président de la République de le faire. En tant que régulateur constitutionnel, il aurait pu promulguer lui-même la loi et procéder plus tard à son interprétation. D'ailleurs, certaines Constitutions

---

[923] Favoreu (L.), *la politique saisie par le droit. Alternances, cohabitation et Conseil constitutionnel*, Paris, Economica, 1988, 153 p.

[924] Lire dans ce sens l'article 104 de la Constitution togolaise du 14 octobre 1992.

[925] *Avis n° 001/97 du 11 juin 1994.*

[926] Lire dans ce sens l'article 154 de la Constitution togolaise du 14 octobre 1992.

[927] *Avis n° 15/CCT/2011 du 26 décembre 2011.*

attribuent expressément le pouvoir de promulgation au juge constitutionnel en cas de retard[928].

Toujours au Niger, la Cour constitutionnelle a été saisie par le président de la République dans le but d'obtenir son avis sur le fait de savoir quel est le sort réservé aux textes de loi adoptés par l'Assemblée nationale avant sa dissolution et qui du fait de cette dissolution n'ont pas fait l'objet de transmission aux fins de promulgation. La juridiction constitutionnelle nigérienne va déclarer la requête du président de la République irrecevable[929] au motif que « *la requête (...) ne demande l'interprétation d'aucune disposition précise de la Constitution* »[930]. Deux reproches sont susceptibles d'être faits au juge constitutionnel nigérien. Dans un premier temps, ce dernier refuse de se prononcer sur la loi électorale. Or, dans son champ de compétence, les avis visent l'interprétation de la Constitution et des textes législatifs en matière électorale et parlementaire. Le refus du juge n'est donc pas compréhensible.

Dans un second temps, en tant que régulateur constitutionnel, la Cour constitutionnelle aurait dû promulguer les lois en question ou demander au président de la République de le faire. L'objectif d'une telle démarche étant de garantir la continuité de l'activité législative de l'État. Ces quelques exemples attestent de ce que dans certains avis, le juge constitutionnel refuse de réguler l'activité des pouvoirs publics et les opérations électorales. C'est dans le même esprit qu'il refuse d'interpréter ou de protéger la Constitution.

2- La renonciation à l'interprétation et à la protection de la Constitution

Ainsi que cela a été souligné, le juge constitutionnel est l'interprète authentique de la Constitution. À partir du moment où il a été admis que la Constitution contient des dispositions au contenu flou, le rôle du juge devient indispensable. Cependant, il convient de souligner que l'interprétation a un domaine assez étendu. Elle ne se confine plus au seul texte constitutionnel. On peut ainsi l'étendre au bloc de constitutionnalité et aux principes de valeur constitutionnelle. On devrait aussi s'attendre à ce que le juge soit appelé à expliciter en cas de besoin, la jurisprudence constitutionnelle.

---

928 Lire dans ce sens, l'article 48 de la Constitution burkinabé du 2 juin 1991 modifiée ; on peut également citer l'article 74 de la Constitution ivoirienne du 8 novembre 2016.
929 *Avis n° 04/09/CC du 1er octobre 2009.*
930 *Idem.*

Le problème que pose l'exercice de la fonction consultative est que le juge semble limiter le domaine de la consultation à la Constitution formelle. Non seulement, il refuse d'interpréter ses décisions qui constituent pourtant une source du droit constitutionnel, mais, il renonce aussi à interpréter les lois électorales et à clarifier les points de droit constitutionnel qui pourtant présentent un certain intérêt.

Au Niger, le Premier ministre a saisi la Cour constitutionnelle afin que celle-ci explique une de ses décisions relatives au contrôle de constitutionnalité de la loi électorale[931] et surtout afin que celle-ci l'oriente en matière d'élaboration des projets de loi. La requête du Premier ministre sera malheureusement rejetée sur la base d'un double motif. Dans son avis, la juridiction constitutionnelle nigérienne va d'abord indiquer que « *la Cour n'est pas compétente pour émettre des avis sur l'interprétation de ses arrêts* »[932]. Elle va aussi ajouter que « *le rôle de la Cour n'est pas d'orienter le gouvernement dans l'élaboration de la loi* »[933]. Deux remarques sont susceptibles d'être faites à la lecture de cet avis. La première est qu'effectivement, la Cour constitutionnelle a refusé d'interpréter sa décision. Selon notre point de vue, cette position est critiquable, car la requête du Premier ministre ne remet pas en cause l'autorité des décisions de la juridiction constitutionnelle. Elle a plutôt pour objet d'expliciter son contenu afin de la rendre accessible à tous. Par ailleurs, la jurisprudence constitutionnelle faisant partie du bloc de constitutionnalité et par ricochet, des sources du droit constitutionnel, il n'est pas mal venu de procéder à son interprétation. En le faisant, la juridiction constitutionnelle aurait entendu le domaine de l'interprétation constitutionnelle.

Au Sénégal, le Conseil constitutionnel a, dans un avis refusé de donner son avis sur une réforme constitutionnelle. En effet, la juridiction constitutionnelle sénégalaise va indiquer qu'elle ne peut « *examiner ni l'aspect politique ni l'aspect de la constitutionnalité des dispositions de projet de la Constitution* »[934]. Pourtant, la loi fondamentale fait d'elle l'instance compétente en matière constitutionnelle. Aussi, elle peut étendre son champ de compétence pour mieux assurer la protection de la Constitution. Cela est important dans un pays qui se démarque par l'inflation révisionniste.

---

[931] *Arrêt n° 12/CC/MC du 24 décembre 2013.*
[932] *Avis n° 001/CC du 10 janvier 2014.*
[933] *Idem.*
[934] *Avis n° 5 de l'an 2000.*

Au Congo, monsieur **Victorien Zalima** a saisi la Cour constitutionnelle [935] à l'effet d'obtenir l'interprétation des concepts de « *changement* », de *« révision »* et de « *modification* » de la Constitution et aussi afin que celle-ci se prononce sur la conformité à la Constitution de l'initiative présidentielle de recourir au référendum. Notons qu'en 2015, le président de la République a décidé de recourir au référendum dans le but de doter l'État congolais d'une nouvelle Constitution[936]. La requête de monsieur **Victorien Zalima** visait en toile de fond, d'interroger la constitutionnalité d'une telle démarche. La Cour constitutionnelle va d'abord indiquer que « *l'article 35 alinéa 1 de la loi n° 1-2006 du 17 janvier 2003 portant organisation et fonctionnement de la Cour constitutionnelle limite la saisine aux pouvoirs publics* ». Aussi, elle va émettre l'avis selon lequel « *la demande d'avis de Monsieur **Victorien Zalima** est irrecevable* »[937]. L'avis du juge constitutionnel congolais est conforme à la Constitution. Cependant, en tant que pédagogue, le juge aurait dû recourir à son pouvoir créateur pour étendre la saisine et expliquer ces expressions dont la profondeur et la pertinence sont avérées en matière constitutionnelle.

Au total,il suit de ce qui précède que les juridictions constitutionnelles africaines renoncent parfois à exercer leurs fonctions. Elles le font soit en matière de régulation, soit en matière d'interprétation de la Constitution. Et quand elles donnent des avis, ceux-ci sont parfois destinés à légitimer des réformes qui rendent vulnérable la loi fondamentale.

B- La légitimation des réformes déconsolidantes

Lorsqu'on analyse l'activité du juge constitutionnel africain, on se rend bien compte que celle-ci oscille entre consolidation de la démocratie et de l'État de droit et fragilisation. Autant quelques décisions et avis sont salutaires, autant d'autres vont dans le sens de la légitimation des actes autoritaires et arbitraires[938]. Il est dès lors difficile de mener une réflexion qui vise l'office des juridictions constitutionnelles dans les États d'Afrique noire francophone sans mettre en avant les travers et incidences de certaines décisions et avis.

En Afrique, la juridiction constitutionnelle est parfois utilisée pour légitimer les actes des détenteurs du pouvoir. Pour l'essentiel, c'est la fonction législative qui est mobilisée, et qui sert à cautionner les initiatives

---

935 Monsieur Victorien Zalima a saisi la Cour constitutionnelle du Congo par lettre en date du 9 avril 2015 pour avis.

936 Finalement, le Congo s'est doté d'une nouvelle Constitution depuis la date du 6 novembre 2015.

937 *Idem.*

938 Bikoro (J-M), Thèse *op. cit.* p. 325.

présidentielles. Le professeur **Abdoulaye Soma** fait bien d'indiquer que « *le juge constitutionnel africain se retrouve parfois dans le statut d'un outil de réalisation, de validation ou de légitimation d'une certaine méthode de gestion du pouvoir d'État par les autorités politiques* »[939]. On peut parfois avoir le sentiment qu'il y a un alignement[940] ou une proximité[941] entre le juge constitutionnel et les autorités politiques de sorte que ses décisions et avis ne font pas toujours l'unanimité. Dans le cadre de cette étude, la légitimation des réformes constitutionnelles déconsolidantes peut être utilisée à partir des exemples du Tchad et du Gabon.

Le problème que posent les révisions constitutionnelles en Afrique noire francophone est qu'elles entraînent une régression du constitutionnalisme[942]. Progressivement, les options prises au début des années 1990 sont remises en question du fait du changement de rapports de forces. C'est malheureusement le juge constitutionnel qui cautionne les réformes en question par ses avis. Au Tchad, le président de la République **Idriss Deby** a fait recours au Conseil constitutionnel pour légitimer la clause limitative du nombre de mandats présidentiels et l'âge limite à la magistrature suprême. À l'origine, la Constitution de 1996 dispose que « *le président de la République est élu pour un mandat de cinq ans au suffrage universel direct. Il est rééligible une fois* » [943]. Et que « *peuvent faire acte de candidature aux fonctions de président de la République, les Tchadiens des deux sexes remplissant les conditions suivantes (...) avoir trente-cinq ans au minimum et soixante-dix au maximum.* »[944]. Le but de ces deux dispositions était de consolider la démocratie en facilitant l'alternance au sommet de l'état.

Compte tenu de l'importance des dispositions en question, la réforme constitutionnelle va faire l'objet de vives contestations. Pour légitimer son initiative, le président de la République va saisir le Conseil constitutionnel[945] afin que ce dernier se prononce sur son projet de révision. La juridiction constitutionnelle va indiquer dans son avis que « *le président de la République peut soumettre ladite proposition au référendum* »[946] et qu'il : « *donne un avis favorable* »[947] à la suppression de la clause limitative.

---

939 Soma (A.), « Le statut du juge constitutionnel africain », *op. cit.* p.463.

940 Mamadou (D.), « Les Cours constitutionnelles africaines : des gardiens de la Constitution vénérés ou... décriés », *op. cit.* p. 419.

941 *Idem.*

942 Bikoro (J-M), Thèse *op. cit.* p. 322.

943 Article 61 de la Constitution.

944 Article 62 de la Constitution.

945 Le président de la République Idriss DEBY a saisi le Conseil constitutionnel pour avis par une lettre n° 0003/PR/CAB de 2004.

946 *Avis n° 01/SG/04 du 18 novembre 2004.*

947 *Idem.*

Au Gabon, le président de la République Omar Bongo a, à l'instar des autres chefs d'États africains, procédé à la suppression de la clause limitative du nombre de mandats présidentiels[948]. Pour ce faire, il a initié une révision de la loi fondamentale. Or, le texte constitutionnel oblige l'auteur de l'initiative à la soumettre à l'avis de la Cour constitutionnelle. Ce qui a été fait par ce dernier [949]. Après avis favorable de la juridiction constitutionnelle[950], la Constitution a été révisée. Et la formulation actuelle est libellée ainsi qu'il suit *« le président de la République est élu pour sept ans au suffrage universel direct. Il est rééligible. »*[951]. Or, dans la vision initiale, il était prévu que *« le président de la République est élu pour sept ans au suffrage universel direct. Il est rééligible une fois »*[952]. Le constat qui se dégage est que le président de la République s'est servi de la Cour constitutionnelle pour rendre légitime son initiative constitutionnelle alors que cette réforme a fait régresser l'État gabonais sur le plan démocratique. On peut d'ailleurs constater que quasiment toutes les révisions orchestrées au Gabon sont assorties d'un avis favorable du juge constitutionnel[953].

Il suit de ce qui précède qu'autant les avis des juridictions objet d'étude servent à éclairer et à valoriser la Constitution, autant ils servent à légitimer les réformes constitutionnelles déconsolidantes. Face à la contestation populaire, les autorités politiques s'orientent vers le juge pour obtenir la caution nécessaire à la légitimité de l'opération constituante. Il s'en suit une instrumentalisation de la fonction consultative.

Au terme de ce chapitre, la conclusion qui mérite d'être tirée est que la fonction consultative des juridictions constitutionnelles africaines est encore largement controversée en Afrique noire francophone. Le débat tourne autour de l'autorité de ses avis. En effet, trois tendances se dégagent dont l'une est favorable à l'autorité des avis, l'autre insiste sur la souplesse des avis, tandis que l'autre est intermédiaire en ce sens qu'elle combine les deux premières. La controverse tourne aussi autour de la question de l'utilité de cette fonction. Dans les États africains, l'instrumentalisation dont fait l'objet le juge constitutionnel jette un discrédit sur ses avis si bien que jusqu'ici, l'utilité de cette fonction est loin de faire l'unanimité.

---

[948] C'est la révision constitutionnelle du 19 août 2003 qui a supprimé la clause limitative du nombre de mandats présidentiels au Gabon.

[949] Le président de la République Omar BONGO a saisi la Cour constitutionnelle par une lettre n° 008761PR/D13, enregistrée au greffe le 25 juillet 2003.

[950] Avis n° oo4cc du 25 juillet 2003 relatif a la proposition de loi n » 1.3/2003 du 22 juillet 2003 portant révision de la Constitution.

[951] Article 9 de la Constitution modifiée du 21 mars 1991.

[952] Il s'agit là de la formule initiale de l'article 9 de la Constitution du 21 mars 1991.

[953] Sans être exhaustif, on peut citer l'avis n° 001/94/CC de 1994 ou encore l'avis n° 001/97/CC du 20 mars 1997 sur le projet de révision de la Constitution.

CONCLUSION DE LA DEUXIÈME PARTIE

À la question de savoir quelle est la portée de la fonction consultative des juridictions constitutionnelles africaines ? On peut répondre en l'état actuel des développements constitutionnels qu'elle a une portée ambivalente. En effet, autant elle valorise la Constitution et le juge constitutionnel, autant les ratés de ce juge et son instrumentalisation par le politique conduisent à s'interroger sur l'utilité de cette fonction. Dans le premier cas, les avis émis par le juge constitutionnel font du juge, un sage constitutionnel et un expert juridique des pouvoirs publics. Ils ont surtout la particularité de faire véhiculer et de valoriser l'idée de Constitution. On peut donc affirmer *a priori* que cette fonction est indispensable dans le nouveau constitutionnalisme africain. Cependant, au-delà du fait que l'autorité des avis ne fait pas encore l'unanimité, c'est surtout leur contenu qui amène à les remettre en question, car ils renforcent le reflux constitutionnel dans les États africains d'expression française.

CONCLUSION GÉNÉRALE

Parvenu au terme de cette étude, l'objectif était de mettre sous les projecteurs, une fonction minorée et parfois méconnue des juridictions constitutionnelles. La fonction consultative puisqu'il s'agit d'elle, est pourtant mobilisée aussi bien dans le constitutionnalisme occidental que dans le constitutionnalisme africain et est matérialisée par un nombre important d'avis dont le contenu mérite d'être relayé. Dans les États d'Afrique noire francophone, on peut faire le constat d'une formalisation généralisée de cette fonction (I), malgré la contestation et la controverse dont elle fait l'objet (II). Aussi, notre réflexion débouche sur un appel à la valorisation de la consultation des juridictions constitutionnelles (III).

I-La formalisation généralisée de la fonction consultative des juridictions constitutionnelles

Deux précisions méritent d'être faites dans cette étude. Premièrement, la formalisation fait référence à l'idée de consécration de la fonction consultative par les textes constitutionnels africains. Secondement, la généralisation dont il est question ici conforte l'idée de convergence des modèles constitutionnels en Afrique noire francophone[954]. Dans le premier cas, il faut souligner que les textes qui régissent les juridictions constitutionnelles africaines leur attribuent une pluralité de fonctions. Si la fonction contentieuse semble beaucoup mise en exergue, la fonction consultative est tout aussi prise en compte par le droit. Ainsi, dans le nouveau constitutionnalisme africain, il est admis, la possibilité de recourir au juge constitutionnel afin d'obtenir son avis soit sur une disposition constitutionnelle, soit sur une réforme juridique ou encore, sur un point de droit constitutionnel.

À la lecture du dispositif normatif, il se dégage un certain nombre de certitudes. Les acteurs de la consultation sont clairement identifiés de sorte qu'on peut déterminer les organes consultants et les organes consultés. La procédure de la consultation est aussi clairement définie. Les textes indiquent le moment de la consultation et aménagent son déroulement et son

[954] Balde (S.), *la convergence des modèles constitutionnels. Étude des cas en Afrique subsaharienne*, Paris, Publibook, 2011, 536 p.

dénouement. C'est ainsi qu'on peut se rendre compte qu'à l'instar des décisions, les avis sont aussi publiés au journal officiel.

Dans le second cas, il est important d'indiquer que l'Afrique noire francophone se caractérise par une convergence d'options constitutionnelles. Dans tous les textes constitutionnels, on note une prise en compte de cette fonction. Certes, il y a des disparités sur les acteurs, les délais et parfois le domaine de la consultation. Mais dans tous les États, on reconnait la nécessité de recourir à la sagesse du juge constitutionnel en tant que bouche et interprète authentique de la Constitution. Il faut néanmoins préciser que cette généralisation de la fonction consultative n'occulte pas le débat autour de son utilité.

II- La contestation de l'utilité de la fonction consultative des juridictions constitutionnelles

À la question de savoir si les avis des juridictions constitutionnelles peuvent entraîner une transformation du droit constitutionnel africain dans un sens mélioratif. Il est difficile de répondre par l'affirmative. D'une part, parce que les avis ne sont pas toujours pris en compte par les organes consultants. D'autre part, parce que le juge constitutionnel est parfois mobilisé pour cautionner une régression du droit constitutionnel et des valeurs qu'il diffuse.

Dans la première hypothèse, il faut souligner que le sort des avis dépend à la fois des acteurs et de leur contenu. En effet, lorsque le juge constitutionnel prend position dans le cadre de l'exercice de sa fonction consultative, il est soit hué[955], soit il est célébré[956]. Tout est fonction de la position qu'il prend. On a pu relever qu'au Niger, le président de la République **Mamadou Tandja** a procédé à la révocation des membres de la juridiction constitutionnelle en 2009 simplement parce celle-ci a émis un avis défavorable à son initiative qui visait à supprimer la clause limitative du nombre de mandats présidentiels.

L'ambivalence du sort des avis est malheureusement facilitée par l'imprécision des textes sur leur autorité. La controverse doctrinale au Sénégal interpelle le constituant africain sur la nécessité de prendre position sur la nature et l'autorité des avis. Le Gabon, le Niger, le Congo et le Burkina Faso ont de ce point de vue, une longueur d'avance sur les autres États. En attendant de telles réformes, on peut se rendre compte que les avis

---

955 Mamadou (D.), « Les Cours constitutionnelles africaines : des gardiens de la Constitution vénérés ou… décriés », *op. cit.* p. 419.

956 *Idem.*

sont davantage acceptés lorsque leur contenu converge avec l'action ou l'initiative des autorités politiques. À défaut, les détenteurs du pouvoir n'hésitent pas à rappeler leur nature souple.

Par ailleurs, dans les États d'Afrique noire francophone, les avis émis par les juridictions constitutionnelles ne vont pas toujours dans le sens de la promotion de l'idée de Constitution. Loin d'être un gadget juridique, cette fonction sert à cautionner les actes autoritaires des détenteurs du pouvoir. On peut ainsi se rendre compte que c'est parfois avec la complicité du juge que se développe le révisionnisme constitutionnel en Afrique. En effet, face à la contestation populaire et de la société civile, l'exécutif présidentiel fait très souvent recours au juge constitutionnel afin que son initiative soit couverte d'une certaine légitimité. On a pu se rendre compte que certaines révisions visant la suppression du nombre de mandats présidentiels ont été cautionnées par le juge constitutionnel. Les avis symbolisent ainsi un alignement du juge aux actions des autorités politiques d'où la contestation de l'utilité de cette fonction dont la valorisation est indispensable.

III-Pour une valorisation de la fonction consultative

À partir du moment où il est admis que la fonction consultative donne plus de poids à la Constitution et au juge constitutionnel, l'idée de la valorisation est envisageable et défendable. Il est important que le constituant, le juge constitutionnel, les autorités politiques et la doctrine donnent à cette fonction, l'importance qu'elle mérite d'avoir dans le constitutionnalisme contemporain. Les trois premiers acteurs sont appelés à renforcer l'autorité des avis de sorte que ceux-ci cessent d'être considérés comme de simples actes sans force juridique. Il doit être indiqué dans la Constitution, l'autorité renforcée des avis. À défaut, le juge constitutionnel doit recourir à son pouvoir créateur pour le faire. Enfin, les autorités politiques devraient de plus en plus prendre en compte le contenu des avis de l'organe qui est considéré comme l'interprète authentique de la Constitution.

Dans le même ordre d'idées, il est important que l'accès au juge constitutionnel soit étendu aux citoyens, aux acteurs politiques et à la société civile en matière de consultation. L'un des problèmes que pose l'enracinement du droit constitutionnel en Afrique est la faible culture constitutionnelle de l'ensemble de la société. Or, parmi les organes qui diffusent cette culture, figure en bonne place, le juge constitutionnel. La possibilité doit être donnée à tous les membres du corps social d'aller vers ce juge afin d'obtenir un éclairage sur tout point de droit constitutionnel. À notre avis, c'est avec les avis des juridictions constitutionnelles que le contenu de la Constitution sera accessible aux citoyens. Sont ainsi interpellés, le constituant qui peut étendre la saisine ou le juge constitutionnel qui peut le faire.

La doctrine est interpellée dans les États africains simplement parce qu'elle semble plus valoriser les prouesses du juge constitutionnel dans le cadre du contrôle de constitutionnalité ou du moins, de la fonction contentieuse. Pourtant, on dénombre un volet qualitatif et quantitatif d'avis dont le contenu mérite aujourd'hui d'être diffusé et relayé. En exerçant cette fonction, le juge fait office de pédagogue, d'expert, de régulateur et de protecteur. Seulement, ses avis ne sont pas toujours valorisés. Tous les acteurs ci-dessus interpellés mis ensemble peuvent contribuer à la valorisation de la fonction consultative des juridictions constitutionnelles.

RÉFÉRENCES BIBLIOGRAPHIQUES

Ouvrages

Ouvrages généraux

Ardant (Philippe) et **Mathieu (Bertrand),** *Droit constitutionnel et institutions politiques*, 28e éd., Paris, LGDJ, 2016, 603 p.

Avril (Pierre), Gicquel (Jean) et **Gicquel (Jean-Eric),** *Droit parlementaire*, 5e éd.Paris, LGDJ, 2014, 398 p.

Borella (François), *Éléments de droit constitutionnel*, Paris, Presses de Sciences Po, 2008, 439 p.

Burdeau (Georges), *Traité de science politique. Tome IV, le statut du pouvoir dans l'État.* Paris, LGDJ, 1969, 693 p.

Carré de Malberg (Raymond), *Contribution à la théorie générale de l'État.* Tome 2, Paris, Sirey, 1922.

Cohendet (Marie-Anne), *Droit constitutionnel*, Paris, LGDJ, Lextenso éditions, 2015, 849 p.

Constant (Benjamin), *Cours de politique constitutionnelle*, Tome 1, Genève-Paris, Slatkine, 1982, 563 p.

Constantinesco (Vlad) et Pierré-Caps (Stéphane), *Droit constitutionnel*, Paris, 7e éd. Paris, puf, 2016, 546 p.

Favoreu (Louis) et al. *Droit constitutionnel,* 17e éd. Paris, Dalloz, 2015, 1093 p.

Gicquel (Jean) et Gicquel (Jean-Eric), *Droit constitutionnel et institutions politiques*, Paris, LGDJ, 30e éd., 2017, 914 p.

Gohin (Olivier), *Droit constitutionnel,* 1re éd.Paris, Litec, 2010, 1497 p.

Le Pourhiet (Anne-Marie), *Droit constitutionnel,* Paris, Economica, 2007, 478 p.

Meledje Djedjro (Francesco), *Droit constitutionnel*, 10e éd. ; Abidjan, ABC, 2014, 559p.

Rouault (Marie-Christine), *Droit administratif et institutions administratives*, 2e éd., Bruxelles, Paradigmes, 2014, 473 p.

Rousseau (Dominique), Gahdoun (Pierre-Yves) et Bonnet (Julien), *Droit du contentieux constitutionnel*, 11e éd., Paris, LGDJ, 2016, 866 p.

Rouvillois (Frédéric), *Droit constitutionnel,* Tome, 4e éd., Paris, Flammarion, 2015, 363 p.

-----------------, *Droit constitutionnel,* Tome 2, 5e éd., Paris, Flammarion, 2016, 435 p.

Sy (Demba), *Droit administratif,* 2e éd., Dakar, L'Harmattan, 420 p.

Troper (Michel) et Chagnollaud (Dominique), *Traité international de droit constitutionnel.* Paris, Dalloz, 2012. Tome 1 et Tome 2.

Verpeaux (Michel), *Contentieux constitutionnel,* Paris, Dalloz, 1re éd. 2016, 202 p.

Ouvrages spécialisés

Borgeaud (Charles), *Établissement et révision des Constitutions en Amérique et en Europe.* Paris, Thorin et Fils, Éditeurs, 1892, 423 p.

Cabanis (André) et **Martin (Michel-Louis),** *Les Constitutions d'Afrique francophone. Évolutions récentes,* Paris, Krthala, 1999, 193 p.

--, *Le constitutionnalisme de la troisième vague en Afrique francophone,* Bruxelles, Bruylant-academia, 2010, 227 p.

Favoreu (Louis) et Mastor (Wanda), *Les Cours constitutionnelles.* Paris, Dalloz, 2011, 161 p.

Friedrich (Carl-J.), *La démocratie constitutionnelle.* Paris, PUF, 1958, 564 p.

Hamon (Francis), *Le référendum. Étude comparative,* Paris, LGDJ, 1995, 200 p.

Kaluba Dibwa (Dieudonné), *La Justice constitutionnelle en République démocratique du Congo.* Academia-L'harmattan et Éditions Eucalyptus, 2013, 652 p.

Lavroff (D-G), *Les systèmes constitutionnels en Afrique noire. Les États francophones,* Paris, A. Pedone, 1976, 438p.

Mathieu (Bertrand), *Constitution : rien ne bouge et tout change.* Paris, Lextenso éditions, 2013, 192 p.

Mathieu (Bertrand) et Verpeaux (Michel), *Contentieux constitutionnel des droits fondamentaux,* Paris, LGDJ, 2002, 791 p.

Mbome (François-Xavier), *Régimes politiques africains,* 1re éd., Yaoundé, les éditions Bala, 1990, 216 p.

Moderne (Franck), *« Réviser » la Constitution. Analyse comparative d'un concept indéterminé.* Paris, Dalloz, 2006, 106 p.

Olinga (Alain-Didier), *La Constitution de la République du Cameroun,* 2e éd., Yaoundé, PUCAC, 2013, 272 p.

Ribert (Léonce), *L'esprit de la Constitution,* Paris, Librairie Germère Baillère, 1875, 312 p.

Roussillon (Henry), *Le Conseil Constitutionnel,* Paris, Dalloz, 5e éd., 2004, 163 p.

Salami (Ibrahim David) et **Gandonou (Diane Melone),** *Droit constitutionnel et Institutions politiques du Bénin.* Cotonou, Éditions du Cedat, 2014, 492 p.

Schmitt (Carl), *Théorie de la Constitution.* Paris, PUF coll. « Léviathan », 1993, 576 p.

Sindjoun (Luc), *les grandes décisions des juridictions constitutionnelles africaines : droit constitutionnel jurisprudentiel et politiques constitutionnelles au prisme des systèmes juridiques africains.* Bruxelles, Bruylant, 2009, 598 p.

Troper (Michel), *Le Droit et la nécessité,* Paris, coll. « Léviathan », 2011, 294 p.

Wandji K. (Jérôme Francis), *La Justice constitutionnelle au Cameroun.* Paris, Menaibuc, 2015, 253 p.

Ouvrages collectifs

AFDC, *La révision de la Constitution.* Paris-Aix en Provence, Economica-PUAM, 1993, 319 p.

Aïvo (Frédéric-Jöel) (dir.), *La Constitution béninoise du 11 décembre 1990 : un modèle pour l'Afrique ? Mélanges en l'honneur de **Maurice Ahanhanzo Glèlè**,* Paris, l'harmattan, 2014,798 p.

Conac (Gérard) (dir.), *Les Institutions constitutionnelles des États d'Afrique noire francophone et de la République malgache.* Paris, Economica, 1979, 353 p.

---------------------, *L'Afrique en transition vers le pluralisme politique.* Paris, Economica, 1993, 517 p.

Darbon (Dominique) et Du Bois de Gaudusson (Jean) (dir.), *La création du droit en Afrique.* Paris, Karthala, 1997, 496 p.

Mélin-Soucramanien (Ferdinand) (dir.), *L'interprétation constitutionnelle,* Paris, Dalloz, 2005, 248 p.

Mélone (Stanislas), Minkoa She (Adolphe) et **Sindjoun (Luc) (dir.),** *La réforme constitutionnelle du 18 janvier 1996. Aspects juridiques et politiques.* Yaoundé, Fondation Friedrich Ebert et GRAP, 1996, 418 p.

Narey (Oumarou), *La justice constitutionnelle,* Paris, L'Harmattan, 2016, 460 p.

Ondoua (Alain) (dir.), *La Constitution camerounaise du 18 janvier 1996. Bilan et perspectives.* Yaoundé, Afrédit, 2007, 268 p.

Thèses de doctorat et mémoires

Thèses de doctorat

Thèses publiées

Altweg-Boussac (Manon), *Les changements constitutionnels informels.* Institut Universitaire Varenne, 2013, 627 p.

Baldé (Sorry), *La convergence des modèles constitutionnels. Étude des cas en Afrique subsaharienne.* Paris, Publibook, 2011, 536 p.

Eck (Laurent), *L'abus de droit en droit constitutionnel.* Paris, l'harmattan, 2010, 692 p.

Leroy (Paul), *L'organisation constitutionnelle et les crises.* Paris, LGDJ, 1966, 328 p.

Maugin Hegelson (Murielle), *L'élaboration parlementaire de la loi. Étude comparative (Allemagne, France, Royaume-Uni).* Paris, Dalloz, 2006, 528 p.

Poullain (Bernard), *La pratique française de la justice constitutionnelle,* Aix-en-Provence–Paris, PUAM-Economica, 1990, 309 p.

Richir (Isabelle), *Le président de la République et le Conseil constitutionnel.* Paris, PUF, 1998, 395 p.

Thomas (Julien), *L'indépendance du Conseil Constitutionnel*, Paris, LGDJ, 2010, 446 p.

Tourad (Hélène), *L'internationalisation des Constitutions nationales*, Paris, LGDJ, 2000, 724 p.

Thèses non publiées

Bikoro (Jean-Mermoz), *Le temps en droit constitutionnel africain. Le cas des États africains d'expression française,* Thèse de doctorat Ph. D en droit public, Université de Yaoundé II, 2018, 533 p.

Brami (Cyril), *La hiérarchie des normes en droit constitutionnel français. Essai d'analyse systémique.* Thèse de doctorat en droit Public, Université de Cergy Pontoise, 2008, 437p.

Burdeau (Georges), *Essai d'une théorie de la révision des lois constitutionnelles en droit positif français.* Thèse pour le doctorat en droit, Faculté de droit de Paris, 1930, 349p.

Dia (Alassane), *le principe de consultation en droit public comparé : l'exemple de la France et du Sénégal*, Thèse de doctorat en droit public, Université de Toulouse, 2016, 697 p.

Dia (Daouda), *Les dynamiques de démocratisation en Afrique noire francophone.* Thèse de doctorat en Science politique, Université Jean Moulin Lyon 3, 2010, 334 p.

Gösler (Kemal), *Le pouvoir de révision constitutionnelle.* Thèse de doctorat en droit public. Université de Montesquieu Bordeaux IV, 1995, 774 p.

Kossi Somali, *le parlement dans le nouveau constitutionnalisme en Afrique : essai d'analyse comparée à partir des exemples du Bénin, du Burkina Faso et du Togo.* Thèse de doctorat nouveau régime en droit public, Université Lille 2 — droit et santé. 2008, 494 p.

Lainé (Julien), *Empirisme et conceptualisme en droit constitutionnel.* Thèse de doctorat en droit public, Université de Lille-2, 2011, 660 p.

Thibaud (Vincent), *Le raisonnement du juge constitutionnel. Jalons pour une structuration herméneutique du discours juridique.* Thèse de doctorat en droit public, Université Lumière Lyon 2, 2011, 606 p.

Mémoires

Bikoro (Jean Mermoz), *Les paradoxes constitutionnels en droit positif du Cameroun.* Mémoire de DEA en droit public, Université de Yaoundé II, 2011, 187 p.

Châtelet (Pauline), *Les normes non écrites en droit constitutionnel français.* Mémoire de master 2 en droit public fondamental, Université de Poitiers, 2010, 121 p.

Eyebe Ayissi (Henry), l'administration consultative au Cameroun, mémoire de master degree en droit public, Université de Yaoundé, 1980, 228 p.

Ndoua (Stéphane Patrice), *La fonction consultative du Conseil Constitutionnel,* mémoire de master en droit public, Université de Yaoundé II, 2014, 116 p.

Articles et contributions

Adouki (Emmanuel Delphine), « Contribution à l'autorité des décisions du juge constitutionnel en Afrique », *RFDC,* n° 95, 2013, pp. 611-632.

Ahadzi Nonou (Koffi), « Les nouvelles tendances du constitutionnalisme africain : le cas des États d'Afrique noire francophone », *Afrique Juridique et Politique revue du CERDIP,* n° 2, juillet-décembre, 2002, pp. 35-86.

Aïvo (Frédéric Joël), « Les tendances émergentes du nouvel ordre constitutionnel en Afrique », *Revue du Conseil constitutionnel d'Algérie,* n° 4, 2014, pp. 289-309.

Aïvo (Frédéric Joël), « La crise de normativité de la Constitution en Afrique », *RDP,* n° 1, 2012, pp. 141-180.

--------------------------, « La Cour constitutionnelle du Bénin », *RFDC,* n° 99, 2014, pp.715-740.

Ahanhanzo Glèlè (Maurice), « La Constitution ou loi fondamentale », in *Encyclopédie juridique de l'Afrique,* Tome I, L'État et le droit, les nouvelles éditions africaines, *1982,* PP 21-52.

-------------------------, « Les constitutionnalistes et l'exercice du pouvoir politique en Afrique », *RFDC*, n° 104, vol. 4, 2015, pp. 771-800.

Akérékoro (Hilaire), « Le procès constitutionnel au Bénin », *Annuaire béninois de justice constitutionnelle*, n° 1, 2014, pp. 59-94.

Andzoka Atsimou (Séverin), « La participation des juridictions constitutionnelles au pouvoir constituant en Afrique », *RFDC*, n° 110, vol. 2, 2017, pp. 279-316.

Atangana Amougou (Jean Louis), « Les révisions constitutionnelles dans le nouveau constitutionnalisme africain », *Politeia*, n° 7, printemps 2005, pp. 583-622.

---, « Rigidité et instabilité constitutionnelles dans le nouveau constitutionnalisme africain », *Afrique Juridique et Politique*, vol.2, n° 2, 2006, pp.42-86.

---------------------------------------, « La constitutionnalisation du droit en Afrique : l'exemple de la création du Conseil Constitutionnel du Cameroun », *AIJC*, 2003-2004, pp. 45 — 63.

Arsac (Rodolphe), « La fonction consultative du Conseil constitutionnel », *RFDC*, n° 68, 20063, pp.781-820.

Badinter (Robert), « Une exception française : les anciens présidents de la République au Conseil Constitutionnel », *In, Renouveau du droit constitutionnel, Mélanges en l'honneur de Louis Favoreu,* Paris, Dalloz, 2007, pp. 513 — 522.

Bakounda-Mpélé (Félix), « Repenser le président africain » *VIIe Congés français de droit constitutionnel*, 25, 26 et 27 septembre 2008. Paris, pp.1-15.

Bastien (François), « La perception du Conseil constitutionnel par la classe politique, les médias et l'opinion », *Pouvoirs*, n° 105, 2003, pp.133-142.

Beaud (Olivier), « Le Souverain », *Pouvoirs,* n° 67, 1993, pp. 33-45.

Berlia (Georges), « De la compétence des assemblées constituantes », *RDP*, 1945, pp.353-364.

Besse (Magalie), « L'écriture multilatérale des Constitutions, facteur de réussite des transitions constitutionnelles », *Les nouveaux Cahiers du Conseil constitutionnel*, n° 45, 2014, pp.113-126.

Bourgi (Albert), « L'évolution du constitutionnalisme en Afrique : du formalisme à l'effectivité », *Rfdc*, n° 52, 2002, pp. 721-748.

Bouvier (Vincent), « La notion de juridiction constitutionnelle », *Droits*, n° 9, 1989, PP. 119-129.

Braibant (Guy), « L'État face aux crises », *Pouvoirs*, n° 10, 1979, pp. 5-9.

Breton (André-Marie), « Portée et limites de la réception des modèles exogènes : réflexions sur la socialisation du système juridique dans l'expérience marxiste congolaise (1963-1991) », in **Dominique Darbon** et **Jean Du Bois de Gaudusson** (dir.), *La création du droit en Afrique*. Paris, Karthala, 1997, pp.247-271.

---------------------------, **Breton (André-Marie),** « Trente ans de constitutionnalisme dans les pays d'Afrique noire francophone entre mimétisme et réception critique : cohérences et incohérences (1960-1990) », *Communication présentée à Heidelberg, en octobre 2002, devant la Gesellschaft für Afrikanisches Recht de l'Université de Bayreuth, RFA*, pp.1-22.

Brunet (Pierre), « Que reste-t-il de la volonté générale ? Sur les nouvelles fictions du droit constitutionnel français », *Pouvoirs*, n° 144, pp. 5-19.

--------------------, « Le juge constitutionnel est-il un juge comme les autres ? Réflexions méthodologiques sur la justice constitutionnelle », in **Olivier Jouanjan, Constance Grewe, Éric Maulin** et **Patrick Wachmann (Dir.),** *La notion de justice constitutionnelle,* Paris, Dalloz, 2005, pp.115-135.

Bryce (James), « Constitutions souples et Constitutions rigides », *Jus politicum* n° 11, 2013, PP 1–21.

Cabanis (André) et Gueye (Babacar), « Dire le droit constitutionnel en Afrique francophone », droits, n° 11, 2013, pp103-122.

Cadoux (Charles), « Le statut et les pouvoirs des chefs d'État et des gouvernements », in **Gérard Conac** (dir.), *Les Institutions constitutionnelles des États d'Afrique francophone et de la République malgache.* Paris, Economica, 1979, pp. 69-94.

Calamo Speechia (Marina), « Les limites à la révision de la Constitution en France et perspectives comparées », *VIIe Congrès français de droit constitutionnel, Paris, 25, 26, 27 septembre 2008*, pp. 1-28.

Campagna (Norbert), « Une révision de la Constitution sans la puissance souveraine ? », *Verfassung*, 2000, pp. 5–9.

Carpentier (Élise), « La résolution juridictionnelle des conflits entre organes constitutionnels », *RIDC*, n° Vol. 59, 2007, pp. 805-832.

Caporal (Stéphane), « Le peuple : un souverain sous contrôle », *VIIe Congrès français de droit constitutionnel. Atelier n° 3 : Constitution et pouvoir constituant. 25, 26 et 27 septembre 2008*, pp.1-22.

Cappelletti (Mauro), « Nécessité et légitimité de la justice constitutionnelle », *RIDC*, vol. 33, n° 2, 1981, pp. 625-657.

Ciaudo (Alexandre), « La maîtrise du temps en droit processuel », *Jurisdoctoria*, n° 3, 2009, pp. 21-42.

Conac (Gérard), « Portrait du Chef d'État », *Pouvoirs*, n° 25, 1983, pp. 121-130.

--------------------, « L'évolution constitutionnelle des États d'Afrique noire francophone et de la République malgache », in **Conac Gérard** (dir.), *Les Institutions constitutionnelles des États d'Afrique noire francophone et de la République malgache*, Economica, 1979, pp. 1–68.

Cyr (Hugo), « L'interprétation constitutionnelle, un exemple de post-pluralisme », *Revue de droit de Mc Gill*, n° 43, 1998, pp. 565-610.

De Bechillon (Denys), « Élargir la saisine du Conseil Constitutionnel », *Pouvoirs*, n° 105, 2003, pp. 103-116.

Delcamp (Alain), « Le Conseil Constitutionnel et le parlement », *RFDC*, n° 57, Vol. 1, 2004, pp. 37-83.

Delpérée (Francis), « Le renouveau du droit constitutionnel », *RFDC*, n° 74, 2008, pp. 227-237.

----------------------, « La Constitution de tintin », *RFDC*, n° 100, 2014, pp. 879-886.

Denquin (Jean Marie), « Situation présente du constitutionnalisme. Quelques réflexions sur l'idée de démocratie par le droit », *Jus Politicum*, n° 1, 2009, pp. 1-11.

Dérosier (Jean Philippe), « Enquête sur la limite constitutionnelle : du concept à la notion », *RFDC*, n° 76, 2008, pp. 785-795.

Diagne (Moyacine), « La mutation de la justice constitutionnelle en Afrique : l'exemple du Conseil Constitutionnel sénégalais », *AIJC*, 1997, pp. 99-129.

Diakhate (Meissa), « Les ambiguïtés de la juridiction constitutionnelle dans les États de l'Afrique noire francophone », *RDP*, n° 3, 2015, pp. 785-814.

Diallo (Ibrahima), « À la recherche d'un modèle africain de justice constitutionnelle », *AIJC*, 2004-2005, pp. 93- 120.

----------------------, « La légitimité du juge constitutionnel africain », *Revue Cames*, vol. 1, n° 1, 2015, pp. 149-175.

Dossou (Robert), « Flux et reflux dans le nouveau constitutionnalisme africain », *Revue du Conseil constitutionnel d'Algérie*, n° 4, 2014, pp. 327-253.

Duffy-Meunier (A), « Pédagogie et interprétation du juge constitutionnel », In **Philippe Raimbault** et **Maryvonne Hecquard-Théron (Dir.),** la pédagogie au service du droit, Toulouse, Presses de l'Université de Toulouse 1 capitole, 2011, pp. 185-211.

Dutheillet de Lamothe (Olivier), « L'autorité de l'interprétation constitutionnelle », in **Ferdinand Mélin-Soucramanien** (dir.), *L'interprétation constitutionnelle.* Paris, Dalloz, 2005, pp. 193-204.

---------------------------------------, « Les juges face au silence du droit », *RDP*, n° 4, 2012, pp.

Dumortier (Gaëlle), « La procédure devant le Conseil Constitutionnel, juge électoral : sous les pavés, la plage ? », *NCCC*, n° 41, VO. 4, 2013, pp. 33 — 45.

Duprat (Jean-Pierre), « Le référendum constitutionnel dans un système français dominé par une logique représentative », *RIDC*, n° 2, 2006, pp. 553 — 580.

Fauré (Yves André), « Les Constitutions et l'exercice du pouvoir en Afrique noire », *Politique africaine*, n° 1er janvier 1984, pp. 34-52.

Favoreu (Louis), « Le droit constitutionnel jurisprudentiel », *RDP*, 1989, pp. 399-503.

---------------------, « Brèves réflexion sur la justice constitutionnelle en Afrique », « Les juridictions constitutionnelles en Afrique », in **Gérard CONAC** (Dir.), *Les Cours suprêmes en Afrique, Tome 2, Jurisprudence, droit constitutionnel, droit social, droit international, droit financier,* Paris, Economisa, 1989**.**

Favoreu (Louis), « L'apport du Conseil constitutionnel au droit public », *Pouvoirs*, n° 13, 1991, pp. 17-31

---------------------, « Le droit constitutionnel, droit de la Constitution et constitution du droit », *RFDC*, n° 1, 1990, pp. 71-89.

-------------------, « La légitimité du juge constitutionnel », *RIDC*, vol. 4, n° 46, 1994, pp.557-581.

Garlicki (Olivier), « La légitimité du contrôle de constitutionnalité : problèmes anciens/développements récents », *RFDC*, n° 78, Vol.2, 2009, pp. 227-246.

Gbéou-Kpayile (Nadjombe Gmagnido), « L'idée de Constitution en Afrique francophone », *Afrilex*, 2017, pp. 1 — 33.

Galbât (A), « La pédagogie du Conseil Constitutionnel dans le discours doctrinal », In **Véronique Champeil-Desplats,** *Pédagogie et Droits de l'Homme*, Nanterre, Presses universitaires de Paris Nanterre, 2014, pp. 181-194.

Gicquel (Jean), « Le présidentialisme négro-africain. L'exemple camerounais », in *Le pouvoir, Mélanges offerts à* ***Georges Burdeau***. Paris, LGDJ, 1977, pp.701-725.

Glélé Ahanhanzo (Maurice), « La Constitution ou loi fondamentale », in *Encyclopédie juridique de l'Afrique*, Tome I, L'État et le droit, les nouvelles éditions africaines, *1982,* PP 21-52.

Gohin (Olivier), « La Constitution de 1958 et l'urgence », *Communication au Ve Congrès international de droit constitutionnel, Athènes, 11-15 juin 2007*, pp.1-12.

Guastini (Ricardo), « L'interprétation de la Constitution », in **Michel Troper** et **Dominique Chagnollaud (dir.),** *Traité international de droit constitutionnel*, Paris, Dalloz, 2012, pp.456-503.

Gueye (Babacar), « La démocratie en Afrique : succès et résistances », *Pouvoirs*, n° 129, 2009, pp. 5-26.

Holo (Théodore), « L'émergence de la justice constitutionnelle », *Pouvoirs*, n° 129, PP 101-114.

Hourquebie (Fabrice), « L'indépendance de la justice dans les pays francophones », *Les Cahiers de la Justice*, n° 2, 2012, pp.41 — 60.

Jan (Pascal), « Les anciens présidents de la République, membres du Conseil Constitutionnel : un anachronisme bien vivant », *LPA*, n° 239, 201 pp. 27 — 41.

Kamto (Maurice), « Les conférences nationales souveraines ou la création révolutionnaire des Constitutions », in **Dominique Darbon et Jean Dubois de Gaudusson (dir.),** *La création du droit en Afrique*. Karthala, 1997, pp177-195.

Kanté (Babacar), « Le juge constitutionnel dans le processus de sortie de crise et de transition en Afrique noire francophone », in, *Colloque international sur le rôle des juridictions constitutionnelles dans la consolidation de l'État de droit*, Bamako, 26 et 27 avril 2012, pp. 1 — 20.

Kelsen (Hans), « La garantie juridictionnelle de la Constitution », *RDP*, 1928, pp.197-257.

Kokoroko (Dodzi), « L'idée de Constitution en Afrique », *Afrique contemporaine*, n°242, 2012, pp 117-117.

Lavroff (Dmitri- Georges), « Le Conseil constitutionnel et la norme constitutionnelle », *Mélanges en l'honneur de Gustave Peiser*, Presses universitaires de Grenoble, 1995, pp.347-362.

Lath (Yedoh-Sébastien), « L'évolution des modalités du contrôle de constitutionnalité des lois dans les États d'Afrique noire francophone », in **Oumarou NAREY** (dir.), *La justice constitutionnelle*, Paris, L'Harmattan, 2016, pp. 43–64.

Le Bot (Olivier), « Contrôle de constitutionnalité a priori et posteriori en Europe », *RFDC*, n° 40, Vol.3, 2013, pp. 117-135.

Le Coustumier (Jean Christophe), « La norme et l'exception. Réflexions sur les rapports du droit avec la réalité », *CRDF*, n° 6, 2007, PP 19-28.

Le Pourhiet (Anne Marie), « L'injustice constitutionnelle », in *Renouveau du droit constitutionnel, mélanges en l'honneur de* ***Louis Favoreu.*** Paris, Dalloz, 2007, pp.223-231.

Loewenstein (Karl), « Réflexions sur la valeur des Constitutions dans une époque révolutionnaire. Esquisse d'une ontologie des Constitutions », *RFSP*, 2e année, n° 1, 1952, pp.5-23.

Madior Fall (Ismaela), « La construction des régimes politiques en Afrique : insuccès et succès », *Afrilex*, 2014, pp1-37.

Magnon (Xavier), « Qu'est-ce qu'instruire le procès constitutionnel ? », in **Xavier Magnon et al.,** *Les pouvoirs d'instruction des juridictions constitutionnelles et la formation de l'intime conviction des juges constitutionnels*, Aix-en-Provence, PUAM, 2015, pp. 9 – 12.

Mamadou (Dagra), « Les Cours Constitutionneles africaines : des gardiens de la Constitution vénérés ou… décriés », in **Oumarou NAREY** (dir.), *La justice constitutionnelle*, Paris, L'Harmattan, 2016, pp. 43–64.

Mampuya (Augustin), « La production constitutionnelle au cours des transitions africaines », *Civitas Europa*, n° 6, 2001, pp57-77.

Mastor (Wanda), « La part prudentielle dans l'œuvre jurisprudentielle. Aristote au palais royal », in *Renouveau du droit constitutionnel. Mélanges en l'honneur de* ***Louis Favoreu***, Paris, Dalloz, 2007, pp.255-275.

Mastor (Wanda), « Essai sur la motivation des décisions de justice. Pour une lecture simplifiée des décisions des Cours constitutionnelles », *AIJC*, 2000, pp.35-63.

Mathieu (Bertrand), « Les décisions créatrices du Conseil Constitutionnel », in, *Colloque du cinquantenaire du Conseil Constitutionnel*, 3 novembre 2008, pp. 1-16.

Maus (Didier), « Où en est le droit constitutionnel ? », in *Mouvement du droit public*, mélanges en l'honneur de Franck Moderne, Dalloz, 2005, PP 691-737.

Mballa Owona (Robert), « L'autorité de la chose jugée des décisions du juge constitutionnel en Afrique noire francophone », in **Oumarou NAREY** (dir.), *La justice constitutionnelle*, Paris, L'Harmattan, 2016, pp. 43–64.

Mede (Nicaise), la fonction de régulation des juridictions constitutionnelles en Afrique francophone, *AIJC*, 2008, PP. 45–66.

Meledje Djedjro (Francisco), « Faire, défaire et refaire la Constitution en Côte-d'Ivoire : un exemple d'instabilité chronique », Communication présentée à *African network of constitutional law conference on fostering constitutionalism Africa Nairobi*, 2007, PP 1-25.

Mélin-Soucramanien (Ferdinand), « Du déni de justice constitutionnel en droit public français », in *Renouveau du droit constitutionnel. Mélange en l'honneur de* ***Louis Favoreu***, Paris, Dalloz, 2007, pp.277-290.

--, « Le Conseil Constitutionnel, juge électoral » *Pouvoirs,* No. 105, 2003, pp. 117–131.

Milhat (Cédric), « Le constitutionnalisme en Afrique francophone. Variations hétérodoxes sur un requiem », *Politeia*, n° 7, 2007, pp.677-695.

Miranda (Jorge), « Le contrôle et les limites de révision de la Constitution », *AIJC*, 2005, pp. 441 — 457.

Moderne (Franck), « L'évolution des juridictions constitutionnelles dans les États d'Afrique francophone et la République malgache », in **Conac Gérard** (dir.), *Les Institutions constitutionnelles des États d'Afrique noire francophone et de la République malgache*, Economica, 1979, pp. 185-209.

-----------------------, « Les juridictions constitutionnelles en Afrique » in **Gérard CONAC** (Dir.), *Les Cours suprêmes en Afrique, Tome 2, Jurisprudence, droit constitutionnel, droit social, droit international, droit financier,* Paris, Economisa, 1989, **pp.**

Monembou (Cyrille), « Les actes non juridictionnels des juridictions constitutionnelles dans les États d'Afrique noire francophone. Les cas du Gabon, du Bénin, du Sénégal et du Niger », *RIDC*, n° 1, 2017, pp. 177-209.

Monglofier (Jean-François), « L'urgence et le Conseil Constitutionnel », *NCCC*, n° 54, 2017, pp. 31 — 42.

Ngenge (Yuhniwo), « La justice constitutionnelle en Afrique de l'Ouest : origine historique et traditionnelle », in *Les juridictions constitutionnelles en Afrique de l'Ouest. Analayse comparée,* IDÉA, Strömsborg, 2016, pp. 33-47.

------------------------, « Les modèles institutionnels de justice constitutionnelle en Afrique de l'Ouest contemporaine », in *Les juridictions constitutionnelles en Afrique de l'Ouest. Analayse comparée,* IDÉA, Strömsborg, 2016, pp. 49-59.

Ondoa (Magloire), « La distinction entre Constitution souple et Constitution rigide en droit français », *A.F.S.J.P/ UD,* n° 1, janvier-juin 2002, pp. 66-118.

Ondoua (Alain), « La Constitution béninoise du 11 décembre 1990 : un modèle pour l'Afrique ? », in **Frédéric Joël Aïvo** (dir.), *La Constitution béninoise du 11 décembre 1990 : un modèle pour l'Afrique ? Mélanges en l'honneur de **Maurice Ahanhanzo Glélé**.* Paris, l'harmattan, 2014, pp.791-798.

---------------------, « Le droit international dans la Constitution camerounaise », in **Jean-Louis Atangana Amougou** (dir.), *Le Cameroun et le droit international.* Paris, A Pédone, 2014, pp.295-307.

---------------------, « La population en droit constitutionnel. Le cas des pays d'Afrique noire francophone », *Afrique contemporaine,* n° 242, 2012, pp87-97.

--------------------, « La jurisprudence internationale des juridictions constitutionnelles des États d'Afrique noire francophone », in **Oumarou NAREY** (dir.), *La justice constitutionnelle,* Paris, L'Harmattan, 2016, pp. 291–303.

Ondo (Télesphore), « Le contrôle de constitutionnalité des lois constitutionnelles en Afrique noire francophone », *Revue internationale et de droit comparé,* n° 1, 2009, pp.104-138.

Ould Boubout (A.S), " Les juridictions constitutionnelles en Afrique. Évolutions et enjeux », *AIJC,* 1998, pp. 31-45.

Owona (Joseph), « L'institutionnalisation de la légalité d'exception dans le droit public », *RCD,* n° 6, 1974, pp.104-123.

Pacte (Pierre), « Le Conseil Constitutionnel et l'œuvre constituante », in, *Renouveau du droit constitutionnel, Mélanges en l'honneur de **Louis Favoreu**,* Paris, Dalloz, Economica, 2007, pp. 1373–1386.

Pfersmann (Otto), « Le sophisme onomastique : changer au lieu de connaître. L'interprétation constitutionnelle », in **Ferdinand Mélin-Soucramanien** (dir.), *L'interprétation constitutionnelle.* Paris, Dalloz, 2005, pp.33-60.

Passaglia (Paolo), « La réception des décisions des juridictions constitutionnelles par les pouvoirs constitués », *AIJC*, 2011, pp. 613 — 649.

Philip (Loïc), « Le Conseil constitutionnel juge électoral », *Pouvoirs*, n° 13, 1991, pp. 67-86.

Pluen (Olivier), « La cohérence de l'écriture constitutionnelle », *LPA*, n° 136, 2018, pp.66.

Ranney (Austin), « Référendum et démocratie », *Pouvoirs*, n° 77, 1996, pp. 7 — 19.

Rasson (Roland-Anne), « La valeur de la distinction entre autorité absolue et autorité relative de la chose jugée », *AIJC*, 2011, pp. 593 — 612.

Remond (René), « La gestion des Constitutions », *Pouvoirs*, n° 50, 1989, pp43-51.

Rossantanga-Rignault (Guy), « Quand le juge fait la loi. À propos du pouvoir normatif du juge constitutionnel au Gabon », *Palabres actuelles, revues de la Fondation Raponda-Walker*, n° 6, 2013, pp.167-187.

Rousseau (Dominique), « Une résurrection : la notion de Constitution », *RDP*, 1990, pp.3-22.

-----------------------------, « Questions de Constitution », *Politiques et sociétés*, vol.19, n° 2-3, 2000, pp. 9-30.

Rousseau (Dominique), « Les transformations du droit constitutionnel sous la Ve République », *RDP*, 1998, pp. 1779-1793.

Roussillon (Henry), « La saisine du Conseil Constitutionnel. Contribution à un débat », *RIDC* ; Vol. 54, n° 2, Avril-Juin, 2002, pp. 487-511.

Sarr (Babakar), « La révision constitutionnelle », *Revue internationale de droit africain EJDA*, n° 46, 2000, pp.49-60.

Severino (Caterina), « la règlementation de l'instruction devant le Conseil constitutionnel », *AIJC*, 2002, pp. 87-100.

Sindjoun (Luc), « Les dynamiques de la justice constitutionnelle en Afrique : histoires du chêne et du roseau », in, *De l'esprit du droit africain, Mélanges offerts à* ***Paul Gérard Pougoué,*** Edit CRDDIJ, 2015.

Soma (Abdoulaye), « Le peuple comme contre-pouvoir en Afrique », *RDP*, n° 4, 2014, pp.1019-1021.

-------------------------, « Le statut du juge constitutionnel africain » in **Frédéric Joël AÏVO (dir),** *La Constitution béninoise du 11 décembre 1990 : un modèle pour l'Afrique ? Mélanges en l'honneur de Maurice AHANHANZO GLEGLE* Paris, L'Harmattan, 2014, pp.451-480.

Sy (Demba), « De quelques dispositions atypiques dans les Constitutions africaines », in **Frédéric Joël AÏVO** (dir.), *La Constitution béninoise du 11 décembre 1990 : un modèle pour l'Afrique ?* L'harmattan, 2014, pp.273-283.

---------------, « Sur la renaissance du droit constitutionnel en Afrique. Question de méthode », *Politeia*, n° 6, 2004, pp.455-479.

----------------, « Les fonctions de la justice constitutionnelle en Afrique » in **Oumarou NAREY** (dir.), *La justice constitutionnelle*, Paris, L'Harmattan, 2016, pp. 43–64.

Théry (Philippe), « La justice entre l'exigence de la durée et la contrainte de l'urgence », *Droits*, n° 30, 2000, pp.89-95.

Troper (Michel), « L'interprétation constitutionnelle », in **Ferdinand Mélin-Soucramanien** (dir.), l'interprétation constitutionnelle. Paris, Dalloz, 2005, pp.13-25.

Vidal-Naquet (A.), « Les visas dans les décisions du Conseil Constitutionnel », *RFDC*, n° 67, Vol.3, 2006, pp. 535-570.

Waline (Marcel), « Éléments d'une théorie de la juridiction constitutionnelle en droit positif français », *RDP*, 1928, pp. 441-462.

Werner (Alain), « Le Conseil Constitutionnel et l'appropriation du pouvoir constituant », *Pouvoirs*, n° 67, 1997, pp. 117-136.

Yondli (D-T), « La motivation des décisions du juge constitutionnel en Afrique de l'Ouest francophone », *RBSP*, n° 01, Vol.02, 2018, pp.

Dictionnaires

Cornu (Gérard), *Vocabulaire juridique (Association Henri Capitant),* puf, 9e éd.2011, 1095 p.

Denquin (Jean Marie), *Vocabulaire politique.* PUF, 1997, 127 p.

Duhamel (Olivier) et Meny (Yves) (dir.), *Dictionnaire constitutionnel.* Paris, puf, 1992, 1122 p.

Le Divellec (Armel) et De Villiers (Michel), *Dictionnaire de droit constitutionnel.* Dalloz, Sirey, 2009, 384 p.

Dictionnaire Hachette, 2011, 1096 p.

Textes juridiques

Textes constitutionnels

Constitutions

Constitution béninoise du 11 décembre 1990 ;
Constitution du burundaise 18 mars 2005 ;
Constitution centrafricaine du 30 mars 2016
Constitution congolaise du 6 novembre 2015 ;
Constitution djiboutienne du 4 septembre 1992 ;
Constitution gabonaise du 21 mars 1991 ;
Constitution ivoirienne du 8 novembre 2016 ;
Constitution malienne du 27 février 1992 ;
Constitution nigérienne du 25 novembre 2010 ;
Constitution du 18 février 2006 de la République Démocratique du Congo ;
Constitution sénégalaise du 7 janvier 2001 ;
Constitution tchadienne du 14 avril 1996 ;
Constitution togolaise du 14 octobre 1992.

Lois constitutionnelles

Loi n° 1996/06 du 18 janvier 1996 portant révision de la Constitution du 2 juin 1972 au Cameroun ;

Loi n° 047/2010 du 12 janvier 2011 portant révision de la Constitution gabonaise du 21 mars 1991 ;

Loi n° 2016-10 du 5 avril 2016 portant révision de la Constitution sénégalaise du 7 janvier 2001.

Textes législatifs et règlementaires

Loi organique n° 011-2000 du 27 avril 2000 portant composition, organisation, attribution et fonctionnement du Conseil constitutionnel du Burkina Faso ;

TABLE DES MATIÈRES

Structures éditoriales du groupe L'Harmattan

L'Harmattan Italie
Via degli Artisti, 15
10124 Torino
harmattan.italia@gmail.com

L'Harmattan Hongrie
Kossuth l. u. 14-16.
1053 Budapest
harmattan@harmattan.hu

L'Harmattan Sénégal
10 VDN en face Mermoz
BP 45034 Dakar-Fann
senharmattan@gmail.com

L'Harmattan Cameroun
TSINGA/FECAFOOT
BP 11486 Yaoundé
inkoukam@gmail.com

L'Harmattan Burkina Faso
Achille Somé – tengnule@hotmail.fr

L'Harmattan Guinée
Almamya, rue KA 028 OKB Agency
BP 3470 Conakry
harmattanguinee@yahoo.fr

L'Harmattan RDC
185, avenue Nyangwe
Commune de Lingwala – Kinshasa
matangilamusadila@yahoo.fr

L'Harmattan Congo
67, boulevard Denis-Sassou-N'Guesso
BP 2874 Brazzaville
harmattan.congo@yahoo.fr

L'Harmattan Mali
ACI 2000 - Immeuble Mgr Jean Marie Cisse
Bureau 10
BP 145 Bamako-Mali
mali@harmattan.fr

L'Harmattan Togo
Djidjole – Lomé
Maison Amela
face EPP BATOME
ddamela@aol.com

L'Harmattan Côte d'Ivoire
Résidence Karl – Cité des Arts
Abidjan-Cocody
03 BP 1588 Abidjan
espace_harmattan.ci@hotmail.fr

Nos librairies en France

Librairie internationale
16, rue des Écoles
75005 Paris
librairie.internationale@harmattan.fr
01 40 46 79 11
www.librairieharmattan.com

Librairie des savoirs
21, rue des Écoles
75005 Paris
librairie.sh@harmattan.fr
01 46 34 13 71
www.librairieharmattansh.com

Librairie Le Lucernaire
53, rue Notre-Dame-des-Champs
75006 Paris
librairie@lucernaire.fr
01 42 22 67 13

www.ingramcontent.com/pod-product-compliance
Lightning Source LLC
LaVergne TN
LVHW050656051026
849532LV00002B/657
* 9 7 8 2 3 4 3 2 4 5 2 7 0 *